COURS DE LANGUE FRANÇAISE

THÉORIQUE ET PRATIQUE,

CONFORME AUX PRINCIPES DE LHOMOND ET A L'ACADÉMIE,

PAR

M. CH. LEROY,

AUTEUR DES ÉTUDES SUR LA NARRATION,

ET M. B. ALAFFRE,

PROFESSEUR AU LYCÉE DE TOULOUSE.

SECOND DEGRÉ.

GRAMMAIRE FRANÇAISE.

PARIS,

LIBRAIRIE CLASSIQUE D'EUGÈNE BELIN,

RUE DE VAUGIRARD, N° 52,

DERRIÈRE LE SÉMINAIRE DE SAINT-SULPICE.

SAINT-CLOUD. — IMPRIMERIE DE Mme Ve BELIN.

COURS

THÉORIQUE ET PRATIQUE

DE

LANGUE FRANÇAISE.

SECOND DEGRÉ.

AUTRES OUVRAGES DE MM. LEROY ET B. ALAFFRE.

Abrégé de la Grammaire française, renfermant un questionnaire, et les premiers principes de l'analyse. Un vol. in-12 cart. 90 c.

Exercices de grammaire et de style, suivis de nomenclatures formant un complément de l'orthographe. Un vol. in-12 (*sous presse*).

Corrigé des Exercices de Grammaire, avec de nombreuses notes pour guider le professeur dans les leçons orales. 1 vol. in-12 (*sous presse*).

Etudes sur la Narration, ou Traité de Littérature, extrait des meilleurs auteurs ; à l'usage des élèves d'humanités et des classes de français ; par Leroy.

Partie de l'élève. Quatrième édition, revue et considérablement modifiée. 1 vol. in-12, br. 2 fr. 25 c.

Partie du professeur, ou Choix de sujets avec de nombreuses notes. 1 vol. in-12, br. 3 fr.

Etudes sur le discours et sur l'art oratoire, avec les développements des questions littéraires portés au programme du baccalauréat, par Ch. Leroy.

Partie de l'élève. 1 vol. in-12, br. (*sous presse*).

Partie du professeur, ou Choix de sujets de discours (matières et corrigés), pour les élèves de la classe de rhétorique ; analyses, développement et appréciations des modèles. 1 vol. in-12 (*sous presse*).

Etudes sur la poésie sacrée, présentant dans un ordre méthodique des appréciations littéraires sur les livres de la Bible, sur les hymnes de l'Eglise et les poésies des SS. PP., avec un choix de passages traduits en vers par Racine, Rousseau, Lefranc de Pompignan, etc. par Ch. Leroy. 1 vol. in-12 (*sous presse*).

GRAMMAIRE FRANÇAISE

CONFORME

AUX PRINCIPES DE LHOMOND ET A L'ACADÉMIE,

AVEC

UN TRAITÉ DE PRONONCIATION

ET UN RÉSUMÉ SYNTHÉTIQUE SUR LA CONSTRUCTION DE LA PHRASE ET LES LOIS DU STYLE,

PAR M. CH. LEROY,

AUTEUR DES ÉTUDES SUR LA NARRATION, ETC.,

ET

M. B. ALAFFRE,

PROFESSEUR AU LYCÉE DE TOULOUSE.

PARIS,

LIBRAIRIE CLASSIQUE D'EUGÈNE BELIN,

RUE DE VAUGIRARD, N° 52,

DERRIÈRE LE SÉMINAIRE DE SAINT-SULPICE.

—

1854.

SAINT-CLOUD. — IMPRIMERIE DE Mme Ve BELIN.

PRÉFACE.

Le programme officiel des études, en recommandant les *Eléments de la Grammaire de* LHOMOND pour le premier enseignement, nous a imposé l'obligation de nous conformer à ces principes, dans ce traité destiné aux classes un peu plus avancées. Nous l'avons fait avec satisfactoin, parce que en effet il y a tout profit pour l'élève à suivre une méthode identique dans les divers degrés où il se forme, se fortifie et se perfectionne. La sollicitude éclairée de Son Excellence le ministre de l'instruction publique ne pouvait introduire une meilleure réforme en ce qui concerne les classes de grammaire. Ces définitions prétendues rigoureuses qu'on avait substituées aux explications si naturelles de Lhomond ne pouvaient être comprises à cet âge que les abstractions doivent nécessairement rebuter. On ne savait point se faire petit pour se rendre accessible à ces intelligences à peine formées, et on les égarait dans une métaphysique subtile.

Nous nous sommes donc attachés à suivre la méthode de Lhomond; nous avons en général adopté ses définitions, sauf quelques légers changements dont nous avons d'ailleurs puisé le principe dans une autorité supérieure, l'Académie. Ce livre n'offre donc que des préceptes sûrs, d'une intelligence facile, avec quelques suppléments nécessités par le degré avancé des élèves auxquels il s'adresse. C'est un traité un peu plus complet que les simples *Eléments*, mais qui nulle part né change les choses essentielles déjà apprises.

Nous nous sommes scrupuleusement conformés aux décisions de l'Académie. Lorsque tous les grammairiens s'en écartent plus ou moins pour suivre un faux usage ou leurs vues particulières, il nous a paru bon de maintenir les règles sévères qui ont donné à la langue française le privilége de l'universalité. C'est sa netteté et sa précision qui lui ont assuré une supériorité marquée sur les autres langues vivantes. Pourquoi donc la livrerait-on au caprice des innovations qui tendent à la défigurer par des néologismes et des tours barbares? Sans doute les grands écrivains ont trouvé quelquefois, sous l'inspiration du génie, des occasions qui les autorisaient à adopter des formes exceptionnelles ; mais ces traits sont rares, et ce n'est point dans l'enseignement classique qu'on peut introduire des dérogations à l'usage le plus généralement établi. Toutefois lorsqu'il y a lieu de rappeler de tels faits nous avons soin de les expliquer par les circonstances, et d'en faire remarquer la beauté tout en signalant leur caractère exceptionnel.

Sous le titre de *résumé synthétique* nous avons essayé de donner un traité élémentaire de l'*art d'écrire,* du moins en ce qui concerne la construction logique de la phrase et les principales lois du style. C'est pour avoir oublié ces points si essentiels que tous les traités de grammaire, même ceux qui sont le plus en vogue, doivent être regardés aujourd'hui comme insuffisants. Sans doute l'élève qui a étudié ces livres et les *exercices* qui y sont adaptés saura corriger une faute grossière, éviter dans une phrase un tour vicieux ; mais qui lui donnera le secret de bien disposer les phrases entre elles? qui lui montrera les défauts cachés dans la trame d'un récit un peu étendu, la monotonie des périodes à même forme, l'insuffisance de lien entre deux idées? Nous nous flattons d'obtenir ce résultat. Notre volume d'*Exercices,* fondé sur le *résumé synthétique* qui termine celui-ci, offrira des canevas où les formes du discours se reproduiront avec toute la variété que la langue comporte, en sorte que le *Cours* entier peut être considéré comme une introduction à la littérature et à la rhétorique. Nous avons puisé les matériaux de ce *résumé* aux sources les plus pures et les plus goûtées. Le traité de l'*Art d'écrire* de Condillac et quelques notes de Laharpe nous ont fourni de précieux détails. Nous devons aussi des observations pleines de justesse et de goût à la *Grammaire* de Marmontel, au *Dictionnaire des difficultés de la langue française* de Laveaux, enfin à quelques critiques éminents de ce siècle. Avec tous ces guides nous n'avons pu craindre de nous égarer.

La *prononciation* a été pour nous l'objet d'un travail tout particulier. Certes nous n'avons pas prétendu résoudre une à une les difficultés sans nombre soulevées en cette matière ; nous croyons l'avoir néanmoins envisagée sous un point de vue assez large, pour que tout lecteur jaloux de trouver un guide sûr dans les cas épineux, puisse atteindre le but proposé. Et pour nous attacher aux points vraiment importants, c'est-à-dire à ceux qui peuvent se plier à des règles, s'expliquer par des exemples, se justifier par des raisonnements, nous nous sommes surtout occupés de la prononciation soutenue, de celle qui convient à la lecture et au débit publics. Devions-nous nous jeter dans le dédale des cas offerts par la prononciation ordinaire? c'eût été vouloir formuler sans succès des choses qui ne s'apprennent que d'instinct ou d'imitation. Mais tout ce qui peut contribuer à la pureté de la déclamation a été l'objet de nos recherches. Nous avons fait une large part à la prosodie de notre langue, qui est si peu observée dans le midi de la France, et si défectueuse dans les provinces du nord. On n'ignore pas que, malgré son caractère peu décidé, elle est éminemment propre à jeter de la variété dans la mesure des éléments de la phrase. Enfin nous n'avons rien négligé pour que cette partie offrît de l'intérêt et méritât quelque approbation.

Puisse donc le public studieux des écoles accueillir avec indulgence une œuvre dont nous sommes loin de nier les imperfections, et nous encourager ainsi à la rendre de plus en plus digne de lui!

GRAMMAIRE
FRANÇAISE.

CHAPITRE PRÉLIMINAIRE.

DÉFINITIONS.

1. — La *Grammaire* est l'art de parler et d'écrire correctement (Lhomond).

Parler ou *écrire*, c'est exprimer nos idées au moyen des mots qui en sont les signes. L'emploi régulier des mots constitue la *correction*, qui est la qualité la plus essentielle du *discours*, c'est-à-dire du langage.

Toute langue a sa grammaire particulière, fondée sur l'usage et sur la pratique constante des bons écrivains. En France, elle s'appuie principalement sur l'autorité de l'Académie.

La Grammaire est un *art* en ce qu'elle forme un ensemble de règles suivies d'applications. Mais lorsqu'elle recherche les principes généraux des langues, on l'appelle une *science*, parce que la théorie y domine, et elle prend alors le nom de *Grammaire générale*.

DES SYLLABES ET DES LETTRES.

2. — Les mots peuvent être distingués par le nombre de *syllabes* qu'ils renferment.

3. — Toute syllabe est formée d'une ou de plusieurs lettres prononcées en une seule émission de voix ; *loi* n'a qu'une syllabe, *rai-son* en a deux, *a-mi-tié* en a trois.

4. — On appelle *monosyllabe*, tout mot qui n'a qu'une syllabe, comme *bois*, *cri*, *sang* ; *dissyllabe*, celui qui en a deux : *ac-cord*, *bon-té* ; *polysyllabe*, celui qui en a plusieurs, quel qu'en soit le nombre : *bon-heur*, *pré-ten-dre*, *ré-compen-ser*.

5. — Il y a deux sortes de lettres, les *voyelles* et les *consonnes*.

DES VOYELLES.

6.—Les *voyelles* sont ainsi appelées, parce qu'elles sont produites par la *voix* seule, c'est-à-dire sans un mouvement articulé de la bouche; elles forment des sons qui peuvent être continus.

Il y en a de *simples* et de *composées*.

7. — Les *voyelles simples* sont *a*, *e*, *i*, *o*, *u*. On peut y ajouter *y*, qui s'emploie pour un *i* simple au commencement et à la fin des mots, ou au milieu quand il est précédé d'une consonne : *yole*, *dey*, *Babylone*, *mystère*. Mais il a la valeur de deux *i*, quand il est précédé d'une autre voyelle dans le corps d'un mot; *citoyen*, *pays* se prononcent *citoi-ien*, *pai-is*.

Il y a trois sortes d'*e*: l'*é fermé*, qu'on prononce la bouche presque fermée, *témérité*, *répéter*; l'*è ouvert*, qu'on prononce la bouche à demi ouverte : *cyprès*, *mer*, *succès*; enfin l'*e muet*, qui n'est qu'un son faible et qui est même quelquefois nul : *gloire*, *tableau*. Ces trois sortes d'*e* se trouvent réunis dans les mots *élève*, *sévère*.

8. — Les voyelles sont dites *composées*, lorsqu'elles forment un son unique par la réunion de plusieurs sons simples, comme *eu* dans *jeune*, *ou* dans *moule*. Elles prennent le nom de *voyelles nasales*, lorsque le son qui les forme retentit légèrement dans le nez, comme *an*, *on*.

Il y a d'autres voyelles composées qui n'ont pas de prononciation propre; *eau* a le même son qu'un *o* simple; *en* équivaut à *an* dans *entonner* et à *in* dans *examen*; *eun* équivaut à *un*, etc.

9. — Il ne faut pas confondre avec les voyelles composées, les *diphthongues* qui font entendre deux sons distincts en une seule émission de voix, comme *ie* dans *pied*, *oi* dans *loi*, *ui* dans *ennui*, etc.

DES CONSONNES.

10. — Les *consonnes* sont ainsi appelées, parce qu'elles ne peuvent *sonner* ou se prononcer qu'avec le secours des voyelles. On les produit par des mouvements articulés de la bouche.

Ces lettres sont *b*, *c*, *d*, *f*, *g*, *h*, *j*, *k*, *l*, *m*, *n*, *p*, *q*, *r*, *s*, *t*, *v*, *x*, *z*. Suivant l'épellation moderne on dit *un be*, *un ce*, *un de*, etc. (ACAD.)

On peut y ajouter *w*, q ne figure que dans des mots d'origine étrangère.

Ces articulations ne sont point les seules que la bouche produise : nous trouvons encore dans la langue française, *ch*, *gn* et *ll* (*mouillés*), qu'on représente par deux lettres simples.

11. — La lettre *h* est improprement appelée consonne, car elle n'est point formée par articulation. Elle n'est qu'un simple signe d'*aspiration* ou plutôt d'*aspérité* au commencement et même au milieu de certains mots.

Elle est *muette*, lorsqu'elle est absolument nulle pour l'oreille, comme dans l'*hôte*, *inhumain*, qu'on prononce *l'ôte*, *inumain*. — Elle est *aspirée*, lorsqu'elle fait séparer nettement dans la prononciation la syllabe précédente de la voyelle qui suit : *la hache*, *le hibou*, *un héros*, *enhardir*.

12. — On distingue quelquefois les consonnes en *gutturales* ou formées par le gosier, comme *g*, *q* ; en *labiales* ou produites par les lèvres, comme *b*, *p* ; en *dentales*, *nasales*, *sifflantes*, etc. Il y en a également de *fortes*, telles que *c*, *p*, *t*, et de *faibles*, comme *b*, *d*, *z*. —Toutes ces distinctions sont utiles pour étudier comment les mots se transforment en passant d'une langue dans une autre, ou même pour remédier à quelque défaut naturel de prononciation comme le bégaiement.

DES SIGNES ORTHOGRAPHIQUES.

13. — Outre les caractères de l'alphabet, on emploie dans l'écriture de petits signes appelés *signes orthographiques*, dont les principaux sont :

L'*accent aigu*, qui se met sur l'*é fermé*, surtout quand il termine une syllabe, *té-mé-ri-té*.

L'*accent grave*, qui se met sur l'*è ouvert*, soit quand il termine une syllabe, *pè-re*, soit devant un *s* final, *progrès*.

L'*accent circonflexe*, qui marque ordinairement des voyelles *longues*, c'est-à-dire sur lesquelles on doit appuyer dans la prononciation : *âge*, *tête*, *apôtre*. Il indique ordinairement la suppression d'une lettre employée suivant l'ancienne orthographe, car on écrivait *aage*, *teste*, *apostre*.

Le *tréma* (¨) est un double point que l'on met sur une voyelle, pour la détacher dans la prononciation d'une autre voyelle qui précède : *Moïse*, *naïf*, *Saül*, *ciguë*, doivent être prononcés : *Mo-ïse*, *na-ïf*, *Sa-ül*, *cigu-ë*.

La *cédille* est un signe que l'on place sous la lettre *ç*, devant les voyelles *a, o, u*, pour lui donner, quand il est nécessaire, la prononciation du *s*, *façade, leçon, reçu.*

L'*apostrophe* (') marque la suppression ou l'élision d'une voyelle finale, comme dans *l'ami, l'ardeur, s'il m'aime.*

Le *trait d'union* (-) sert à lier certains mots qui n'en forment qu'un par le sens : *c'est-à-dire, tête-à-tête.*

L'emploi de ces signes sera plus complétement fixé dans l'*orthographe* (*voyez ce chapitre*).

DES PARTIES DU DISCOURS.

14.—On compte, dans la langue française, dix espèces de mots qu'on appelle les *parties du discours*, savoir : le *nom* ou *substantif*, l'*adjectif*, l'*article*, le *pronom*, le *verbe*, le *participe*, la *préposition*, l'*adverbe*, la *conjonction* et l'*interjection.*

On appelle *phrase*, toute réunion de mots dont le sens est complet, et *membre de phrase*, un ensemble de mots dont le sens est incomplet. Ces mots, *pratiquer la vertu, c'est être heureux*, forment une phrase à deux membres.

DIVISION.

15. — La grammaire se divise en deux parties principales : la *classification* ou *lexicologie*, qui examine les mots séparément et en eux-mêmes; et la *syntaxe*, qui donne les règles suivant lesquelles on les unit.

Nous y ajouterons la *prononciation*, qui dirige la voix dans l'articulation des mots, dans leur liaison et dans la manière de les prosodier.

L'origine des parties du discours donne lieu à des observations importantes qui doivent être renvoyées après la lexicologie. Il faut déjà connaître en détail les diverses espèces de mots pour bien apprécier ce qui tient à cette question. (Voyez le chapitre XII, Vue générale des parties du discours).

PREMIÈRE PARTIE.

CLASSIFICATION OU LEXICOLOGIE.

CHAPITRE PREMIER.

DU SUBSTANTIF.

16. — Le *nom* ou *substantif* est un mot qui sert à désigner une personne ou une chose (ACAD.).

Parmi les êtres ou les objets, il y en a qui frappent nos sens, et d'autres qui sont seulement conçus par l'esprit : *homme*, *jardin*, *soleil*, sont des noms d'êtres ou d'objets qui tombent sous nos sens; *bonté*, *perfection*, *mystère*, sont des noms de choses que l'esprit conçoit.

17. — Il y a des *noms propres* et des *noms communs*.

Le nom *propre* est celui par lequel on distingue une personne ou une chose de toutes les autres, comme *Alexandre*, *Paris*, la *Seine*.

Le nom *commun* est celui qui convient à tous les individus ou à tous les objets de la même espèce, *homme*, *ville*, *fleuve*.

18. — Dans les noms, il faut considérer le *genre* et le *nombre*.

19. — Il y a deux genres, le *masculin* et le *féminin :* le *masculin*, qui s'applique aux noms d'hommes et de mâles, *père*, *lion ;* le *féminin*, qui s'applique aux noms de femmes et de femelles, *mère, lionne*. Mais l'usage étend aussi cette distinction aux objets inanimés : *arbre*, *vaisseau* sont du genre masculin ; *étoile*, *fleur* sont du genre féminin.

20. — Il y a deux nombres, le *singulier* et le *pluriel :* le singulier, quand on parle d'une seule personne ou d'une seule chose, comme un *homme*, un *livre* ; le pluriel, quand on parle de plusieurs personnes ou de plusieurs choses, comme les *hommes*, les *livres* (LHOMOND).

21. — Parmi les substantifs communs, on doit remarquer :

1° Les *noms collectifs* (1), c'est-à-dire ceux qui expriment une idée de pluralité, même lorsqu'ils sont employés au singulier ; tels sont *foule*, *peuple*, *quantité*, qui désignent des *collections* d'individus ou d'objets.

2° Les *noms composés*, qui sont formés de deux ou plusieurs mots distincts réunis par un trait d'union, comme *basse-taille*, *chef-lieu*, *eau-de-vie*.

DES NOMS PROPRES.

22. — Les noms propres, ayant pour objet de désigner une seule personne ou une seule chose, ne doivent être employés qu'au singulier.

Il faut excepter les noms de peuples et quelques noms de chaînes de montagnes, qui expriment une idée de pluralité : *les Romains*, *les Français*, *les Alpes*, *les Pyrénées*.

23. — Il y a quelques noms communs qui, dans des acceptions particulières, sont considérés comme des noms propres.

Si l'on dit :

> O bienheureux mille fois
> L'enfant que le SEIGNEUR aime ! (RACINE.)

Le mot *Seigneur* est employé comme un nom propre pour désigner *Dieu*.

DU GENRE DANS LES NOMS COMMUNS.

24. — Parmi les substantifs qui expriment l'état des personnes ou leurs professions, il en est plusieurs qui ont deux formes, l'une pour le masculin, l'autre pour le féminin (2).

1° Ceux d'entre eux qui finissent par un *e* muet ont le féminin terminé en *esse* : *hôte*, *maître*, *prince*, font *hôtesse*, *maîtresse*, *princesse*. — Mais *artiste*, *élève* et quelques autres ont le féminin semblable au masculin : *cette dame est une* ARTISTE DISTINGUÉE.

2° Ceux qui ont pour finale *teur* se terminent au féminin en *trice* : *lecteur*, *lectrice* ; *tuteur*, *tutrice*. — Exceptions : *serviteur* fait *servante* ; *chanteur* fait *cantatrice*, s'il s'agit d'une personne habile à

(1) Nous ferons observer ici qu'il n'y a point lieu de distinguer des *collectifs généraux* et des *collectifs partitifs*, attendu que ces désignations ne servent de base dans la syntaxe à aucune règle d'une application sûre.

(2) Les mots qui figurent dans cette nomenclature sont appelés substantifs par l'Académie, et ils sont en effet employés presque toujours comme tels. C'est confondre les classes que de les ranger parmi les adjectifs.

chanter, et *chanteuse* dans les cas ordinaires; *débiteur*, *débitrice* (qui doit) et *débiteuse* (qui colporte des nouvelles, des mensonges).

3° Mais si la finale *eur* n'est point précédée de *t*, le féminin se fait plus souvent en *euse* : *danseur, danseuse; glaneur, glaneuse.* — Observez que *gouverneur* fait *gouvernante*; *empereur*, *impératrice*; *pêcheur*, *pécheresse*; *chasseur*, *chasseresse*, en poésie, ou autrement *chasseuse*; *demandeur*, *demandeuse*, qui demande avec importunité, et *demanderesse*, qui demande en justice; enfin *vendeur* fait *vendeuse*, pour signifier celle qui fait profession de vendre, et *venderesse*, accidentellement dans un contrat.

4° La plupart des autres noms de cette espèce ont des formations irrégulières : *devin, devineresse* (1); *paysan, paysanne*. L'usage fait assez connaître ces cas.

25. — Les substantifs *amateur*, *auteur*, *docteur*, *écrivain*, *géomètre*, *graveur*, *médecin*, *orateur*, *peintre*, *philosophe*, *poëte*, *traducteur*, *sculpteur*, *témoin*, etc., restent au masculin quand ils s'appliquent à des femmes : *Mme de Sévigné est* UN AUTEUR CHARMANT. *Cette femme est* UN TÉMOIN DANGEREUX.

Remarque. — Molière a dit d'une femme savante.... *c'est* UNE PHILOSOPHE *enfin*; mais l'ironie, la conversation, permettent parfois qu'on s'écarte des formes prescrites.

26. — *Estafette*, *sentinelle* et *védette*, quoique désignant ordinairement des hommes, sont cependant toujours des noms féminins : *une estafette*, *une sentinelle*, *une védette*.

—

27. — Il est un certain nombre de substantifs sur le genre desquels on fait quelquefois erreur, soit à cause de la ressemblance de terminaison qu'ils ont avec d'autres noms, soit parce que l'usage a varié à leur égard. Voici les principaux d'entre eux :

SUBSTANTIFS MASCULINS.

Abîme.	Albâtre.	Anathème.	Antipode.
Acabit.	Alvéole.	Anchois.	Antre.
Accessoire.	Amadou.	Angle.	Apologue.
Acrostiche.	Amalgame.	Anis.	Armistice.
Adage.	Amiante.	Anniversaire.	Astérisque.
Age.	Amidon.	Antidote.	Atome.

(1) *Devin*, imposteur qui s'attribue le don de deviner, a pour synonyme (nom ayant une signification semblable) *devineur*, qui signifie habile à conjecturer. Ce dernier a pour féminin *devineuse*.

Nous aurions pu grossir beaucoup cette liste en indiquant aussi d'autres noms, tels que *bailleur*, *bailleresse*; *défendeur*, *défenderesse*; mais ils sont d'un usage peu fréquent, et nous avons dû nous borner aux principaux.

Auditoire.
Augure.
Auspice.
Automate.
Balustre.
Camée.
Centime.
Cigare.
Cloporte.
Concombre.
Crabe.
Décombres.
Échange.
Éclair.
Ellébore.
Éloge.
Émétique.
Emplâtre.
Empois.
Épiderme.
Épilogue.
Épisode.
Épithalame.
Équilibre.
Équinoxe.
Érysipèle.
Escompte.
Esclandre.
Étage.
Évangile.
Éventail.
Exorde.
Girofle.
Hémisphère.
Hémistiche.
Héritage.
Horoscope.
Hortensia.
Hospice.
Indice.
Incendie.
Interstice.
Intervalle.
Inventaire.
Isthme.
Ivoire.
Légume.
Lièvre.
Mânes.
Monticule.
Obélisque.
Obstacle.
Obus.
Omnibus.
Ongle.
Onguent.
Orage.
Orchestre.
Organe.
Orifice.
Otage.
Ouvrage.
Ovale.
Panache.
Parafe.
Pétale.
Renne.
Simples.
Squelette.
Ulcère.
Ustensile.
Vivres.

SUBSTANTIFS FÉMININS.

Accolade.
Agraffe.
Aire.
Alcôve.
Alluvion.
Amnistie.
Amorce.
Anagramme.
Ancre.
Anecdote.
Antichambre.
Argile.
Armoire.
Arrhes.
Artère.
Atmosphère.
Avalanche.
Avant-scène.
Avarie.
Dinde.
Ébène.
Écaille.
Écarlate.
Éclipse.
Écritoire.
Écume.
Effigie.
Enclume.
Équerre.
Équivoque.
Esquisse.
Étable.
Étape.
Extase.
Horloge.
Huile.
Hydre.
Hypothèque.
Idole.
Image.
Immondices.
Insulte.
Losange (1).
Nacre.
Obsèques.
Offre.
Omoplate.
Orange.
Outre.
Paroi.
Patère.
Pédale.
Prémices.
Sandaraque.
Spirale.
Stalle.
Ténèbres.
Thériaque.

DU NOMBRE DANS LES NOMS COMMUNS.

28. — *Formation du pluriel. Règle générale.* On forme le pluriel dans la plupart des noms communs, en ajoutant un *s* au singulier : *un homme, des hommes* ; *une fleur, des fleurs.*

29. — *Règles particulières.* 1° Les substantifs terminés au singulier par *s, x, z,* s'écrivent de même au pluriel : ***un lis, des lis; la voix, des voix; un nez, des nez.***

(1) Les géomètres font *losange* masculin.

30. — 2° Les substantifs terminés au singulier par *au, eu, eau,* prennent *x* au pluriel : *un étau, des étaux; un cheveu, des cheveux; un bateau, des bateaux.* — Mais *landau* fait *landaus.*

On écrit encore avec un *x* au pluriel les substantifs suivants : *des bijoux, des cailloux, des choux, des genoux, des hiboux, des joujoux.* — Mais les autres noms terminés par *ou* rentrent dans la règle générale et prennent un *s* : *des clous, des sous, des verrous.*

31. — 3° Quelques noms terminés au singulier par *al* ou *ail* ont le pluriel en *aux* : *un cheval, des chevaux; un émail, des émaux,* etc.; mais *bal, carnaval, chacal, régal* et quelques autres moins usités font *bals, carnavals,* etc. — De même *attirail, éventail, gouvernail, portail,* etc., forment le pluriel régulièrement, c'est-à-dire avec un *s* : *attirails, éventails,* etc.

Ail fait *aulx*, mais en botanique on écrit des *ails; bétail* fait *bestiaux.*

32. — *Remarque.* L'usage a autorisé longtemps la suppression du *t* au pluriel dans les mots terminés en *ant* ou en *ent.* Ainsi l'on écrivait indifféremment *enfans* et *enfants; talens* et *talents.* Mais l'Académie conserve au pluriel le *t* final du singulier, et cette orthographe est aujourd'hui généralement suivie.

Gens est le seul substantif de cette terminaison qui ne prenne point de *t.*

—

33. — Quelques substantifs ont deux formes différentes pour le pluriel, selon les sens divers qu'ils expriment.

AIEUL fait *aïeux* dans le sens d'une suite de générations passées : *ce droit lui vient de ses aïeux; c'était la mode chez nos aïeux* (Acad.). — Il fait *aïeuls* pour désigner le grand-père paternel et le grand-père maternel : *ses deux aïeuls assistaient à son mariage* (Acad.). On dit aussi : *les bisaïeuls, les trisaïeuls,* et au féminin, *une aïeule, des aïeules.*

CIEL fait *cieux* dans le sens de firmament : *les* CIEUX *annoncent la gloire de Dieu.* — Il fait *ciels* dans *ciels de lit, ciels de tableaux* et dans les cas analogues : *ce peintre fait bien les* CIELS (Acad.).

ŒIL fait *yeux* dans le sens d'organe de la vue, et dans la plupart des autres acceptions : *un pain qui a des* YEUX; *un fromage qui n'a point d'*YEUX; *le bouillon est très-gras, il a beaucoup d'*YEUX (Acad.). — Mais quand il peut y avoir lieu à équivoque, on dit des *œils;* OEILS-DE-BOEUF se dit de petites fenêtres rondes, pour éviter toute confusion avec les *yeux d'un bœuf.*

TRAVAIL, dans le sens d'ouvrage, de labeur, fait au pluriel *travaux.* Mais on dit *travails* au pluriel, 1° de certains mémoires ou de certaines conférences d'administration; 2° des machines à l'aide desquelles on ferre ou on panse les chevaux vicieux.

34.— Parmi les substantifs, il en est qu'on ne peut employer au singulier, tels sont : *archives, ancêtres, armoiries, confins, décombres, funérailles, mânes, matines, mœurs, pleurs, prémices, vêpres*, etc. — Cependant Bossuet a dit : *Là commencera ce* PLEUR *éternel*.....

Pareillement on ne peut donner la forme plurielle aux substantifs *faim, soif, firmament, la foi* et autres semblables. Beaucoup de termes scientifiques, les noms des métaux sont dans ce cas, et cependant il est des acceptions particulières où cet usage a fléchi. Ainsi, l'on dit bien dans le commerce : *les* FERS *sont en hausse* ; et en parlant d'un recueil de gravures : *les* CUIVRES *en sont bien usés*.

CHAPITRE II.

DE L'ADJECTIF.

35. — L'*adjectif* est un mot que l'on joint au substantif pour le *qualifier*. (ACAD.)

Qualifier un substantif, c'est exprimer une des *qualités*, une des manières d'être de l'individu ou de l'objet qu'il représente. Dans ces exemples, *l'homme est* INDUSTRIEUX, *la terre est* RONDE, les mots *industrieux, ronde*, sont des adjectifs, parce qu'ils expriment une qualité, une manière d'être de *l'homme* ou de *la terre*.

Certains adjectifs servent aussi à *déterminer* les substantifs, c'est-à-dire à présenter sous un point de vue précis, particulier, l'individu ou l'objet exprimé. Si je dis, VOTRE *ami vous sert bien*, *prêtez-moi* CE *livre*, je précise clairement ou je *détermine*, à l'aide des mots *votre* et *ce*, de quel *ami*, de quel *livre* il s'agit ; ainsi ces deux mots sont des adjectifs.

Il suit de là qu'on doit distinguer deux grandes classes d'adjectifs, les uns *qualificatifs*, les autres *déterminatifs*.

I. — DES ADJECTIFS QUALIFICATIFS.

36. — Quoique l'*adjectif qualificatif* ait pour fonction d'exprimer une qualité, il peut quelquefois être employé lui-même comme un substantif.

Dans ces phrases, *votre discours est* VRAI ; *cette conduite n'est pas*

HONNÊTE ; *ce projet quoique* AGRÉABLE *n'est pas* UTILE ; les mots *vrai, honnête, agréable, utile,* sont des adjectifs qui qualifient *discours, conduite, projet.*

Mais quand on dit : *le* VRAI *seul est aimable* ; *l'*HONNÊTE *doit être préféré à l'*AGRÉABLE *et à l'*UTILE ; les mots *vrai, honnête, agréable, utile,* ne qualifient aucun nom exprimé ou sous-entendu ; on dit alors que ce sont des *adjectifs pris substantivement*, ou plus simplement des substantifs.

37. — La nature de l'adjectif est de s'identifier avec le substantif, et comme la terminaison en est variable, il doit être mis au masculin ou au féminin, au singulier ou au pluriel, selon le genre et le nombre du nom auquel il est joint.

En exprimant une qualité, il peut aussi l'énoncer avec plus ou moins d'intensité ou de force ; c'est ce qu'on a appelé *degrés de signification.*

Il y a donc trois choses à considérer dans les adjectifs : le *genre*, le *nombre* et les *degrés de signification.*

DU GENRE. — FORMATION DU FÉMININ.

Des adjectifs terminés par des voyelles.

38. — Les adjectifs terminés au masculin par un *e* muet ne changent point au féminin ; *aimable, facile, ordinaire, utile,* etc., ont la même terminaison pour les deux genres.

Il y a cependant quelques exceptions ; ainsi *traître* : *une* TRAÎTRESSE *voix bien souvent nous appelle* (LA FONTAINE).

39. — Les adjectifs terminés au masculin par une voyelle simple autre que l'*e* muet, prennent cet *e* au féminin ; *sensé, sensée ; poli, polie.* — Excepté *favori* qui fait *favorite.*

40. — Les adjectifs terminés par une voyelle composée (8), finissent ainsi : ceux en *ou* font *olle* : *fou, mou ; folle, molle* ; ceux en *eau* font *elle* : *beau, nouveau ; belle, nouvelle.* — *Bleu* et *vrai* rentrent dans la règle précédente, *bleue, vraie* ; *coi* (calme) fait *coite*, qui cependant est peu usité.

Le féminin des adjectifs en *ou* ou en *eau* se forme des masculins *fol, mol, bel, nouvel,* qui ne sont usités maintenant que lorsque le mot suivant commence par une voyelle ou par un *h* muet : *fol amour, mol abandon, bel homme, nouvel an.*

Des adjectifs terminés par des consonnes.

41. — Les adjectifs terminés au masculin par deux ou par trois consonnes, prennent un *e* muet au féminin : *blond, blonde*; *grand, grande* ; *prompt, prompte*;—excepté *blanc* et *franc*, qui font *blanche* et *franche*, et *long*, qui fait *longue*.

42. — Les adjectifs terminés en *el* ou en *eil*, en *en* ou en *on*, doublent toujours leur consonne finale en prenant un *e* muet : *cruel, cruelle*; *pareil, pareille* ; *ancien, ancienne* ; *bouffon, bouffonne*.

43. — Ceux qui ont la terminaison en *f*, prennent à la place de cette consonne un *v* avec un *e* muet : *bref, brève* ; *neuf, neuve*.

44. — Ceux qui ont la terminaison en *x* forment le féminin par le changement de cette lettre en *s* avec un *e* muet : *heureux, heureuse* ; *courageux, courageuse*. — Exceptions : *doux* fait *douce*; *roux* et *faux* font *rousse* et *fausse*; *vieux* fait *vieille*. Le féminin *vieille* a été anciennement formé de *vieil*, qui ne s'emploie aujourd'hui que rarement et devant une voyelle ou un *h* muet, *mon* VIEIL AMI ; *le* VIEIL HOMME ; ce dernier signifie l'état de l'*homme pécheur*.

45. — Les adjectifs terminés en *eur* au masculin suivent des formations diverses, comme les substantifs qui ont cette finale (24). Ceux qui réveillent une idée d'ordre, de rang, prennent simplement un *e* muet : *antérieur, antérieure*; *supérieur, supérieure*. — D'autres font *euse* : *grondeur, grondeuse*; *trompeur, trompeuse*. — Quelques-uns font *eresse* : *une peine* VENGERESSE. — Enfin il en est où l'on change la terminaison *teur* en *trice* : *une voix* CONSOLATRICE ; *des mesures* SPOLIATRICES. Plusieurs d'entre eux s'emploient aussi comme substantifs.

46. — Les adjectifs dont la finale s'écarte des cinq cas précédents, prennent aussi un *e* muet; mais les uns doublent leur dernière consonne, et les autres ne la doublent point. Ces différences échappent à toute règle.

Ainsi,	*sot*,	fait	*sotte*;	mais	*dévot*,	fait	*dévote*;
	épais,		*épaisse* ;		*niais*,		*niaise* ;
	bas,		*basse* ;		*ras*,		*rase* ;
	net,		*nette* ;		*complet*,		*complète*.

Remarque. Lorsque la consonne finale ne se double pas et qu'elle est précédée d'un *e* muet, cet *e* prend toujours un accent grave au féminin : *amer*, AMÈRE ; *complet*, COMPLÈTE.

Des adjectifs irréguliers.

47. — On ne peut énumérer ici tous les adjectifs qui appartiennent à cette classe ; il suffit d'indiquer les suivants : *bénin* et *malin* font *bénigne* et *maligne* ; — *public* et *caduc*, *publique*, *caduque* ; — *frais*, *fraîche* ; — *sec*, *sèche* ; — *tiers*, *tierce* ; — *fat*, *châtain*, *dispos* et quelques autres n'ont point de féminin.

DU NOMBRE. — FORMATION DU PLURIEL.

48. — *Règle.* On forme le pluriel dans les adjectifs, soit au masculin, soit au féminin, par l'addition d'un *s* : *bon*, *bons* ; *bonne*, *bonnes*.

Tout perd le *t* au pluriel masculin en prenant un *s* : TOUS *les hommes.*

Ainsi que dans les substantifs terminés en *ant* ou en *ent*, on ne doit point supprimer le *t* au pluriel dans les adjectifs qui ont ces désinences : *des lieux* CHARMANTS ; *des généraux* PRUDENTS (ACAD.).

Exceptions. 1° Les adjectifs terminés en *s*, *x*, ne changent point au pluriel masculin ; ainsi *gros*, *heureux*, etc. s'écrivent de la même manière dans les deux nombres.

2° Les adjectifs qui finissent par *eau* prennent *x* au masculin pluriel : *beaux*, *jumeaux*, *nouveaux*.

3° Ceux qui sont terminés en *al* ont également le pluriel en *aux* : *moral*, *moraux* ; *social*, *sociaux*, etc., mais *fatal* fait *fatals* (peu usité).

Il en est huit dont l'Académie dit qu'ils n'ont point de pluriel masculin, savoir : *amical*, *automnal*, *colossal*, *glacial*, *frugal*, *jovial*, *natal*, *naval*.

Remarque. Un certain nombre d'adjectifs terminés en *al* n'ont guère été employés jusqu'à présent au pluriel masculin, soit parce que les noms qu'ils qualifient ordinairement sont féminins, soit à cause de l'hésitation où l'on a pu être de les former en *als* ou en *aux*. Tels sont *central*, *curial*, *crural*, *diagonal*, *diamétral*, *expérimental*, *instrumental*, *médical*, *paroissial*, *patronal*, *pénal*, *virginal*, *zodiacal*, mais on dit bien au féminin : *des positions centrales*, des *lignes diagonales*, etc ; — et dans les ouvrages scientifiques, des *nerfs cruraux*, des *jurys médicaux*.

DEGRÉS DE SIGNIFICATION.

49. — On a vu que l'adjectif peut exprimer avec plus ou moins d'intensité ou de force, la qualité du substanti auquel il est joint; ainsi *beau*, *plus beau*, *très-beau* marquent différents degrés de beauté dans l'objet qu'on a en vue.

Il y a trois degrés de signification dans les adjectifs : le *positif*, le *comparatif* et le *superlatif* (1).

50. — Le POSITIF exprime la qualité simplement, d'une manière *positive*; c'est l'adjectif lui-même. Dans ces exemples, *l'homme* POLI, *l'enfant* STUDIEUX, *poli*, *studieux*, sont des adjectifs employés au positif.

51. — Le COMPARATIF exprime la qualité avec comparaison; il est de trois sortes, selon qu'il y a *supériorité*, *égalité* ou *infériorité* de l'objet principal, relativement à celui auquel on le compare.

On forme le *comparatif de supériorité*, en mettant *plus* devant l'adjectif : *le savoir est* PLUS UTILE *que la richesse*.

On forme le *comparatif d'égalité* par le mot *aussi* que l'on met devant l'adjectif ou *autant* que l'on met après : *l'adresse est* AUSSI PRISÉE *que la force*; *la Fontaine est* PROFOND AUTANT *que naïf*.

Le *comparatif d'infériorité* est formé par le mot *moins* placé devant l'adjectif : *l'Afrique* est MOINS FERTILE *que l'Europe*.

Remarque. Nous avons trois adjectifs qui expriment seuls une comparaison : *meilleur*, au lieu de *plus bon*, qui ne se dit pas; *moindre*, au lieu de *plus petit*; *pire*, au lieu de *plus mauvais*; comme : *la vertu est* MEILLEURE *que la science*, *le mensonge est* PIRE *que l'indocilité*. (LHOMOND.)

52. — Le SUPERLATIF exprime la qualité portée au suprême degré, soit en plus, soit en moins.

Il y a deux superlatifs, l'un *absolu*, l'autre *relatif*. Le *superlatif absolu* exprime la qualité portée au plus haut degré, sans aucune comparaison. On le forme en mettant *fort*, *très*, *bien* et autres adverbes de quantité devant l'adjectif : *l'air est un corps* TRÈS-LÉGER.

(1) Ces degrés de signification, empruntés des langues anciennes, ont été rejetés par plusieurs grammairiens comme inutiles. Malgré ces autorités, nous avons cru devoir les maintenir, parce qu'ils facilitent l'intelligence de plusieurs règles de la syntaxe, dont l'explication entraînerait sans cela des longueurs.

Le *superlatif relatif* exprime la qualité portée au plus haut degré, mais avec comparaison. On le forme en mettant *le plus, le mieux, le moins* devant l'adjectif : *l'or est* LE PLUS LOURD *des métaux.*

Meilleur, pire, moindre deviennent des superlatifs relatifs en prenant *le, la, les : l'orgueil est* LE PIRE *des vices.*

Remarque. Certains adjectifs n'ont ni comparatif ni superlatif, parce qu'ils expriment par eux-mêmes toute l'étendue possible de la qualité ; tels sont *éternel, immense, infini,* etc.

II. — DES ADJECTIFS DÉTERMINATIFS.

53. — Les *adjectifs déterminatifs* ajoutent au substantif des idées particulières de *possession,* d'*indication,* de *nombre,* de *généralité.* On en distingue quatre sortes, savoir : les *adjectifs possessifs,* les *démonstratifs,* les *numéraux,* et les *indéfinis.*

ADJECTIFS POSSESSIFS.

54. — Les adjectifs *possessifs* ajoutent une idée de possession au substantif, et ils en prennent le genre et le nombre :

SING. MASC. *mon, ton, son, notre, votre, leur ;*
SING. FÉM. *ma, ta, sa, notre, votre, leur ;*
PLUR. DES DEUX GENRES : *mes, tes, ses, nos, vos, leurs.*

Remarque. Mon, ton, son, s'emploient au féminin devant une voyelle ou un *h* muet : on dit *mon âme* pour *ma âme ; ton humeur* pour *ta humeur ; son épée* pour *sa épée.* (LHOMOND.)

ADJECTIFS DÉMONSTRATIFS.

55. — Les adjectifs *démonstratifs* s'emploient lorsque, dans le discours, on semble indiquer la personne ou l'objet dont on est occupé ; ce sont :

ce, cet, pour le singulier masculin ;
cette, pour le singulier féminin ;
ces, pour le pluriel des deux genres.

Remarque. On met *ce* devant les noms qui commencent par une consonne ou un *h* aspiré : *ce village, ce hameau.* On met *cet* devant une voyelle ou un *h* muet : *cet oiseau, cet homme.* (LHOMOND.)

Les particules *ci* et *là* placées après les substantifs, servent à les distinguer quand il y a deux ou plusieurs indications. *Cet homme-ci, ce livre-ci ; cet homme-là, ce livre-là* se disent, les premiers de l'individu et de l'objet les plus proches, les autres de l'individu et de l'objet les plus éloignés.

ADJECTIFS NUMÉRAUX.

56. — Les adjectifs *numéraux* ajoutent au substantif une idée de nombre ou d'ordre ; il y en a conséquemment de deux sortes :

On appelle *adjectifs numéraux cardinaux*, ceux qui expriment le nombre : *un, deux, trois, quatre*, etc.

On appelle *adjectifs numéraux ordinaux*, ceux qui marquent l'ordre ou le rang : *premier, second* ou *deuxième, troisième*, etc. Ils s'emploient également au féminin.

Les adjectifs numéraux cardinaux peuvent être pris substantivement, comme dans ce vers de Boileau :

Cinq et *quatre* font *neuf*, ôtez *deux* reste *sept*.

ADJECTIFS INDÉFINIS.

57. — Les adjectifs *indéfinis* donnent un sens de généralité au substantif qu'ils modifient ; tels sont :

Aucun, aucune ; autre ; chaque, même ; nul, nulle ; plusieurs ; quel, quelle ; quelque, quelconque ; tel, telle ; tout, toute, et autres analogues.

CHAPITRE III.

DE L'ARTICLE (1).

58. — L'*article le, la, les* est un mot qui précède ordinairement les substantifs communs, et qui exprime le genre et le nombre (2).

On place l'article *le* avant un nom masculin singulier, LE PÈRE ; *la*, avant un nom féminin singulier, LA MÈRE ; *les*, avant les noms pluriels, quel qu'en soit le genre, LES PÈRES, LES MÈRES.

59. — On supprime la voyelle dans l'article *le* ou *la*, quand le mot suivant commence par une voyelle ou par

(1) Les anciens grammairiens plaçaient avec raison l'article après l'adjectif et non pas avant. Nous avons suivi cet ordre qui nous a paru le meilleur. En effet, les explications qu'on doit donner sur la fonction de l'article, sur la manière dont il *détermine* le substantif, sont assez abstraites ; et comme l'esprit est déjà préparé à ces idées dans le chapitre de l'*adjectif déterminatif*, où elles sont traitées avec plus de simplicité, il y a tout profit à suivre cette méthode, qui procède du connu à l'inconnu.

(2) Nous avons suivi l'Académie dans cette explication de la nature de l'article ; d'ailleurs les définitions abstraites qu'on en donne quelquefois seraient déplacées dans la lexicologie.

un *h* muet; ainsi on dit *l'ennui* pour *le ennui*; *l'histoire* pour *la histoire*, et alors on remplace la voyelle retranchée par une apostrophe ('); mais on dira *le héros*, *la hardiesse*, parce que ici *h* est aspiré. Cette suppression d'une voyelle s'appelle *élision*.

Exceptions. On dit sans élision *le oui et le non ; le onze , le onzième ; de la ouate.*

60. — Lorsque les mots *de* ou *à* précèdent l'article *le*, ils se combinent avec lui devant tout nom qui commence par une consonne ou par un *h* aspiré. On dira donc *du pain*, *au hameau*, et non *de le pain*, *à le hameau*. Cette combinaison de deux mots en un est appelée *contraction*. Elle n'a jamais lieu devant une voyelle ou un *h* muet : *à l'amour*, *de l'homme*.

La contraction a lieu également au pluriel pour l'article *les* et les mots *à*, *de*, dans tous les cas : *des pères*, *des héros ; aux hommes*, *aux étoiles*.

On appelle *le*, *la*, *les*, article *simple* ; *du*, *des*, *au*, *aux*, article *composé* ou *contracté*.

FONCTION DE L'ARTICLE.

61. — On emploie l'article, comme l'adjectif déterminatif, pour donner au substantif une précision particulière, et l'on dit alors que le substantif est *déterminé*.

Dans ces phrases : *on a saisi* L'HOMME *qui vous a frappé ; réparez* LA FAUTE *que vous avez commise ;* les substantifs *homme*, *faute*, désignent un individu distinct , une faute qu'on rappelle clairement. Ces deux noms sont alors *déterminés*, et c'est pourquoi on les fait précéder de l'article.

Mais si je dis, *dans les grandes circonstances il faut agir en* HOMME ; *n'ayez point de* FAUTE *à vous reprocher ;* ces mêmes substantifs *homme*, *faute*, ne s'appliquent nullement à tel ou tel individu, à telle ou telle faute distincte ; ils sont *indéterminés* et par conséquent ils ne prennent point l'article.

Les exemples suivants montrent aussi quelle différence de signification le même substantif peut présenter, selon qu'il est déterminé ou qu'il ne l'est point : *un officier du* GÉNIE ; *un officier de* GÉNIE ; — *le bruit* DE LA GUERRE ; *des bruits de* GUERRE ; — *un jour* DU PRINTEMPS *passé ; un jour de* PRINTEMPS ; — *un enfant* DE LA FAMILLE ; *un fils de* FAMILLE ; — *les coups* DE LA FORTUNE ; *un coup de* FORTUNE ; etc.

Ce qui précède suffit pour donner une idée de la fonction de l'article ; l'emploi en sera plus complétement fixé dans la syntaxe.

CHAPITRE IV.

DU PRONOM.

62. — Le *pronom* est un mot que l'on met le plus souvent à la place d'un *nom*, soit pour en éviter la répétition, soit pour en rappeler seulement l'idée.

Dans cet exemple : *Dieu est bon, mais il est juste*, le mot *il* est un pronom qui tient la place du substantif *Dieu* ; c'est comme s'il y avait *Dieu est bon, mais* DIEU *est juste*.

ON *ne peut désirer ce qu'*ON *ne connaît pas*. *On* est aussi un pronom qui rappelle seulement l'idée de *homme* : L'HOMME *ne peut désirer*, etc.

Le pronom peut également être employé pour un adjectif : *cet enfant est fort* STUDIEUX, *son frère ne* LE *sera pas moins* ; LE tient la place de l'adjectif *studieux*. (On verra dans la syntaxe qu'il peut remplacer une proposition entière.)

On distingue cinq sortes de pronoms appelés *pronoms personnels, possessifs, démonstratifs, relatifs* et *indéfinis*.

PRONOMS PERSONNELS.

63. — On appelle *personne*, en grammaire, le rôle des individus ou des objets dans le discours.

Il y a trois personnes : la *première* est celle qui parle, la *seconde* celle à qui l'on parle, la *troisième* celle de qui l'on parle (LHOMOND).

64. — Les pronoms *personnels* sont ainsi appelés parce qu'ils désignent essentiellement les *personnes grammaticales* (1). On peut les classer ainsi :

1re PERS. sing. *je, me, moi*; plur. *nous*; pour les deux genres.

2e PERS. sing. *tu, te, toi*; plur. *vous*; pour les deux genres.

3e PERS. 1° sing. masc. *il, le*; sing. fém. *elle, la*; pour les deux genres *lui, se, soi*. — 2° plur. masc. *ils, eux*; plur. fém. *elles*; pour les deux genres *les, leur, se*.

Remarque. *Le, la, les*, sont quelquefois pronoms et quelquefois ils sont articles : l'article est toujours suivi d'un nom; *le frère*, *la*

(1) Cette propriété de désigner les trois personnes du discours appartient à tous les pronoms ; mais avec cette différence, que le pronom personnel remplit essentiellement cette fonction, c'est-à-dire qu'il ne présente aucune idée accessoire ; tandis que les autres expriment, outre les personnes, des idées de *possession*, de *démonstration*, etc.

sœur, les hommes ; au lieu que le pronom est toujours joint à un verbe, comme *je le connais, je la respecte, je les estime* (LHOMOND).

PRONOMS POSSESSIFS.

65. — Les pronoms *possessifs* remplacent les substantifs, en exprimant une idée de possession :

	SING. MASC.	SING. FÉM.	PLUR. MASC.	PLUR. FÉM.
1re PERS.	*Le mien,*	*la mienne,*	*les miens,*	*les miennes.*
2e PERS.	*Le tien,*	*la tienne,*	*les tiens,*	*les tiennes.*
3e PERS.	*Le sien,*	*la sienne,*	*les siens,*	*les siennes.*
1re PERS.	*Le nôtre,*	*la nôtre,*	*les nôtres,*	*les nôtres.*
2e PERS.	*Le vôtre,*	*la vôtre,*	*les vôtres,*	*les vôtres.*
3e PERS.	*Le leur,*	*la leur,*	*les leurs,*	*les leurs.*

Remarques. 1° *Leur*, pronom, ne prend jamais s à la fin, et il est toujours joint à un verbe. Alors il signifie *à eux, à elles* : *ces enfants ont été sages, je* LEUR *donnerai un prix.* — *Leur*, adjectif, suivi d'un nom pluriel, prend *s* ; alors il signifie *d'eux, d'elles* : *un père aime ses enfants, mais il n'aime pas* LEURS *défauts.* (LHOMOND.)

2° On ne met point d'accent sur *notre, votre,* adjectifs : *votre père, notre maison* ; mais on met un accent circonflexe sur *ô* dans *le nôtre, le vôtre,* pronoms : *mon livre est plus beau que le vôtre* (LHOMOND).

PRONOMS DÉMONSTRATIFS.

66. — Les pronoms *démonstratifs* présentent toujours une idée d'indication, en rappelant le substantif dont ils tiennent la place ; ce sont :

SING. MASC. *Ce, celui, celui-ci, celui-là ; ceci, cela.*
SING. FÉM. *Celle, celle-ci, celle-là.*
PLUR. MASC. *Ceux, ceux-ci, ceux-là.*
PLUR. FÉM. *Celles, celles-ci, celles-là.*

Remarque. Ne confondez pas *ce*, pronom démonstratif, avec *ce*, adjectif démonstratif ; *ce*, pronom, accompagne toujours le verbe *être*, ou bien les pronoms *qui, que,* etc. : CE *sera moi* ; CE *qui nous intéresse* ; — *ce*, adjectif, est toujours suivi d'un substantif : CE *livre*, CE *héros*.

PRONOMS RELATIFS.

67. — Les pronoms *relatifs* sont ainsi nommés parce qu'ils se trouvent presque toujours en *relation*, en rapport immédiat, avec le nom ou le pronom qu'ils représentent, et qu'on nomme leur *antécédent* ; ces pronoms sont :

Qui, que, quoi ; dont, en, y ; lequel, laquelle, et autres formés par analogie de l'adjectif *quel* et de l'article composé (*duquel, auquel*), etc.

Dans ces phrases : DIEU QUE *j'adore*; L'HOMME DONT *vous appréciez le génie*; *que* et *dont* sont des pronoms relatifs, qui ont pour antécédents respectifs *Dieu* et *homme*.

Il y a des pronoms *interrogatifs* : *qui? que? quel? quelle?* comme quand on dit : *qui a fait cela? que vous dirai-je? Qui* ou *que* est interrogatif, quand il n'a point d'antécédent, et qu'on peut le tourner par *quelle personne?* ou *quelle chose?* Dans les deux exemples ci-dessus on peut dire : *quelle personne a fait cela? quelle chose vous dirai-je.* (LHOMOND.)

PRONOMS INDÉFINIS.

68. — Les pronoms *indéfinis* présentent une idée de généralité qui s'applique à un substantif non exprimé; tels sont :

Autrui, chacun, nul, on, plusieurs, qui que ce soit, quoi que ce soit, quelque chose, quiconque, quelqu'un, rien, tel, tout, un autre, l'un l'autre, etc.

Remarque. Plusieurs de ces mots peuvent aussi être employés comme substantifs ou comme adjectifs indéfinis. Ils sont substantifs, lorsqu'ils sont précédés de l'article ou d'un adjectif déterminatif; on les considère comme adjectifs, lorsqu'ils sont joints à un nom pour le modifier. Ainsi dans ces phrases :

NUL PÉRIL *ne l'émeut; nul* est adjectif indéfini, parce qu'il modifie le substantif *péril*; — NUL *n'est content de sa fortune*; ici *nul* est pronom parce qu'il tient la place de *aucun homme*.

Personne est substantif dans, CETTE PERSONNE *est fort instruite*, car ce mot est déterminé par l'adjectif *cette*; — mais si l'on dit *je n'ai trouvé* PERSONNE *dans mes visites*, c'est encore un pronom qui signifie *aucun individu*.

Tout est substantif dans, LE TOUT *est plus grand que sa partie*; UN TOUT; — il est adjectif indéfini dans, TOUT HOMME *est fragile*; — enfin il est pronom dans ce vers de la Fontaine :

Ils ne mouraient pas TOUS, mais TOUS étaient frappés.

CHAPITRE V.

DU VERBE.

69. — Le *verbe* est un mot dont on se sert pour exprimer que l'on est ou que l'on fait quelque chose (LHOMOND).

Il marque l'état ou l'action des personnes ou des choses, avec rapport au temps. Si l'on dit *la terre tourne; je souffrais; nous partirons*, les mots *tourne, souffrais, partirons*, expriment un état ou une action; ce sont des verbes.

Dans ces exemples, l'état ou l'action correspond à un moment de la durée présent, passé, ou à venir. Ce caractère distingue les verbes de plusieurs autres mots, substantifs ou adjectifs, qui expriment aussi un état ou une action, mais sans aucun rapport au temps; comme *maladie*, *course*; *heureux*, *rapide*.

70. — Il y a un verbe qui exprime particulièrement *l'existence* ou *l'affirmation*, c'est le verbe *être*, qu'on peut considérer comme renfermé dans tous les autres. Ainsi les verbes *je souffre*, *vous partez*, *il repose*, peuvent être décomposés ainsi : *je suis souffrant*, *vous êtes partant*, *il est reposant*. Ils renferment donc un principe commun qui est le verbe *être*, et une partie accessoire *souffrant*, *partant*, *reposant*, qu'on désigne sous le nom d'*attribut*.

C'est là-dessus qu'est fondée la dénomination de verbe *substantif* appliquée quelquefois au verbe *être*. On peut en effet le regarder comme la *substance* et le fondement de tous les autres. Ceux-ci sont appelés *attributifs*, parce qu'ils renferment le verbe *être* accompagné d'un *attribut*.

DES MODIFICATIONS DU VERBE.

71. — Le verbe peut recevoir divers changements dans sa terminaison. Ainsi, dans *aimer*, nous trouvons : *j'aim*E, *tu aim*AS, *il aim*ERA, *nous aim*ERONS, *qu'ils aim*ASSENT, etc.

Ces modifications sont de quatre sortes : le *mode*, le *temps*, le *nombre* et la *personne*.

72. — DU MODE. Le *mode* sert à présenter sous un point de vue particulier l'état ou l'action qu'exprime le verbe.

Il y a cinq modes, l'*indicatif*, le *conditionnel*, l'*impératif*, le *subjonctif* et l'*infinitif*.

L'*indicatif* exprime l'état ou l'action d'une manière positive : *je* DESCENDS, *je* PARTIS, *j'*ÉCRIRAI.

Le *conditionnel* les fait dépendre d'une condition : *je* PARTIRAIS, *si vous veniez avec moi*.

L'*impératif* y joint une idée de commandement ou d'exhortation : SORTEZ; FAITES *cette bonne œuvre*.

Le *subjonctif* présente l'état, l'action, comme liés à un sentiment de désir, de crainte, de doute, etc. : *je désire que vous* RÉUSSISSIEZ.

L'*infinitif* les énonce d'une manière générale, indéfinie : *il est doux de* SERVIR *le Seigneur*.

On peut joindre à l'infinitif le *participe*, qui est un mot dérivé du

verbe, et qui exprime aussi l'état ou l'action d'une manière générale : *un élève* REMPLISSANT *ses devoirs est un enfant* AIMÉ.

73. — DU TEMPS. Le *temps* est la forme que prend le verbe pour exprimer à quelle époque, dans le passé, dans le présent ou dans l'avenir, correspond l'état ou l'action.

Il y a trois temps : le *présent*, qui marque que la chose est ou se fait actuellement, comme *je lis*; le *passé* ou *prétérit*, qui marque que la chose a été faite, comme *j'ai lu*; le *futur*, qui marque que la chose sera ou se fera, comme *je lirai* (LHOMOND).

74. — DU NOMBRE. Le nombre est la forme que prend le verbe dans chaque temps, pour exprimer l'unité ou la pluralité. Dans *je parl*E, *tu écout*ES, les finales *e, es*, indiquent le singulier; dans *nous parl*ONS, *vous écout*EZ, les terminaisons *ons, ez*, indiquent le pluriel.

75. — DES PERSONNES. La terminaison du verbe peut encore exprimer les trois *personnes grammaticales*. Dans *nous croy*ONS, la forme *ons* indique la première personne; dans *vous croy*EZ, la forme *ez* indique la seconde personne; dans *ils croi*ENT, la forme *ent* indique la troisième personne.

DE LA CONJUGAISON.

76.—La *conjugaison* offre pour chaque verbe, le tableau des divers changements de mode, de temps, de nombre et de personne. — *Conjuguer*, c'est donc *énumérer dans un ordre méthodique toutes les modifications qu'un verbe peut recevoir*.

Il y a deux verbes qui aident à conjuguer tous les autres et que pour cela on nomme *auxiliaires*; c'est le verbe *avoir* et le verbe *être*.

VERBE AUXILIAIRE *AVOIR*.

Temps primitifs : *avoir, ayant, eu, j'ai, j'eus*.

INDICATIF PRÉSENT.	IMPARFAIT *ou* PASSÉ SIMULTANÉ.
S. J'ai.	J'avais.
Tu as.	Tu avais.
Il *ou* elle a.	Il *ou* elle avait.
P. Nous avons.	Nous avions.
Vous avez.	Vous aviez.
Ils *ou* elles ont.	Ils *ou* elles avaient.

PASSÉ DÉFINI.

J'eus.
Tu eus.
Il *ou* elle eut.
Nous eûmes.
Vous eûtes.
Ils *ou* elles eurent.

PASSÉ INDÉFINI.

J'ai eu.
Tu as eu.
Il *ou* elle a eu.
Nous avons eu.
Vous avez eu.
Ils *ou* elles ont eu.

PASSÉ ANTÉRIEUR.

J'eus eu.
Tu eus eu.
Il *ou* elle eut eu.
Nous eûmes eu.
Vous eûtes eu.
Ils *ou* elles eurent eu.

PLUS-QUE-PARFAIT.

J'avais eu.
Tu avais eu.
Il *ou* elle avait eu.
Nous avions eu.
Vous aviez eu.
Ils *ou* elles avaient eu.

FUTUR.

J'aurai.
Tu auras.
Il *ou* elle aura.
Nous aurons.
Vous aurez.
Ils *ou* elles auront.

FUTUR ANTÉRIEUR *dit* FUTUR PASSÉ.

J'aurai eu.
Tu auras eu.
Il *ou* elle aura eu.
Nous aurons eu.
Vous aurez eu.
Ils *ou* elles auront eu.

CONDITIONNEL

PRÉSENT.

J'aurais.
Tu aurais.
Il *ou* elle aurait.
Nous aurions.
Vous auriez.
Ils *ou* elles auraient.

PASSÉ.

J'aurais eu.
Tu aurais eu.
Il *ou* elle aurait eu.
Nous aurions eu.
Vous auriez eu.
Ils *ou* elles auraient eu.

SECONDE FORME DU CONDITIONNEL PASSÉ.

J'eusse eu.
Tu eusses eu.
Il *ou* elle eût eu.
Nous eussions eu.
Vous eussiez eu.
Ils *ou* elles eussent eu.

IMPÉRATIF.

PRÉSENT OU FUTUR.

Aie.
Ayons.
Ayez.

SUBJONCTIF

PRÉSENT.

Que j'aie.
Que tu aies.
Qu'il *ou* qu'elle ait.
Que nous ayons.
Que vous ayez.
Qu'ils *ou* qu'elles aient.

IMPARFAIT.

Que j'eusse.
Que tu eusses.
Qu'il *ou* qu'elle eût.
Que nous eussions.
Que vous eussiez.
Qu'ils *ou* qu'elles eussent.

PASSÉ.

Que j'aie eu.
Que tu aies eu.
Qu'il *ou* qu'elle ait eu.
Que nous ayons eu.
Que vous ayez eu.
Qu'ils *ou* qu'elles aient eu.

PLUS-QUE-PARFAIT.

Que j'eusse eu.
Que tu eusses eu.
Qu'il *ou* qu'elle eût eu.
Que nous eussions eu.
Que vous eussiez eu.
Qu'ils *ou* qu'elles eussent eu.

INFINITIF

PRÉSENT.

Avoir.

PASSÉ.

Avoir eu.

PARTICIPE

PRÉSENT.

Ayant.

PASSÉ.

Eu, eue.
Ayant eu.

77. — Le verbe *avoir* n'est *auxiliaire* que lorsqu'il aide à conjuguer un autre verbe; il est *attributif*, lorsqu'il est employé seul et qu'il signifie *posséder, obtenir* : J'AI *de beaux livres*; J'AURAI *raison*. — (Il est impersonnel dans *il y a*.)

78. — Dans cette conjugaison ainsi que dans toutes les autres, il y a des temps *simples*, où le verbe entre seul, comme *j'ai*, *j'avais*, *j'aurai*, et des temps *composés*, c'est-à-dire formés des temps simples et du participe passé : J'AI *eu*, J'AVAIS *eu*, J'AURAI *eu*.

79. — Il y a aussi des temps *primitifs* et des temps *dérivés*. Ces derniers sont formés des autres au moyen d'un changement dans la terminaison. Les règles de la formation des temps sont expliquées plus loin (nº 127).

80. — Il faut observer que dans le verbe *avoir* le passé antérieur *j'eus eu*, *tu eus eu*, etc., est presque inusité. Il ne figure ici que pour compléter la nomenclature des temps.

VERBE AUXILIAIRE *ÊTRE*.

Temps primitifs : *être, étant, été, je suis, je fus.*

INDICATIF

PRÉSENT.

S. Je suis.
Tu es.
Il *ou* elle est.
P. Nous sommes.
Vous êtes.
Ils *ou* elles sont.

IMPARFAIT *ou* PASSÉ SIMULTANÉ.

J'étais.
Tu étais.
Il *ou* elle était.
Nous étions.
Vous étiez.
Ils *ou* elles étaient.

PASSÉ DÉFINI.

Je fus.
Tu fus.
Il *ou* elle fut.
Nous fûmes.
Vous fûtes.
Ils *ou* elles furent.

PASSÉ INDÉFINI.

J'ai été.
Tu as été.
Il *ou* elle a été.
Nous avons été.
Vous avez été.
Ils *ou* elles ont été.

PASSÉ ANTÉRIEUR.

J'eus été.
Tu eus été.
Il *ou* elle eut été.
Nous eûmes été.
Vous eûtes été.
Ils *ou* elles eurent été.

PLUS-QUE-PARFAIT.

J'avais été.
Tu avais été.
Il *ou* elle avait été.
Nous avions été.
Vous aviez été.
Ils *ou* elles avaient été.

FUTUR.

Je serai.
Tu seras.
Il *ou* elle sera.
Nous serons.
Vous serez.
Ils *ou* elles seront.

FUTUR ANTÉRIEUR dit FUTUR PASSÉ.

J'aurai été.
Tu auras été.
Il *ou* elle aura été.
Nous aurons été.
Vous aurez été.
Ils *ou* elles auront été.

CONDITIONNEL.

PRÉSENT.

Je serais.
Tu serais.
Il *ou* elle serait.
Nous serions.
Vous seriez.
Ils *ou* elles seraient.

PASSÉ.

J'aurais été.
Tu aurais été.
Il *ou* elle aurait été.
Nous aurions été.
Vous auriez été.
Ils *ou* elles auraient été.

SECONDE FORME DU CONDITIONNEL

PASSÉ.

J'eusse été.
Tu eusses été.
Il *ou* elle eût été.
Nous eussions été.
Vous eussiez été.
Ils *ou* elles eussent été.

IMPÉRATIF.

PRÉSENT OU FUTUR.

Sois.
Soyons.
Soyez.

SUBJONCTIF.

PRÉSENT OU FUTUR.

Que je sois.
Que tu sois.
Qu'il *ou* qu'elle soit.
Que nous soyons.
Que vous soyez.
Qu'ils *ou* qu'elles soient.

IMPARFAIT.

Que je fusse.
Que tu fusses.
Qu'il *ou* qu'elle fût.
Que nous fussions.
Que vous fussiez.
Qu'ils *ou* qu'elles fussent.

PASSÉ.

Que j'aie été.
Que tu aies été.
Qu'il *ou* qu'elle ait été.
Que nous ayons été.
Que vous ayez été.
Qu'ils *ou* qu'elles aient été.

PLUS-QUE-PARFAIT.

Que j'eusse été.
Que tu eusses été.
Qu'il *ou* qu'elle eût été.
Que nous eussions été.
Que vous eussiez été.
Qu'ils *ou* qu'elles eussent été.

INFINITIF.

PRÉSENT.

Être.

PASSÉ.

Avoir été.

PARTICIPE. PRÉSENT.	PASSÉ.
Étant.	Été.
	Ayant été.

81. — Le verbe *être* n'est *auxiliaire* que lorsqu'il entre dans la conjugaison d'un autre verbe : *je* SUIS TOMBÉ, *je* SERAIS VENU. Il est appelé *verbe substantif*, lorsqu'il n'est pas joint à un participe : *je* SUIS *fort* MALADE ; il est impersonnel dans, *il est donc des remords !*

On a pu remarquer que le verbe *être* prend l'auxiliaire *avoir* dans tous ses temps composés : *j'*AI *été, j'*AVAIS *été*, etc.

DES VERBES ATTRIBUTIFS.

82. — Pour bien connaître la classification des verbes *attributifs*, il faut préalablement savoir ce qu'on entend par *sujet* et par *complément* ou *régime.*

DU SUJET.

83. — On appelle *sujet*, le mot qui représente la personne ou la chose dont on exprime l'état ou l'action au moyen du verbe.

Il répond à la question *qui est-ce qui?* pour les personnes, et *qu'est-ce qui ?* pour les choses. Dans ces phrases : *mon* FRÈRE *vient, le* SOLEIL *brille*, le substantif *frère* est sujet du verbe *vient*, et *soleil*, du verbe *brille*, car ils représentent la personne qui *vient*, la chose qui *brille* ; et si l'on demande *qui est-ce qui vient?* vous répondez, *mon frère; qu'est-ce qui brille ?* vous répondez, *le soleil.*

DES COMPLÉMENTS.

84. — On appelle *compléments* ou *régimes*, les mots qui *complètent* le sens commencé au moyen du verbe. Dans *aimer la* PATRIE ; *courir à la* GLOIRE ; *patrie*, *gloire*, achèvent le sens que les verbes tout seuls *aimer*, *courir*, laisseraient en suspens. Ce sont donc des compléments.

Comme les compléments sont placés sous la dépendance du verbe et *régis* en quelque sorte par lui, on leur donne encore le nom de *régimes*. Ils sont ou *directs* ou *indirects.*

DU COMPLÉMENT DIRECT.

85. — Le *complément* ou *régime direct* est le mot sur lequel tombe *directement* l'action exprimée par le verbe. Il répond à la question *qui?* pour les personnes, et *quoi?*

pour les choses. Dans ces phrases : *les Anglais brûlèrent* JEANNE D'ARC; *la loi punit le* CRIME; *Jeanne d'Arc* est le régime direct du verbe *brûlèrent*; et *crime*, du verbe *punit*; car l'action exprimée par ces deux verbes tombe directement sur ces substantifs ; et si l'on demande : *les Anglais brûlèrent qui?* vous répondez *Jeanne d'Arc*; *la loi punit quoi?* vous répondez, *le crime*.

86. — Ce qui est dit des substantifs peut s'appliquer à la plupart des pronoms : *plaignez*-MOI ; *votre légèreté* VOUS *perdra* ; *moi*, est régime direct de *plaignez*; et *vous*, de *perdra*.

Les pronoms *le, la, les, que*, sont toujours compléments directs.

DU COMPLÉMENT INDIRECT.

87. — On appelle *complément indirect*, un terme sur lequel l'action ne tombe qu'*indirectement*; il ne se rattache au verbe qu'à l'aide d'un des mots *à*, *de*, *par*, *sur*, qu'on appelle *prépositions*. Ce complément répond à l'une des questions *à qui? de qui? par qui?* etc., pour les personnes; *à quoi? de quoi? par quoi?* etc., pour les choses. *J'obéis à* DIEU; *je vivrais* DE LAITAGE; *Dieu* est complément indirect du verbe *obéis*, et *laitage* de *vivrais*, parce que l'action n'est qu'indirecte; et si l'on demande *j'obéis à qui?* vous répondez, *à Dieu*; *je vivrais de quoi?* vous répondez, *de laitage*.

88. — Les pronoms *lui*, *leur*, *dont*, *en*, *y* et quelques autres, sont toujours compléments indirects, parce qu'ils tiennent la place d'un autre pronom précédé d'une préposition : *je leur parle*, c'est-à-dire *je parle à eux*, ou *à elles* : *je m'en afflige*, *j'y pensais* signifient *je m'afflige de cela, je pensais à cela*.

Remarque. Les pronoms *me*, *te*, *se*, *nous*, *vous*, peuvent figurer tantôt comme compléments directs, et tantôt comme compléments indirects. Dans le premier cas, ils signifient *moi*, *toi*, *soi*, *nous*, *vous* (sans préposition); et dans le second, ils sont mis pour *à moi*, *à toi*, *à soi*, *à nous*, *à vous*. Ainsi, dans cette phrase : *si vous me chérissez*, *veuillez me donner une preuve d'affection*, le premier *me* est régime direct, et le second régime indirect; car le sens est celui-ci : *si vous chérissez moi, veuillez donner à moi une preuve d'affection*.

DE L'ATTRIBUT.

89. — Si le mot qui complète l'idée énoncée par le verbe se rapporte au sujet pour le qualifier ou pour le modifier, il prend alors le nom d'*attribut* ou de *sur-attribut* : il est attribut lorsqu'il est placé après le verbe *être*, sur-attribut après tout autre verbe.

Dans ces exemples : *Dieu est grand; cet ouvrage semble achevé; David devint roi*; l'adjectif *grand* se rapporte à *Dieu* qu'il qualifie, et comme il est placé après le verbe *être* on l'appelle *attribut*; *achevé* se rapporte à *ouvrage*, *roi* à *David*; et ces deux mots *achevé*, *roi* sont appelés, dans les analyses rigoureuses, *sur-attributs*, parce qu'ils sont placés après des verbes qui renferment déjà un attribut (DE SACY).

On remarquera que dans ces phrases il n'y a point d'action qui se porte du sujet sur un autre terme; l'attribut est un simple développement du sujet, quoiqu'il paraisse répondre à la question *quoi?*

CLASSIFICATION DES VERBES ATTRIBUTIFS.

90. — La classification la plus généralement suivie pour les verbes attributifs est celle qui en distingue cinq sortes, savoir : le verbe *actif*, le verbe *passif*, le verbe *neutre*, le verbe *réfléchi* et le verbe *impersonnel*.

91. — Le verbe *actif* marque une *action* qui est faite par le sujet, et qui a pour but un régime direct. *Je* GARDE *ma promesse*; *il* DÉFEND *la patrie*; *garde*, est un verbe actif, car l'action est faite par le sujet *je*, et a pour but le régime direct *promesse*. Il en est de même pour *défend*.

On reconnaît qu'un verbe est actif lorsqu'il peut recevoir immédiatement après lui un nom de personne ou de chose. *Aimer*, *finir*, *voir*, *entendre*, sont des verbes actifs, parce qu'on peut dire *aimer ses parents*, *finir un travail*, etc.

92. — Le verbe *passif* marque une action reçue ou soufferte par le sujet, et faite par un régime indirect. C'est une inversion du verbe actif. *Je* SUIS AIMÉ *de Dieu*; *je*, qui est le sujet, reçoit l'action ou est l'objet de l'action exprimée par le verbe; *suis aimé* est un verbe passif formé du verbe actif *aimer*; *Dieu* est le régime indirect qui fait l'action.

93. — Le verbe *neutre* exprime un état ou une action; mais cette action ou ne sort pas du sujet, ou ne peut être reçue que par un complément indirect. Dans *je dors*, le verbe exprime un état du sujet; dans *je sortais*, il exprime une action qui s'arrête au sujet; dans *j'ai obéi à la loi*, il a un complément, mais ce complément est indirect.

Le verbe neutre se distingue aisément du verbe actif, en ce qu'il ne peut recevoir pour complément direct un nom de personne ou de chose; on ne dit point *dormir quelqu'un*, *vivre quelque chose*. De plus il ne peut former de verbe passif. Il faut toutefois excepter *obéir*, qui peut prendre la forme passive : *il* EST OBÉI *de ses enfants*.

Convenir se prend aussi quelquefois dans un sens passif : *cela est convenu.*

94. — Le verbe *réfléchi*, appelé aussi *pronominal*, exprime une action faite par le sujet et reçue par le sujet lui-même, au moyen d'un pronom complément du verbe, comme *je me repens*, *tu te loues*, *il se berce.*

On appelle verbes *réfléchis accidentels*, ceux qui sont formés de certains verbes actifs auxquels on peut donner la forme réfléchie, comme *se louer*, *se flatter*, *se bercer* ; et verbes *réfléchis essentiels*, ceux qui n'ont point d'équivalent régulier actif, comme *s'abstenir*, *s'emparer*, *se repentir* ; car on ne peut pas dire : *j'abstiens*, *j'empare*, *je repens.*

Lorsque l'action est faite par plusieurs sujets qui agissent l'un sur l'autre, le verbe est *réciproque : ils se battent.*

95. — Enfin on a appelé *impersonnels*, quelques verbes qui n'ont ordinairement qu'un sujet vague représenté par *il* : *il faut*, *il pleut*, *il importe.* Ces verbes ne peuvent se conjuguer qu'à la 3e personne du singulier, et quand ils ont un complément, il est toujours indirect : *il m'importe*, *il me convient de partir.*

Les verbes impersonnels sont ou *essentiels* ou *accidentels* ; ils sont *essentiels*, lorsqu'ils ne proviennent pas d'un verbe actif ou d'un verbe neutre : *il faut*, *il pleut*, *il tonne*, etc. ; ils sont *accidentels*, lorsqu'on applique cette forme impersonnelle à un verbe d'une autre espèce : IL *me* CONVIENT *de partir* ; IL EST ARRIVÉ *de grands malheurs.* Ici les deux verbes neutres *convenir*, *arriver* sont employés *accidentellement* comme impersonnels.

---

96. — Quelques grammairiens modernes ramènent les verbes à deux grandes classes : les verbes *transitifs* et les verbes *intransitifs.*

97. — Les verbes *transitifs* expriment une action qui se porte sur un complément direct : *j'aime Dieu* ; *je connais mes devoirs.*

Lorsque l'action retombe sur le sujet même qui l'exerce, le verbe est *réfléchi* : *je me flatte*, *tu te loues.*

98. — Les verbes *intransitifs* sont ceux qui expriment un état, comme *dormir*, *souffrir*, ou une action qui ne sort pas du sujet, comme *aller*, *rire*, *venir*, ou une action qui se porte sur un complément indirect, *nuire au prochain* ; *courir à sa perte.*

Il y a aussi quelques verbes intransitifs qui se conjuguent avec deux pronoms, comme *s'arroger, se nuire;* ici le pronom est indirect : *arroger à soi, nuire à soi.*

Les verbes impersonnels sont nécessairement intransitifs.

---

99. — L'Académie a conservé avec raison l'ancienne classification, en désignant dans sa nomenclature les verbes comme *actifs, neutres, réfléchis,* etc.

En effet, ce serait créer des difficultés pour l'étude des langues anciennes, que d'introduire dans le français une division qui n'offre aucune analogie avec les grammaires de ces mêmes langues.

Ajoutons à cela que plusieurs règles de la syntaxe sont plus nettement exprimées selon les dénominations anciennes que suivant celles des modernes, et cela doit suffire pour nous faire rejeter cette dernière classification.

Remarque. — La plupart des verbes peuvent appartenir à plusieurs classes différentes; il en est très-peu qui soient rigoureusement assujettis à une seule.

Ainsi, *aimer* est actif dans *j'*AIME *mon prochain;* il est passif, dans *l'homme* EST AIMÉ *de Dieu;* réfléchi, dans *il* S'AIME.

Arriver est neutre dans JE SUIS ARRIVÉ *trop tard;* il est impersonnel, dans IL ARRIVERA *de grands malheurs.*

Passer est actif dans *nous* AVONS PASSÉ *une rude saison;* passif, dans *la mer Rouge* FUT PASSÉE *à sec;* neutre, dans *la figure du monde* PASSE; réfléchi, dans VOUS VOUS PASSEZ *trop de fantaisies;* impersonnel, dans IL SE PASSE *de grands événements.*

Ainsi, c'est d'après le sens exprimé qu'on doit appliquer à un verbe la dénomination d'*actif* ou celle de *passif,* de *neutre,* etc.

CONJUGAISON DES VERBES ACTIFS.

100. — Il y a pour les verbes actifs quatre conjugaisons différentes, que l'on distingue par la terminaison du présent de l'indicatif.

Dans la première, l'infinitif se termine en ER, comme *aim*ER.

Dans la seconde, il se termine en IR, comme *fin*IR.

Dans la troisième, il se termine en OIR, comme *recev*OIR.

Dans la quatrième, il se termine en RE, comme *rend*RE.

Tous les verbes actifs prennent l'auxiliaire *avoir.* On les dit *réguliers,* lorsqu'ils suivent exactement l'un des quatre modèles indiqués, et *irréguliers,* lorsqu'ils s'en écartent dans quelques temps ou dans quelques personnes.

VALEUR DES TEMPS.

101. — On a déjà vu, par la conjugaison des verbes *avoir* et *être,* que le passé et le futur peuvent se subdiviser en plusieurs temps se-

condaires ; il reste à connaître les applications diverses qu'on peut faire de chaque temps surtout pour l'indicatif.

PRÉSENT. Ce temps exprime l'état ou l'action comme ayant lieu :

1° Au moment actuel : *je vous* ÉCOUTE.

2° Habituellement : *il* EST *sujet à la migraine.*

3° Par extension, dans un avenir prochain : *je* PARS *demain.*

4° Dans le passé, par un tour qui consiste à représenter vivement les faits comme si on les avait sous les yeux : *on* CHERCHE *Vatel, on* COURT *à sa chambre, on* HEURTE, *on* ENFONCE *sa porte, on le* TROUVE *noyé dans son sang.* (Mme DE SÉVIGNÉ).

IMPARFAIT *ou* PASSÉ SIMULTANÉ. 1° Il exprime l'état ou l'action comme ayant eu lieu en même temps qu'un autre état ou une autre action : *j'*ÉTAIS *indisposé quand vous vîntes.*

2° Quelquefois il exprime un acte ou un état habituels dans le passé : JE ME PORTAIS *bien autrefois.*

PASSÉ DÉFINI. Il exprime l'état ou l'action comme ayant eu lieu dans une division de temps complétement écoulée : *j'*ÉCRIVIS *hier.*

PASSÉ INDÉFINI. Il exprime l'état ou l'action comme ayant eu lieu dans une division de temps non complétement écoulée : *j'*AI ÉTÉ *malade cette semaine, cette année.*

Quelquefois cette division de temps n'est pas exprimée : *j'*AI ÉCRIT *à votre père.*

PASSÉ ANTÉRIEUR. Il exprime l'état ou l'action comme ayant précédé immédiatement un autre état ou une autre action également passés : *quand j'*EUS PRÉPARÉ *ma défense, je pris du repos.*

On a appelé PASSÉ ANTÉRIEUR SURCOMPOSÉ un temps qui exprime qu'une chose a été faite avant une autre, dans une époque de la durée qui n'est pas encore entièrement écoulée : *aujourd'hui, dès que j'*AI EU FINI *mon travail, je suis sorti.* L'emploi de ce temps est si rare, et l'on en trouve si peu d'exemples qu'il est inutile de le faire figurer dans la conjugaison.

PLUS-QUE-PARFAIT. Il représente l'état ou l'action comme simplement passés avant un autre état ou une autre action également passés : *j'*AVAIS FINI *ma tâche avant mon départ.*—Ici rien n'indique si la seconde action (le départ) a suivi *immédiatement* ou non la première, tandis que dans le *passé antérieur*, aucun espace de temps ne sépare les deux actions.

FUTUR. Il représente l'état ou l'action comme devant avoir lieu dans un temps à venir : *vous* OBTIENDREZ *enfin justice.*

FUTUR ANTÉRIEUR *dit* FUTUR PASSÉ. 1° Il représente l'état ou l'action comme devant avoir lieu avant un autre état, une autre action : *quand vous reviendrez,* J'AURAI ÉCRIT *à votre famille.*

2° Il peut exprimer un passé avec une circonstance de supposition ou de doute : *cet écolier a été blâmé, c'est qu'il* AURA FAIT *une faute.*

Le CONDITIONNEL, l'IMPÉRATIF et le SUBJONCTIF ont des temps analogues à ceux qui précèdent ; mais le nombre en est plus borné. Les particularités qu'ils présentent seront expliquées dans la syntaxe.

1re CONJUGAISON, EN *ER*.

AIMER : radical *aim*.

Temps primitifs : *aim er*, *aim ant*; *aim é*, *j'aim e*, *j'aim ai*.

INDICATIF

PRÉSENT.

J'aim e.
Tu aim es.
Il aim e.
Nous aim ons.
Vous aim ez.
Ils aim ent.

IMPARFAIT.

J'aim ais.
Tu aim ais.
Il aim ait.
Nous aim ions.
Vous aim iez.
Ils aim aient.

PASSÉ DÉFINI.

J'aim ai.
Tu aim as.
Il aim a.
Nous aim âmes.
Vous aim âtes.
Ils aim èrent.

PASSÉ INDÉFINI.

J'ai aim é.
Tu as aim é.
Il a aim é.
Nous avons aim é.
Vous avez aim é.
Ils ont aim é.

PASSÉ ANTÉRIEUR.

J'eus aim é.
Tu eus aim é.
Il eut aim é.
Nous eûmes aim é.
Vous eûtes aim é.
Ils eurent aim é.

2e CONJUGAISON, EN *IR*.

FINIR : radical *fin*.

Temps primitif : *fin ir*, *fin issant*, *fin i*, *je fin is*, *je fin is*.

INDICATIF.

PRÉSENT.

Je fin is.
Tu fin is.
Il fin it.
Nous fin-iss ons.
Vous fin-iss ez.
Ils fin-iss ent.

IMPARFAIT.

Je fin-iss ais.
Tu fin-iss ais.
Il fin-iss ait.
Nous fin-iss ions.
Vous fin-iss iez.
Ils fin-iss aient.

PASSÉ DÉFINI.

Je fin is.
Tu fin is.
Il fin it.
Nous fin îmes.
Vous fin îtes.
Ils fin irent.

PASSÉ INDÉFINI.

J'ai fin i.
Tu as fin i.
Il a fin i.
Nous avons fin i.
Vous avez fin i.
Ils ont fin i.

PASSÉ ANTÉRIEUR.

J'eus fin i.
Tu eus fin i.
Il eut fin i.
Nous eûmes fin i.
Vous eûtes fin i.
Ils eurent fin i.

3e CONJUGAISON, EN *OIR*.

RECEVOIR : radical *recev.*

Temps primitifs : *rec evoir, rec evant, reç u, je reç ois, je reç us.*

INDICATIF.

PRÉSENT.

Je reç ois.
Tu reç ois.
Il reç oit.
Nous rec-ev ons.
Vous rec-ev ez.
Ils reç oiv ent.

IMPARFAIT.

Je rec-ev ais.
Tu rec-ev ais.
Il rec-ev ait.
Nous rec-ev ions.
Vous rec-ev iez.
Ils rec-ev aient.

PASSÉ DÉFINI.

Je reç us.
Tu reç us.
Il reç ut.
Nous reç ûmes.
Vous reç ûtes.
Ils reç urent.

PASSÉ INDÉFINI.

J'ai reç u.
Tu as reç u.
Il a reç u.
Nous avons reç u.
Vous avez reç u.
Ils ont reç u.

PASSÉ ANTÉRIEUR.

J'eus reç u.
Tu eus reç u.
Il eut reç u.
Nous eûmes reç u.
Vous eûtes reç u.
Ils eurent reç u.

4e CONJUGAISON, EN *RE*.

RENDRE, radical *rend.*

Temps primitifs : *rend re, rend ant, rend u, je rend s, je rend is.*

INDICATIF.

PRÉSENT.

Je rend s.
Tu rend s.
Il rend.
Nous rend ons.
Vous rend ez.
Ils rend ent.

IMPARFAIT.

Je rend ais.
Tu rend ais.
Il rend ait.
Nous rend ions.
Vous rend iez.
Ils rend aient.

PASSÉ DÉFINI.

Je rend is.
Tu rend is.
Il rend it.
Nous rend îmes.
Vous rend îtes.
Ils rend irent.

PASSÉ INDÉFINI.

J'ai rend u.
Tu as rend u.
Il a rend u.
Nous avons rend u.
Vous avez rend u.
Ils ont rend u.

PASSÉ ANTÉRIEUR.

J'eus rend u.
Tu eus rend u.
Il eut rend u.
Nous eûmes rend u.
Vous eûtes rend u.
Ils eurent rend u.

PLUS-QUE-PARFAIT.

J'avais aim é.
Tu avais aim é.
Il avait aim é.
Nous avions aim é.
Vous aviez aim é.
Ils avaient aim é.

FUTUR.

J'aim-er ai.
Tu aim-er as.
Il aim-er a.
Nous aim-er ons.
Vous aim-er ez.
Ils aim-er ont.

FUTUR ANTÉRIEUR.

J'aurai aim é.
Tu auras aim é.
Il aura aim é.
Nous aurons aim é.
Vous aurez aim é.
Ils auront aim é.

CONDITIONNEL.

PRÉSENT.

J'aim-er ais.
Tu aim-er ais.
Il aim-er ait.
Nous aim-er ions.
Vous aim-er iez.
Ils aim-er aient.

PASSÉ.

J'aurais aim é.
Tu aurais aim é.
Il aurait aim é.
Nous aurions aim é.
Vous auriez aim é.
Ils auraient aim é.

SECONDE FORME DU PASSÉ.

J'eusse aim é.
Tu eusses aim é.
Il eût aim é.
Nous eussions aim é.
Vous eussiez aim é.
Ils eussent aim é.

PLUS-QUE-PARFAIT.

J'avais fin i.
Tu avais fin i.
Il avait fin i.
Nous avions fin i.
Vous aviez fin i.
Ils avaient fin i.

FUTUR.

Je fin-ir ai.
Tu fin-ir as.
Il fin-ir a.
Nous fin-ir ons.
Vous fin-ir ez.
Ils fin-ir ont.

FUTUR ANTÉRIEUR.

J'aurai fin i.
Tu auras fin i.
Il aura fin i.
Nous aurons fin i.
Vous aurez fin i.
Ils auront fin i.

CONDITIONNEL.

PRÉSENT.

Je fin-ir ais.
Tu fin-ir ais.
Il fin-ir ait.
Nous fin-ir ions.
Vous fin-ir iez.
Ils fin-ir aient.

PASSÉ.

J'aurais fin i.
Tu aurais fin i.
Il aurait fin i.
Nous aurions fin i.
Vous auriez fin i.
Ils auraient fin i.

SECONDE FORME DU PASSÉ.

J'eusse fin i.
Tu eusses fin i.
Il eût fin i.
Nous eussions fin i.
Vous eussiez fin i.
Ils eussent fin i.

PLUS-QUE-PARFAIT.

J'avais reç u.
Tu avais reç u.
Il avait reç u.
Nous avions reç u.
Vous aviez reç u.
Ils avaient reç u.

FUTUR.

Je rec-ev rai.
Tu rec-ev ras.
Il rec-ev ra.
Nous rec-ev rons.
Vous rec-ev rez.
Ils rec-ev ront.

FUTUR ANTÉRIEUR.

J'aurai reç u.
Tu auras reç u.
Il aura reç u.
Nous aurons reç u.
Vous aurez reç u.
Ils auront reç u.

CONDITIONNEL.

PRÉSENT.

Je reç-ev rais.
Tu rec-ev rais.
Il rec-ev rait.
Nous rec-ev rions.
Vous rec-ev riez.
Ils rec-ev raient.

PASSÉ.

J'aurais reç u.
Tu aurais reç u.
Il aurait reç u.
Nous aurions reç u.
Vous auriez reç u.
Ils auraient reç u.

SECONDE FORME DU PASSÉ.

J'eusse reç u.
Tu eusses reç u.
Il eût reç u.
Nous eussions reç u.
Vous eussiez reç u.
Ils eussent reç u.

PLUS-QUE-PARFAIT.

J'avais rend u.
Tu avais rend u.
Il avait rend u.
Nous avions rend u.
Vous aviez rend u.
Ils avaient rend u.

FUTUR.

Je rend-r ai.
Tu rend-r as.
Il rend-r a.
Nous rend-r ons.
Vous rend-r ez.
Ils rend-r ont.

FUTUR ANTÉRIEUR.

J'aurai rend u.
Tu auras rend u.
Il aura rend u.
Nous aurons rend u.
Vous aurez rend u.
Ils auront rend u.

CONDITIONNEL.

PRÉSENT.

Je rend-r ais.
Tu rend-r ais.
Il rend-r ait
Nous rend- rions.
Vous rend-r iez.
Ils rend-r aient.

PASSÉ.

J'aurais rend u.
Tu aurais rend u.
Il aurait rend u.
Nous aurions rend u.
Vous auriez rend u.
Ils auraient rend u.

SECONDE FORME DU PASSÉ.

J'eusse rend u.
Tu eusses rend u.
Il eût rend u.
Nous eussions rend u.
Vous eussiez rend u.
Ils eussent rend u.

IMPÉRATIF.

PRÉSENT OU FUTUR.

Aim e.
Aim ons.
Aim ez.

FUTUR ANTÉRIEUR.

Aie aim é.
Ayons aim é.
Ayez aim é.

SUBJONCTIF.

PRÉSENT OU FUTUR.

Que j'aim e.
Que tu aim es.
Qu'il aim e.
Que nous aim ions.
Que vous aim iez.
Qu'ils aim ent.

IMPARFAIT.

Que j'aim-as se.
Que tu aim-as ses.
Qu'il aim-â t.
Que nous aim-as sions.
Que vous aim-as siez.
Qu'ils aim-as sent.

PASSÉ.

Que j'aie aim é.
Que tu aies aim é.
Qu'il ait aim é.
Que nous ayons aim é.
Que vous ayez aim é.
Qu'ils aient aim é.

PLUS-QUE-PARFAIT.

Que j'eusse aim é.
Que tu eusses aim é.
Qu'il eût aim é.
Que nous eussions aim é.
Que vous eussiez aim é.
Qu'ils eussent aim é.

INFINITIF.

PRÉSENT. Aim er.
PASSÉ. Avoir aim é.

PARTICIPE.

PRÉSENT. Aim ant.
PASSÉ. Aim é, aim ée, ayant aimé.

IMPÉRATIF.

PRÉSENT OU FUTUR.

Fin is.
Fin-iss ons.
Fin-iss ez.

FUTUR ANTÉRIEUR.

Aie fin i.
Ayons fin i.
Ayez fin i.

SUBJONCTIF.

PRÉSENT OU FUTUR.

Que je fin-iss e.
Que tu fin-iss es.
Qu'il fin-iss e.
Que nous fin-iss ions.
Que vous fin-iss iez.
Qu'ils fin-iss ent.

IMPARFAIT.

Que je fin-is se.
Que tu fin-is ses.
Qu'il fin-î t.
Que nous fin-is sions.
Que vous fin-is siez.
Qu'ils fin-is sent.

PASSÉ.

Que j'aie fin i.
Que tu aies fin i.
Qu'il ait fin i.
Que nous ayons fin i.
Que vous ayez fin i.
Qu'ils aient fin i.

PLUS-QUE-PARFAIT.

Que j'eusse fin i.
Que tu eusses fin i.
Qu'il eût fin i.
Que nous eussions fin i.
Que vous eussiez fin i.
Qu'ils eussent fin i.

INFINITIF

PRÉSENT. Fin ir.
PASSÉ. Avoir fin i.

PARTICIPE.

PRÉSENT. Fin issant.
PASSÉ. Fin i, fin ie, ayant fin i.

IMPÉRATIF.

PRÉSENT OU FUTUR.

Reç ois.
Recev ons.
Recev ez.

FUTUR ANTÉRIEUR.

Aie reç u.
Ayons reç u.
Ayez reç u.

SUBJONCTIF.

PRÉSENT OU FUTUR.

Que je reç oive.
Que tu reç oives.
Qu'il reç oive.
Que nous rec-ev ions.
Que vous rec-ev iez.
Qu'ils reç oivent.

IMPARFAIT.

Que je reç-us se.
Que tu reç-us ses.
Qu'il reç-û t.
Que nous reç-us sions.
Que vous reç-us siez.
Qu'ils reç-us-sent.

PASSÉ.

Que j'aie reç u.
Que tu aies reç u.
Qu'il ait reç u.
Que nous ayons reç u.
Que vous ayez reç u.
Qu'ils aient reç u.

PLUS-QUE-PARFAIT.

Que j'eusse reç u.
Que tu eusses reç u.
Qu'il eût reç u.
Que nous eussions reç u.
Que vous eussiez reç u.
Qu'ils eussent reç u.

INFINITIF.

PRÉSENT. Rec evoir.
PASSÉ. Avoir reç u.

PARTICIPE.

PRÉSENT. Rec evant.
PASSÉ. Reç u, reç ue, ayant reç u.

IMPÉRATIF.

PRÉSENT OU FUTUR.

Rend s.
Rend ons.
Rend ez.

FUTUR ANTÉRIEUR.

Aie rend u.
Ayons rend u.
Ayez rend u.

SUBJONCTIF.

PRÉSENT OU FUTUR.

Que je rend e.
Que tu rend es.
Qu'il rend e.
Que nous rend ions.
Que vous rend iez.
Qu'ils rend ent.

IMPARFAIT.

Que je rend-is se.
Que tu rend-is ses.
Qu'il rend-î t.
Que nous rend-is sions.
Que vous rend-is siez.
Qu'ils rend-is sent.

PASSÉ.

Que j'aie rend u.
Que tu aies rend u.
Qu'il ait rend u.
Que nous ayons rend u.
Que vous ayez rend u.
Qu'ils aient rend u.

PLUS-QUE-PARFAIT.

Que j'eusse rend u.
Que tu eusses rend u.
Qu'il eût rend u.
Que nous eussions rend u.
Que vous eussiez rend u.
Qu'ils eussent rend u.

INFINITIF.

PRÉSENT. Rend re.
PASSÉ. Avoir rend u.

PARTICIPE.

PRÉSENT. Rend ant.
PASSÉ. Rend u, rend ue, ayant rend u.

OBSERVATIONS SUR LES VERBES.

Première conjugaison, en ER.

102. — On peut conjuguer sur *aimer* les verbes *abaisser*, *abhorrer*, *adorer*, *apporter*, *brûler*, *chercher*, *chanter*, *danser*, *diviser*, *donner*, *estimer*, *gagner*, *imiter*, *porter*, etc.

103. — Dans les verbes terminés à l'infinitif en *cer*, on place une cédille sous le *ç* devant *a* et *o*, pour avoir dans tous les temps la même prononciation : *il menaça*, *nous avançons*, etc.

Conjuguez ainsi *balancer*, *enfoncer*, *exercer*, *prononcer*, etc.

104. — Si l'infinitif se termine en *ger*, le *g* doit être suivi d'un *e* devant *a* et *o* pour que la prononciation soit la même dans tous les temps : *il changea*, *nous partageons*, etc.

Ainsi se conjuguent *affliger*, *corriger*, *ménager*, etc.

105. — Les verbes dont la dernière syllabe est précédée d'un *é* fermé ou d'un *e* muet, comme *opérer*, *ramener*, prennent un *è* ouvert à la place de cet *é* fermé ou de cet *e* muet, quand la syllabe qui suit renferme un *e* muet : *j'opère*, *tu amèneras*, etc. ; mais on écrira : *nous opérons*, *vous ramenâtes*, en conservant l'*é* fermé ou l'*e* muet de l'infinitif, parce que la syllabe qui suit a un son plein. (Acad.)

Ainsi se conjuguent *altérer*, *céder*, *régner*; — *enlever*, *peser*, etc.

Remarques. 1° La plupart des verbes terminés à l'infinitif en *eler* ou en *eter* s'écartent de cette règle, en ce que les consonnes *l* et *t* se doublent devant un *e* muet : *j'appelle*, *tu rejetteras*. Mais on écrira *nous appelons*, *vous rejetâtes*, en conservant l'orthographe de l'infinitif, parce que la syllabe qui suit a un son plein. (Acad.)

2° Il faut observer que les verbes *acheter*, *becqueter*, *bourreler*, *celer*, *crocheter*, *déceler*, *décolleter*, *étiqueter*, *haleter*, *harceler*, *geler*, *marteler*, *modeler*, *peler*, rentrent au contraire dans la règle ci-dessus : *j'achète*, *il gèlera*. — Il en est de même pour tous les verbes en *éler* et en *éter*, sans exception ; on change l'*é* fermé en *è* grave : *révéler*, *je révèle* ; *végéter*, *je végète*, etc. (Acad.).

3° Enfin les verbes dont la finale *ger* est précédée d'un *é* fermé sont les seuls qui le conservent dans toute leur conjugaison : *ils abrégeront*, *il protégera* (Acad.).

106. — Dans les verbes où la terminaison *er* est précédée d'un *i*, comme *pallier*, *étudier*, les deux premières

personnes plurielles de l'imparfait de l'indicatif et du présent du subjonctif prennent deux *i* : *nous étudiions, que vous palliiez.*

Ceux où la terminaison *er* est précédée d'un *y*, comme *essayer, ennuyer*, prennent un *i* après l'*y* aux deux personnes plurielles dont nous venons de parler : *nous essayions, que vous ennuyiez.*

Conjuguez ainsi : *allier, négocier, prier ; — balayer, broyer, appuyer*, etc.

107. — Les verbes terminés en *ouer, uer*, prennent un tréma sur l'*ï*, aux deux premières personnes plurielles de l'imparfait de l'indicatif et du présent du subjonctif : *nous jouïons, que vous remuïez.* Mais ceux où la finale *uer* est précédée de *g* ou de *q*, comme *fatiguer, calquer*, ne suivent point cette règle, parce que *guer* et *quer* ne forment qu'une syllabe. On écrit donc : nous *fatiguions*, que vous *calquiez.*

Ainsi se conjuguent : *avouer, nouer, secouer ; — effectuer, remuer, tuer ; — appliquer, prodiguer, intriguer*, etc.

108. — Dans les verbes en *oyer, uyer*, l'*y* se change en *i* devant un *e* muet : *il emploie, ils s'ennuient*, etc. Mais ceux en *ayer*, comme *payer, rayer*, conservent l'*y* dans toute la conjugaison : *je paye, je rayerai* (ACAD.).

Ainsi se conjuguent *noyer, ployer ; — appuyer, essuyer ; — bégayer, effrayer*, etc.

109. — Les verbes en *éer* conservent les deux *e* dans tous les temps où se trouve un *e* muet : *je crée, j'agréerai*, etc. Au participe passé féminin, ils en prennent trois : *machine créée, proposition agréée.*

Conjuguez ainsi : *agréer, créer, gréer, recréer, suppléer.*

Deuxième conjugaison, en IR.

110. — On peut conjuguer sur *finir*, les verbes *accomplir, adoucir, avertir, guérir, punir, remplir, saisir, ternir*, etc.

111. — Le verbe *bénir* a deux participes, l'un *bénit, bénite*, qui se dit d'un objet *consacré par le prêtre : eau* BÉNITE ; il ne s'emploie que dans un sens passif, avec l'auxiliaire *être* ; — l'autre *béni, bénie*, qui se dit dans tous les autres cas : *peuple* BÉNI *de Dieu* ; il peut prendre les deux auxiliaires.

112. — *Haïr* porte un tréma sur l'*ï* dans toute la conju-

gaison, sauf au singulier du présent de l'indicatif : *je hais, tu hais, il hait*; et à la seconde personne du singulier de l'impératif, *hais*.

Ce tréma remplace l'accent circonflexe aux deux personnes plurielles du passé défini : *nous haïmes, vous haïtes;* et à la troisième du singulier de l'imparfait du subjonctif : *qu'il haït.*

113. — *Fleurir* signifiant *pousser des fleurs* est régulier; mais si l'on parle de la prospérité d'un Etat, du commerce, des finances, etc., il fait *florissait* à l'imparfait de l'indicatif, et *florissant* au participe présent : *alors l'Egypte* FLORISSAIT ; — *le commerce était* FLORISSANT *chez les Phéniciens.*

Troisième conjugaison, en OIR.

114. — On peut conjuguer sur *recevoir*, les verbes *apercevoir, concevoir, devoir, percevoir*, etc.

115. — Cette conjugaison ne présente de régularité que dans les verbes terminés en *evoir* comme *apercevoir, devoir*, etc. — Tous les verbes tels que *voir, valoir*, etc., sont irréguliers.

Quatrième conjugaison, en RE.

116. — On peut conjuguer sur *rendre* les verbes *attendre, confondre, défendre, tordre, vendre*, etc.

117. — Les verbes terminés en *indre* et en *soudre* comme *peindre, craindre, absoudre, résoudre*, ont la finale du singulier du présent de l'indicatif en *s, s, t*, et non en *ds, ds, d*, comme *rendre*.

— 118. Les verbes *rompre, corrompre, interrompre*, se conjuguent comme *rendre*, avec cette différence qu'à la 3e personne du singulier du présent de l'indicatif, le *s*, qu'on supprime simplement dans le modèle *rendre*, doit être remplacé par un *t*, comme dans la 2e et dans la 3e conjugaison : *je romps, tu romps, il rompt*.

OBSERVATIONS GÉNÉRALES SUR LES QUATRE CONJUGAISONS

119. — Pour faciliter la conjugaison des verbes, il est à propos de remarquer ce que chaque temps simple a de semblable dans les quatre conjugaisons, et ce qu'il présente de différent.

Finales des trois personnes du singulier.

120. — Les trois personnes du singulier ont pour lettres finales *s,s,t,* dans la plupart des temps simples.

121. — INDICATIF, PRÉSENT : 2e et 3e conjugaisons : *Je finis, tu finis, il finit ; je reçois, tu reçois, il reçoit.* — Mais la première conjugaison se termine en *e, es, e* : *j'aime, tu aimes, il aime ;* et la 4e en *s, s, d,* et quelquefois en *s, s, t* : *je rends, tu rends, il rend ; je romps, tu romps, il rompt.*

IMPARFAIT, sans exception, *s, s, t* : *j'aimais, tu aimais, il aimait ; je finissais, tu finissais, il finissait ;* etc.

PASSÉ DÉFINI, 2e, 3e et 4e conjugaisons, *s, s, t* : *je finis, tu finis, il finit ; je reçus, tu reçus, il reçut ; je rendis, tu rendis, il rendit.* — Mais la 1re conjugaison se termine en *ai, as, a* : *j'aimai, tu aimas, il aima.*

FUTUR. Dans tous les verbes, ce temps a pour finales *rai, ras, ra* : *j'aimerai, tu aimeras, il aimera ; je finirai, tu finiras, il finira ;* etc.

122. — CONDITIONNEL, PRÉSENT. Les trois finales du singulier sont *rais, rais, rait,* sans exception : *j'aimerais, tu aimerais, il aimerait ; je finirais, tu finirais, il finirait ;* etc.

123. IMPÉRATIF. La seconde personne du singulier de l'impératif est semblable à la première du présent de l'indicatif, sauf la suppression du pronom : *j'aime, aime ; je finis, finis ;* etc. — Ainsi il ne faut pas mettre de *s* à l'impératif de la première conjugaison : *aime, espère, travaille* (et non *aimes, espères, travailles*), à moins que ce temps ne soit suivi d'un *y* ou du pronom *en* : *appliques-y tes soins, donnes-en.* Cependant on écrira ESPÈRE EN *Dieu,* parce qu'ici le mot *en* n'est point pronom, mais préposition.

124. — SUBJONCTIF, PRÉSENT. Ce temps a pour finales *e, es, e,* sans exception : *que j'aime, que tu aimes, qu'il aime ; que je finisse, que tu finisses, qu'il finisse,* etc.

IMPARFAIT. Ce temps a pour finales *e, es, t,* sans exception : *que j'aimasse, que tu aimasses, qu'il aimât ; que je finisse, que tu finisses, qu'il finît ;* etc.

Finales des trois personnes du pluriel.

125. — Dans la plupart des temps simples les trois personnes du pluriel se terminent par *ons, ez, ent,* ou *ions, iez, aient.*

INDICATIF, PRÉSENT : *nous aimons, vous aimez, ils aiment ; nous finissons, vous finissez, ils finissent ;* etc.

IMPARFAIT : *nous aimions, vous aimiez, ils aimaient ; nous finissions, vous finissiez, ils finissaient ;* etc.

CONDITIONNEL, PRÉSENT : *nous aimerions, vous aimeriez,*

ils aimeraient; nous finirions, vous finiriez, ils finiraient; etc.

IMPÉRATIF : *aimons, aimez*; *finissons, finissez*; etc.

SUBJONCTIF, PRÉSENT : *que nous aimions, que vous aimiez, qu'ils aiment*; *que nous finissions, que vous finissiez, qu'ils finissent*; etc.

IMPARFAIT : *que nous aimassions, que vous aimassiez, qu'ils aimassent*; *que nous finissions, que vous finissiez, qu'ils finissent*; etc.

Exceptions. Le PASSÉ DÉFINI se termine toujours en *mes, tes, rent* : *nous aimâmes, vous aimâtes, ils aimèrent*; *nous finîmes, vous finîtes, ils finirent*; — et le futur a toujours pour finales *rons, rez, ront* : *nous aimerons, vous aimerez, ils aimeront*; *nous finirons vous finirez, ils finiront*; etc.

Emploi de l'accent circonflexe.

126. — La première et la seconde personne du pluriel du *passé défini*, et la troisième de l'*imparfait du subjonctif*, prennent toujours un accent circonflexe : *nous aimâmes, vous finîtes, qu'il rendît.*

Remarque. La ressemblance de l'*imparfait du subjonctif* et du *passé défini* à la troisième personne du singulier, peut quelquefois les faire confondre. Pour bien appliquer l'accent circonflexe, il suffira de traduire ces deux temps au pluriel, ce qui les fera distinguer plus facilement; ainsi cette phrase : *j'aurais voulu qu'il reçût une leçon*, doit amener au pluriel : *j'aurais voulu qu'ils reçussent une leçon*; on voit que *reçût* est à l'imparfait du subjonctif et qu'il doit prendre l'accent. Mais dans celle-ci : *la leçon qu'il reçut l'a corrigé*, on aura pour le pluriel : *la leçon qu'ils reçurent les a corrigés*; ici *reçut* est au passé défini et ne prend pas d'accent.

FORMATION DES TEMPS.

127. — On distingue dans les verbes cinq *temps primitifs* qui servent à former les autres au moyen de quelque changement ou de quelque addition dans la terminaison, savoir : le *présent de l'infinitif*, le *participe présent*, le *participe passé*, le *présent de l'indicatif* et le *passé défini*.

Du présent de l'infinitif on forme : 1° Le futur simple par le changement de *r, oir*, ou *re* en *rai* : *aimer, j'aimerai*; *finir, je finirai*; *recevoir, je recevrai*; *rendre, je rendrai*.

2° Le présent du conditionnel, par le même changement et l'addition d'un *s* : *aimer, j'aimerais*; *finir, je finirais*; *recevoir, je recevrais*; *rendre, je rendrais*.

Du participe présent on forme : 1° Les trois personnes plurielles du présent de l'indicatif, en changeant *ant* en *ons* : *aimant*, *nous aimons* ; *finissant*, *nous finissons* ; *rendant, nous rendons*. Mais dans la conjugaison en *oir*, la troisième personne plurielle du présent de l'indicatif reprend, avant la terminaison, la voyelle composée du singulier : *recevant* ; *nous recevons, vous recevez, ils reçoivent.*

2° L'imparfait de l'indicatif, en changeant *ant* en *ais* : *aimant, j'aimais* ; *finissant, je finissais*, etc.

3° Le présent du subjonctif, en changeant *ant* en *e* : *aimant, que j'aime* ; etc., mais la 3e conjugaison change *evant* en *oive* : *recevant, que je reçoive.*

Du participe passé on forme tous les temps composés, avec l'auxiliaire : *j'ai aimé, j'avais fini*, etc.

Du présent de l'indicatif on forme l'impératif, par la suppression des pronoms : *j'aime, aime* ; *nous finissons, finissons* ; *vous recevez, recevez.*

Du passé défini on forme l'imparfait du subjonctif, par l'addition de *se* à la seconde personne du singulier : *tu aimas, que j'aimasse* ; *tu finis, que je finisse*, etc.

Remarque. Nous ne donnons ici que les premières personnes des temps dérivés, parce que l'exercice de la conjugaison suffit pour faire connaître les autres. On peut consulter aussi les *observations générales* qui précèdent (119 à 126).

DU RADICAL ET DE LA TERMINAISON.

128. — Pour opérer régulièrement la formation des temps, il faut avoir égard au *radical* et à la *terminaison.*

Le *radical* d'un verbe est la partie fixe, invariable, qui exprime essentiellement l'idée de ce verbe. Dans *appeler, chanter, imiter*, le radical est *appel, chant, imit*, qui doivent se retrouver dans toute la conjugaison.

La *terminaison* est la partie variable qui exprime particulièrement les modifications de mode, de temps, de nombre et de personne. Dans *appel*ONS, *chant*EZ, *ils imi*TENT, *ons, ez, ent*, forment la terminaison.

Remarque. Dans les conjugaisons ci-dessus, nous avons toujours séparé le radical de la terminaison ; mais pour faire mieux sentir la formation de certains temps, nous avons joint par un trait d'union au radical les lettres qu'ils empruntent de leurs temps primitifs. Ainsi, au futur de l'indicatif et au présent du conditionnel, nous écrivons *j'aim-er ai, nous fin-ir ions*, parce que les infinitifs *aim*ER, *fin*IR, servent à former ces deux temps.

APPLICATION.

129. — Pour appliquer la formation des temps, prenons pour exemple le verbe *négocier.*

Le radical est *négoci*, et la terminaison *er*, comme dans *ai mer*. Les autres temps primitifs sont : *négoci ant*, *négoci é*, *je négoci e*, *je négoci ai*, comme *aim ant*, *aim é*, *j'aim e*, *j'aim ai*.

Quant aux temps dérivés, on trouvera d'après les règles de la formation :

Pour l'imparfait : *je négoci ais*, *tu négoci ais*, *il négoci ait*, *nous négoci ions*, *vous négoci iez*, *ils négoci aient*.

Pour le futur : *je négoci-er ai*, *tu négoci-er as*, etc.

Pour le présent du conditionnel : *je négoci-er ais*, *tu négoci-er ais*, etc.

Pour l'impératif : *négoci e*, *négoci ons*, *négoci ez*.

Pour le présent du subjonctif : *que je négoci e*, *que tu négoci es*, *qu'il négoci e*, *que nous négoci ions*, *que vous négoci iez*, *qu'ils négoci ent*.

Pour l'imparfait du subjonctif : *que je négoci-as se*, *que tu négoci-as ses*, *qu'il négoci-â t*, *que nous négoci-as sions*, etc.

Pour tous les temps composés : *j'ai négoci é*, *j'avais négoci é*, etc.

On doit remarquer que les deux premières personnes plurielles de l'imparfait de l'indicatif et du présent du subjonctif prennent deux *i*, parce que cette voyelle se trouve à la fois dans le radical et dans la terminaison (106).

CONJUGAISON DES VERBES PASSIFS.

130. — Tous les verbes actifs peuvent se transformer en verbes *passifs*; il suffit pour cela de prendre les participes passés *aimé*, *fini*, etc., et de les joindre à la conjugaison du verbe *être*.

Il est à remarquer que tout participe passé doit, comme l'adjectif, être mis au masculin ou au féminin, au singulier ou au pluriel, selon le genre et le nombre du sujet. On dira donc : *je suis aimé* ou *aimée*; *ils sont aimés* ou *elles sont aimées*.

Un seul modèle suffira pour toutes les conjugaisons.

INDICATIF.

Présent.	Je suis aimé *ou* aimée.
	Tu es aimé *ou* aimée.
	Il est aimé *ou* elle est aimée.
	Nous sommes aimés *ou* aimées.
	Vous êtes aimés *ou* aimées.
	Ils sont aimés *ou* elles sont aimées.
Imparfait.	J'étais aimé *ou* aimée, etc.
Passé défini.	Je fus aimé *ou* aimée, etc.

Passé indéfini.	J'ai été aimé *ou* aimée, etc.
Passé antérieur.	J'eus été aimé *ou* aimée, etc.
Plus-que-parfait.	J'avais été aimé *ou* aimée, etc.
Futur.	Je serai aimé *ou* aimée, etc.
Futur antérieur.	J'aurai été aimé *ou* aimée, etc.

CONDITIONNEL.

Présent.	Je serais aimé *ou* aimée, etc.
Passé.	J'aurais été aimé *ou* aimée, etc.
2e *forme du passé.*	J'eusse été aimé *ou* aimée, etc.

IMPÉRATIF.

Présent.	Sois aimé ou aimée, etc.

SUBJONCTIF.

Présent ou futur.	Que je sois aimé *ou* aimée, etc.
Imparfait.	Que je fusse aimé *ou* aimée, etc.
Passé.	Que j'aie été aimé *ou* aimée, etc.
Plus-que-parfait.	Que j'eusse été aimé *ou* aimée, etc.

INFINITIF.

Présent.	Être aimé ou aimée.
Passé.	Avoir été aimé *ou* aimée.

PARTICIPE.

Présent.	Étant aimé *ou* aimée.
Passé.	Aimé, aimée; ayant été aimé *ou* aimée.

131. — Conjuguez ainsi *être appelé, être averti, être puni, être reçu, être défendu*, etc.

Remarque. Il ne faut considérer comme verbes passifs, que ceux qui expriment une *action* reçue ou soufferte par le sujet et faite par le régime, comme dans cette phrase : *je* SUIS AIMÉ *de Dieu*, où *je*, sujet, est le but, le terme de l'action exprimée par le verbe *suis aimé*, et où *Dieu*, régime indirect, opère cette action. Il y a en effet une foule de cas où le participe passé est simplement un attribut et n'exprime point une action ; tels sont les exemples suivants : *je suis fatigué ; elle est mise simplement ; nous sommes disposés au travail; ils étaient habillés de noir.*

CONJUGAISON DES VERBES NEUTRES (OU INTRANSITIFS).

132.—Les verbes *neutres* ont les mêmes terminaisons diverses que les verbes actifs, et se conjuguent comme eux dans tous les temps simples. Mais dans les temps composés, les uns prennent l'auxiliaire *avoir*, et quelques autres l'auxiliaire *être*. — Il nous suffira de prendre un modèle parmi ces derniers.

Tomber : radical *tomb*.

Temps primitif : *Tomb er, tomb ant, tomb é, je tomb e, je tomb ai.*

INDICATIF.

Présent.	Je tombe. Tu tombes. Il *ou* elle tombe. Nous tombons. Vous tombez. Ils *ou* elles tombent.
Imparfait.	Je tombais, tu tombais, etc.
Passé défini.	Je tombai, tu tombas, etc.
Passé indéfini.	Je suis tombé *ou* tombée. Tu es tombé *ou* tombée, etc.
Passé antérieur.	Je fus tombé *ou* tombée. Tu fus tombé *ou* tombée, etc.
Plus-que-parfait.	J'étais tombé *ou* tombée. Tu étais tombé *ou* tombée, etc.
Futur.	Je tomberai, tu tomberas, etc.
Fut. passé ou antér.	Je serai tombé *ou* tombée. Tu seras tombé *ou* tombée.

CONDITIONNEL.

Présent.	Je tomberais, tu tomberais, etc.
Passé.	Je serais tombé *ou* tombée. Tu serais tombé *ou* tombée, etc.
2e forme du passé.	Je fusse tombé *ou* tombée. Tu fusses tombé ou tombée, etc.

IMPÉRATIF.

Présent.	Tombe, tombons, tombez.
Futur antérieur.	Sois tombé *ou* tombée. Soyons tombés *ou* tombées. Soyez tombés *ou* tombées.

SUBJONCTIF.

Présent ou futur.	Que je tombe, que tu tombes, etc.
Imparfait.	Que je tombasse, que tu tombasses, etc.
Passé.	Que je sois tombé *ou* tombée. Que tu sois tombé *ou* tombée, etc.

Plus-que-parfait.	Que je fusse tombé *ou* tombée.
	Que tu fusses tombé *ou* tombée, etc.

INFINITIF.

Présent.	Tomber.
Passé.	Etre tombé *ou* tombée.

PARTICIPE.

Présent.	Tombant.
Passé.	Tombé, tombée; étant tombé *ou* tombée.

133.—Tandis que dans la conjugaison des verbes passifs, l'auxiliaire *être* s'emploie dans tous ses temps, il ne figure, dans celle des verbes neutres, que pour ses temps simples seulement : *je suis, j'étais, je fus, je serai, je serais, sois, que je sois, que je fusse.*

134. — On conjugue toujours avec l'auxiliaire *être* les verbes neutres **aller, arriver, entrer, décéder, retourner,—*mourir, *venir,—*éclore, *naître,* ainsi que les composés *rentrer, — *intervenir, *parvenir, *revenir* (1).

Ceux qui se conjuguent avec *avoir* sont beaucoup plus nombreux : *errer, éternuer, rôder, — *dormir, languir, obéir, réussir, — *nuire, *paraître, *plaire, *vivre,* etc.

Enfin il en est qui peuvent prendre tantôt *avoir* et tantôt *être*; ce sont : *aborder, augmenter, camper, cesser, changer, dégénérer, déménager, demeurer, échapper, échouer, empirer, expirer, monter, passer, rester, résulter, tomber, sonner; — *accourir, *convenir, grandir, *partir, vieillir, — *déchoir, — *apparaître, *croître, descendre,* ainsi que les composés *décamper, *décroître,* et les analogues **échoir, *disparaître,* etc.

CONJUGAISON DES VERBES RÉFLÉCHIS (OU PRONOMINAUX).

135.—Les verbes *réfléchis* prennent dans tous leurs temps deux pronoms de la même personne, l'un sujet, l'autre complément direct ou indirect.

Ils se conjuguent dans leurs temps simples comme les verbes actifs; ainsi *s'arroger* sur *aimer, se repentir* sur

(1) Les verbes qui sont marqués d'un astérisque (*) sont irréguliers. On pourra différer de les conjuguer jusqu'au moment où les difficultés qu'ils présentent seront aplanies.

finir, etc. Quant aux temps composés, ils prennent sans exception l'auxiliaire *être*.

S'EMPARER : radical *s'empar*.
Temps primitifs : *s'empar er, s'empar ant, s'étant empar é, je m'empar e, je m'empar ai.*

INDICATIF.

Présent.	Je m'empare, tu t'empares, etc.
Imparfait.	Je m'emparais, tu t'emparais, etc.
Passé défini.	Je m'emparai, tu t'emparas, etc.
Passé indéfini.	Je me suis emparé *ou* emparée.
	Tu t'es emparé *ou* emparée, etc.
Passé antérieur.	Je me fus emparé *ou* emparée.
	Tu te fus emparé *ou* emparée, etc.
Plus-que-parfait.	Je m'étais emparé *ou* emparée.
	Tu t'étais emparé *ou* emparée.
Futur.	Je m'emparerai, tu t'empareras, etc.
Futur passé.	Je me serai emparé *ou* emparée.
	Tu te seras emparé *ou* emparée, etc.

CONDITIONNEL.

Présent.	Je m'emparerais, tu t'emparerais, etc.
Passé.	Je me serais emparé *ou* emparée.
	Tu te serais emparé *ou* emparée, etc.

IMPÉRATIF.

Présent.	Empare-toi, emparons-nous, emparez-vous.

SUBJONCTIF.

Présent.	Que je m'empare, que tu t'empares, etc.
Imparfait.	Que je m'emparasse, que tu t'emparasses, etc.
Passé.	Que je me sois emparé *ou* emparée.
	Que tu te sois emparé *ou* emparée, etc.
Plus-que-parfait.	Que je me fusse emparé *ou* emparée.
	Que tu te fusses emparé *ou* emparée, etc.

INFINITIF.

Présent.	S'emparer.
Passé.	S'être emparé *ou* emparée.

PARTICIPE.

Présent.	S'emparant.
Passé.	S'étant emparé *ou* emparée.

136.—Conjuguer ainsi *s'arroger, se désister, *se repentir, *s'asseoir, *se méprendre* : aussi bien qu'un grand nombre de verbes actifs qui peuvent prendre la forme réfléchie, comme : *s'assurer, se tromper, — se punir, — s'apercevoir, — se rendre*, etc.

Remarques. 1° A l'infinitif, le pronom se supprime quelquefois : *je l'en ferai* REPENTIR ; *il ne me laissa pas* AGENOUILLER.

2° Quelques verbes ont la forme des verbes réfléchis sans en avoir le sens ; tels sont : *il* SE *meurt ; il s'en va ; il s'en revient.*

CONJUGAISON DES VERBES IMPERSONNELS.

137. La plupart des verbes *impersonnels* prennent l'auxiliaire *avoir* ; ils sont analogues, pour la formation des temps et la terminaison de la troisième personne du singulier, la seule qu'ils aient, aux quatre conjugaisons des verbes actifs ; ainsi *tonner* se conjugue comme *aimer*, *falloir* comme *recevoir*, etc.

NEIGER : radical *neig*.
Temps primitifs : *neig er, neig e ant, neig é, il neig e, il neig e a.*

INDICATIF.

Présent.	Il neige.
Imparfait.	Il neigeait.
Passé défini.	Il neigea.
Passé indéfini.	Il a neigé.
Passé antérieur.	Il eut neigé.
Plus-que-parfait.	Il avait neigé
Futur.	Il neigera.
Futur antérieur.	Il aura neigé.

CONDITIONNEL.

Présent.	Il neigerait.
Passé.	Il aurait neigé.

SUBJONCTIF

Présent ou futur.	Qu'il neige.
Imparfait.	Qu'il neigeât.
Passé.	Qu'il ait neigé.
Plus-que-parfait.	Qu'il eût neigé.

INFINITIF.

Présent.	Neiger.
Passé.	Avoir neigé.

PARTICIPE.

Présent. Neigeant.
Passé. Neigé.

138. — Conjuguez avec *avoir* : *il bruine*, **il convient*, *il grésille*, **il faut*, *il importe*, **il pleut*, *il tonne*, — avec *être* : *il arrive*.

139.—*Remarque*. On trouve de rares exemples où tel verbe impersonnel est employé comme verbe neutre, et parfois même sous une autre forme que la troisième personne du singulier :

Dieu fait luire son soleil sur les bons et sur les méchants, et PLEUT *sur le champ du juste comme sur celui du pécheur* (BOSSUET).

Les faveurs PLEUVENT *sur le flatteur*.

DES VERBES CONJUGUÉS AVEC INTERROGATION.

140. — Les temps d'un verbe, à quelque classe qu'il appartienne, peuvent se mettre sous forme interrogative, à l'exception de l'impératif, du subjonctif et de l'infinitif.

Suivant ce mode de conjugaison, les pronoms se placent après le verbe, dans les temps simples, et entre l'auxiliaire et le participe, dans les temps composés. On met entre eux et le pronom un trait d'union : *aimes-tu? avait-il reçu?* L'*e* muet de la première personne du singulier, dans quelque temps, se change en *é* fermé : *aimé-je? eussé-je?*

Si le verbe ou l'auxiliaire se termine par une voyelle, et que le pronom commence aussi par une voyelle, on évite l'effet désagréable de cette rencontre, en plaçant entre elles la lettre *t* et deux traits d'union : *aima-t-il? a-t-il fini?*

Les verbes qui n'ont qu'une syllabe à la première personne du présent de l'indicatif, rejettent en général pour cette personne la forme interrogative. Ne dites pas : *cours-je? mens-je?* etc. Il faut prendre un autre tour et dire : *est-ce que je cours? est-ce que je mens?* etc. (LHOMOND).

Mais on dit : *ai-je? suis-je? fais-je? sais-je? vais-je? dis-je? dois-je? vois-je? puis-je?* parce que ces formes ne sont pas contraires à l'harmonie.

Nous donnerons pour modèles un verbe actif et un verbe réfléchi, afin d'avoir à employer les deux auxiliaires. On remarquera que dans la conjugaison du verbe réfléchi, les deux pronoms sont séparés aux temps simples par le verbe lui-même, et aux temps composés par l'auxiliaire.

Avec *avoir* :

INDICATIF.

PRÉSENT.

Reçois-je?
Reçois-tu?
Reçoit-il?
Recevons-nous?
Recevez-vous?
Reçoivent-ils?

IMPARFAIT.

Recevais-je?
Recevais-tu?
Recevait-il?
Recevions-nous?
Receviez-vous?
Recevaient-ils?

PASSÉ DÉFINI.

Reçus-je?
Reçus-tu?
Reçut-il?
Reçûmes-nous?
Reçûtes-vous?
Reçurent-ils?

PASSÉ INDÉFINI.

Ai-je reçu?
As-tu reçu?
A-t-il reçu?
Avons-nous reçu?
Avez-vous reçu?
Ont-ils reçu?

PASSÉ ANTÉRIEUR.

Eus-je reçu.
Eus-tu reçu.
Eut-il reçu.
Eûmes-nous reçu.
Eûtes-vous reçu.
Eurent-ils reçu.

PLUS-QUE-PARFAIT.

Avais-je reçu?
Avais-tu reçu?
Avait-il reçu?
Avions-nous reçu?

Avec *être* :

INDICATIF.

PRÉSENT.

M'emparé-je?
T'empares-tu?
S'empare-t-il?
Nous emparons-nous?
Vous emparez-vous?
S'emparent-ils?

IMPARFAIT.

M'emparais-je?
T'emparais-tu?
S'emparait-il?
Nous emparions-nous?
Vous empariez-vous?
S'emparaient-ils?

PASSÉ DÉFINI.

M'emparai-je?
T'emparas-tu?
S'empara-t-il?
Nous emparâmes-nous?
Vous emparâtes-vous?
S'emparèrent-ils?

PASSÉ INDÉFINI.

Me suis-je emparé?
T'es-tu emparé?
S'est-il emparé?
Nous sommes-nous emparés?
Vous êtes-vous emparés?
Se sont-ils emparés?

PASSÉ ANTÉRIEUR.

Me fus-je emparé.
Te fus-tu emparé.
Se fut-il emparé.
Nous fûmes-nous emparés.
Vous fûtes-vous emparés.
Se furent-ils emparés.

PLUS-QUE-PARFAIT.

M'étais-je emparé?
T'étais-tu emparé?
S'était-il emparé?
Nous étions-nous emparés?

Aviez-vous reçu?
Avaient-ils reçu?

FUTUR.

Recevrai-je?
Recevras-tu?
Recevra-t-il?
Recevrons-nous?
Recevrez-vous?
Recevront-ils?

FUTUR ANTÉRIEUR.

Aurai-je reçu?
Auras-tu reçu?
Aura-t-il reçu?
Aurons-nous reçu?
Aurez-vous reçu?
Auront-ils reçu?

CONDITIONNEL.

PRÉSENT.

Recevrais-je?
Recevrais-tu?
Recevrait-il?
Recevrions-nous?
Recevriez-vous?
Recevraient-ils?

PASSÉ.

Aurais-je reçu?
Aurais-tu reçu?
Aurait-il reçu?
Aurions-nous reçu?
Auriez-vous reçu?
Auraient-ils reçu?

SECONDE FORME DU PASSÉ.

Eussé-je reçu?
Eusses-tu reçu?
Eût-il reçu?
Eussions-nous reçu?
Eussiez-vous reçu?
Eussent-ils reçu?

Vous étiez-vous emparés?
S'étaient-ils emparés?

FUTUR.

M'emparerai-je?
T'empareras-tu?
S'emparera-t-il?
Nous emparerons-nous?
Vous emparerez-vous?
S'empareront-ils?

FUTUR ANTÉRIEUR.

Me serai-je emparé?
Te seras-tu emparé?
Se sera-t-il emparé?
Nous serons-nous emparés?
Vous serez-vous emparés?
Se seront-ils emparés?

CONDITIONNEL.

PRÉSENT.

M'emparerais-je?
T'emparerais-tu?
S'emparerait-il?
Nous emparerions-nous?
Vous empareriez-vous?
S'empareraient-ils?

PASSÉ.

Me serais-je emparé?
Te serais-tu emparé?
Se serait-il emparé?
Nous serions-nous emparés?
Vous seriez-vous emparés?
Se seraient-ils emparés?

SECONDE FORME DU PASSÉ.

Me fussé-je emparé?
Te fusses-tu emparé?
Se fût-il emparé?
Nous fussions-nous emparés?
Vous fussiez-vous emparés?
Se fussent-ils emparés?

141. — On a observé avec raison que le passé antérieur ne peut s'employer pour interroger. Cependant il est des cas où l'on a recours à cette manière de conjuguer, dans ce même temps : *A peine eûmes-nous* TERMINÉ *notre voyage.... à peine les Romains* SE FURENT-ILS EMPARÉS *de Corinthe...*

Le subjonctif présente quelquefois aussi la même forme :

PUISSÉ-JE de mes yeux y voir tomber la foudre! (CORNEILLE.)

J'éloignerai mon compétiteur, DÛT-IL *m'en coûter beaucoup*, FALLÛT-IL *employer la violence.*

DES VERBES IRRÉGULIERS ET DES VERBES DÉFECTIFS.

142. — On appelle verbes *irréguliers*, ceux qui, dans certains temps ou dans certaines personnes, s'écartent des quatre conjugaisons; et verbes *défectifs*, ceux qui ne sont usités que dans un petit nombre de temps ou de personnes.

Le *conditionnel* ne figure point dans le tableau suivant, parce qu'il est toujours donné par le *futur*, dont il ne diffère que par l'addition d'un *s*. — Nous n'indiquons en général que les premières personnes, on suppléera facilement les autres.

VERBES IRRÉGULIERS. — PREMIÈRE CONJUGAISON.

ALLER. Je vais, tu vas, il va; nous allons, vous allez, ils vont. J'allais; nous allions. J'allai; nous allâmes. J'irai; nous irons. Va; allons, allez. Que j'aille; que nous allions. Que j'allasse; que nous allassions. Allons; allé, allée. — Ce verbe prend toujours l'auxiliaire *être*. Quand on le conjugue avec *en*, *s'en aller*, l'auxiliaire doit se placer entre ce pronom et le participe: *je m'en suis allé*, et non *je me suis en allé*.

ENVOYER. J'envoie; nous envoyons. J'envoyais; nous envoyions. J'envoyai; nous envoyâmes. J'enverrai; nous enverrons. Envoie; envoyons. Que j'envoie; que nous envoyions. Que j'envoyasse; que nous envoyassions. Envoyant; envoyé, envoyée. — Conjuguez ainsi *renvoyer*.

DEUXIÈME CONJUGAISON.

ACQUÉRIR. J'acquiers... nous acquérons... ils acquièrent. J'acquérais; nous acquérions. J'acquis; nous acquîmes. J'acquerrai; nous acquerrons. Acquiers; acquérons. Que j'acquière... que nous acquérions... qu'ils acquièrent. Que j'acquisse; que nous acquissions. Acquérant; acquis, acquise. — Conjuguez ainsi *conquérir*, *requérir*, etc.

ASSAILLIR. J'assaille; nous assaillons. J'assaillais; nous assaillions. J'assaillis; nous assaillîmes. J'assaillirai; nous assaillirons. Assaille; assaillons. Que j'assaille; que nous assaillions. Que j'assaillisse; que nous assaillissions. Assaillant; assailli, assaillie — Conjuguez ainsi *tressaillir*.

BOUILLIR. Je bous... nous bouillons... ils bouillent. Je bouillais; nous bouillions. Je bouillis; nous bouillîmes. Je bouillirai; nous bouillirons. Bous; bouillons, bouillez. Que je bouille; que nous bouillions. Que je bouillisse; que nous bouillissions. Bouillant; bouilli, bouillie.

COURIR. Je cours; nous courons. Je courais; nous courions. Je courus; nous courûmes. Je courrai; nous courrons. Cours; courons. Que je coure; que nous courions. Que je courusse; que nous courussions. Courant; couru, courue. — Conjuguez ainsi *accourir*, etc.

CUEILLIR. Je cueille; nous cueillons. Je cueillais; nous cueillions. Je cueillis; nous cueillîmes. Je cueillerai; nous cueillerons. Cueille; cueillons. Que je cueille; que nous cueillions. Que je cueillisse; que nous cueillissions. Cueillant; cueilli, cueillie. — Conjuguez de même *accueillir, recueillir*.

DORMIR. Je dors. Je dormais. Je dormis. Je dormirai. Dors. Que je dorme. Que je dormisse. Dormant; dormi *invariable*. — Conjuguez de même *endormir* et *s'endormir*, qui ont le participe passé variable *endormie*.

FAILLIR. Temps usités : Je faux... il faut; nous faillons... ils faillent. Je faillais. Je faillis. J'ai failli. Je faudrai. Faillant; failli *invar*. — *Défaillir* a les mêmes temps, sauf le futur.

FUIR. Je fuis... nous fuyons... ils fuient. Je fuyais; nous fuyions. Je fuis; nous fuîmes. Je fuirai; nous fuirons. Fuyons. Que je fuie; que nous fuyions. Que je fuisse; que nous fuissions. Fuyant; fui, fuie. —Conjuguez de même *s'enfuir*.

MENTIR. Je mens. Je mentais. Je mentis. Je mentirai. Mens. Que je mente. Que je mentisse. Mentant; menti *invariable*. — Conjuguez de même *démentir* dont le part. passé est variable, *démentie*.

MOURIR. Je meurs... nous mourons... ils meurent. Je mourais; nous mourions. Je mourus; nous mourûmes. Je mourrai; nous mourrons. Meurs; mourons. Que je meure... que nous mourions... qu'ils meurent. Que je mourusse; que nous mourussions. Mourant; mort, morte.

OFFRIR. J'offre; nous offrons. J'offrais; nous offrions. J'offris; nous offrîmes. J'offrirai; nous offrirons. Offre; offrons. Que j'offre; que nous offrions. Que j'offrisse; que nous offrissions. Offrant; offert, offerte.

OUVRIR et ses composés *couvrir*, etc., se conjuguent comme *offrir*.

PARTIR. Je pars. Je partais. Je partis. Je partirai. Pars. Que je parte. Que je partisse. Partant; parti, partie. Les composés *repartir* (*partir de nouveau*) et *se départir*, présentent les mêmes irrégularités; mais *répartir* (*distribuer*) est régulier : *je répartis*; *nous répartissons*; *je répartissais*; *répartissant*.

SENTIR, et ses composés *consentir, ressentir*, se conjuguent comme *mentir*.

SERVIR. Je sers. Je servais. Je servis. Je servirai. Sers. Que je serve. Que je servisse. Servant; servi, servie. — *Desservir* se conjugue de même; mais *asservir* est toujours régulier : *J'asservis*; *nous asservissons*; *j'asservissais*; *asservissant*.

SORTIR. Je sors. Je sortais. Je sortis. Je sortirai. Sors. Que je sorte. Que je sortisse. Sortant; sorti, sortie. — *Ressortir* (*sortir de *nouveau*) se conjugue de même; mais *sortir* et *ressortir*, termes consacrés en jurisprudence, sont réguliers : *nous ressortissons; ces tribunaux* RESSORTISSAIENT (*étaient du ressort*) *d'une autre cour*. Toutefois *sortir* ne s'emploie dans ce sens qu'à la troisième personne : *j'entends que cette clause* SORTISSE *son plein et entier effet*. *Assortir* est également régulier : *ces couleurs* S'ASSORTISSENT *bien*.

TENIR. Je tiens... nous tenons... ils tiennent. Je tenais; nous tenions. Je tins; nous tînmes. Je tiendrai; nous tiendrons. Tiens; tenons, tenez. Que je tienne... que nous tenions... qu'ils tiennent. Que je tinsse; que nous tinssions. Tenant; tenu, tenue.— Conjuguez de même les composés *s'abstenir, obtenir*, etc.— Observez que le *n* du radical se double quand il est suivi d'un *e* muet : *ils tiennent*.

VENIR et ses composés *devenir*, etc., se conjuguent comme *tenir*.

VÊTIR. Je vêts, tu vêts, il vêt ; nous vêtons, vous vêtez, ils vêtent. Je vêtais ; nous vêtions. Je vêtis ; nous vêtîmes. Je vêtirai ; nous vêtirons. Vêts ; vêtons, vêtez. Que je vête ; que nous vêtions. Que je vêtisse ; que nous vêtissions. Vêtant ; vêtu, vêtue. — Les composés *dévêtir, revêtir* se conjuguent de même. — C'est une faute assez commune que de dire *vêtissant ; je vêtissais*.

TROISIÈME CONJUGAISON.

ASSEOIR. J'assieds, tu assieds, il assied ; nous asseyons, vous asseyez, ils asseyent. J'asseyais ; nous asseyions. J'assis ; nous assîmes. J'assiérai *ou* j'asseyerai. Assieds ; asseyons, asseyez. Que j'asseye : que nous asseyions. Que j'assise ; que nous assissions. Asseyant; assis, assise. — L'Académie donne aussi cette forme de conjugaison : *j'assois, il assoit ; nous assoyons, vous assoyez, ils assoient ; j'assoyais ; j'assoirai ; assois, assoyez ; que j'assoie ; assoyant* ; mais elle donne la préférence à la première.

DÉCHOIR. Je déchois, tu déchois... nous déchoyons... ils déchoient. *Sans imparfait*. Je déchus ; nous déchûmes. Je décherrai ; nous décherrons. *Sans impératif*. Que je déchoie, que tu déchoies... que nous déchoyions... qu'ils déchoient. Que je déchusse ; que nous déchussions. Déchu, déchue. *Sans participe présent*.

ÉCHOIR. Au présent de l'indicatif, ce verbe n'est guère usité qu'à la 3ᵉ personne du singulier *il échoit*, qu'on prononce et qu'on écrit même quelquefois *il échet*. Autres temps usités : J'échus. J'écherrai. Que j'échusse. Échéant ; échu, échue.

FALLOIR. Il faut. Il fallait. Il fallut. Il a fallu. Il faudra. Qu'il faille. Qu'il fallût. Fallu *invar*.

MOUVOIR. Je meus... nous mouvons... ils meuvent. Je mouvais ; nous mouvions. Je mus ; nous mûmes. Je mouvrai. Meus ; mouvons, mouvez. Que je meuve... que nous mouvions... qu'ils meuvent. Que je musse ; que nous mussions. Mouvant ; mû, mue.— Conjuguez de même *émouvoir, promouvoir*.

POURVOIR. Je pourvois ; nous pourvoyons. Je pourvoyais ; nous pourvoyions. Je pourvus; nous pourvûmes. Je pourvoirai. Pourvois; pourvoyons. Que je pourvoie; que nous pourvoyions. Que je pourvusse; que nous pourvussions. Pourvoyant; pourvu, pourvue.

POUVOIR. Je puis *ou* je peux, tu peux... nous pouvons... ils peuvent. Je pouvais; nous pouvions. Je pus; nous pûmes. Je pourrai. *Sans impératif.* Que je puisse; que nous puissions. Que je pusse; que nous pussions. Pouvant; pu *invariable.* — Avec interrogation on dit *puis-je?* et non *peux-je?*

SAVOIR. Je sais... nous savons... ils savent. Je savais. Je sus. Je saurai. Sache; sachons, sachez. Que je sache. Que je susse. Sachant; su, sue.

SURSEOIR. Je sursois... nous sursoyons... ils sursoient. Je sursoyais. Je sursis. Je surseoirai. Sursois. Que je surseoie. Que je sursisse. Sursoyant; sursis, sursise.

VALOIR. Je vaux; nous valons. Je valais. Je valus. Je vaudrai. Vaux; valons, valez. Que je vaille... que nous valions... qu'ils vaillent. Que je valusse. Valant; valu, value. — On conjugue de même *équivaloir* et *revaloir*; mais *prévaloir* fait au présent du subjonctif *que je prévale; que nous prévalions.*

VOIR. Je vois... nous voyons... ils voient. Je voyais; nous voyions. Je vis; nous vîmes. Je verrai. Vois; voyons, voyez. Que je voie; que nous voyions. Que je visse; que nous vissions. Voyant; vu, vue. — Conjuguez ainsi *revoir* et *entrevoir*; mais *prévoir* fait au futur et au conditionnel *je prévoirai; je prévoirais.*

VOULOIR. Je veux... nous voulons... ils veulent. Je voulais. Je voulus. Je voudrai. Veuille; veuillons, veuillez — *et* veux; voulons, voulez. Que je veuille... que nous voulions... qu'ils veuillent. Que je voulusse. Voulant; voulu, voulue. — Des deux impératifs de ce verbe, l'un exprime le désir: *veuillez m'accorder cette grâce;* le second présente un sens de commandement, d'exhortation: *faites un effort; voulez.* Ce dernier est rare, sauf quand il est employé avec le pronom *en*, qui donne au verbe *vouloir*, une signification particulière: *ne m'en voulez pas.*

QUATRIÈME CONJUGAISON.

ABSOUDRE. J'absous; nous absolvons. J'absolvais. *Sans passé défini.* J'absoudrai. Absous; absolvons. Que J'absolve. *Sans imparfait* du subjonctif. Absolvant; absous, absoute. — *Dissoudre* se conjugue de même: *résoudre* a d'autres irrégularités (*Voyez ce mot*).

ATTEINDRE (*Voyez craindre*).

BATTRE. Je bats; nous battons. Je battais. Je battis. Je battrai. Bats; battons, battez. Que je batte. Que je battisse. Battant; battu, battue. — Conjuguez de même *abattre, combattre,* etc.

BOIRE. Je bois... nous buvons... ils boivent. Je buvais. Je bus. Je boirai. Bois; buvons. Que je boive... que nous buvions... qu'ils boivent. Que je busse. Buvant; bu, bue.

CONCLURE. Je conclus ; nous concluons. Je concluais ; nous concluions. Je conclus ; nous conclûmes. Je conclurai. Conclus ; concluons. Que je conclue ; que nous concluions. Que je conclusse. Concluant ; conclu, conclue. — *Exclure* se conjugue de même.

CONDUIRE. Je conduis ; nous conduisons. Je conduisais. Je conduisis. Je conduirai. Conduis. Que je conduise ; que nous conduisions. Que je conduisisse ; que nous conduisissions. Conduisant ; conduit, conduite.

On conjugue de même les verbes terminés en *uire* comme *construire, cuire, déduire, instruire*, etc., excepté *bruire, luire, nuire*, qui ont d'autres irrégularités.

CONFIRE. Je confis ; nous confisons. Je confisais. Je confis. J'ai confit. Je confirai. Confis. Confisant ; confit, confite. — Beaucoup de grammairiens admettent pour l'imparfait du subjonctif *que je confisse*, quoique l'Académie ne donne pas ce temps.

CONNAITRE. Je connais, il connaît. Je connaissais. Je connus. Je connaîtrai. Connais. Que je connaisse. Que je connusse. Connaissant ; connu, connue. — Conjuguez ainsi les composés *méconnaître, reconnaître.*

COUDRE. Je couds, tu couds, il coud ; nous cousons. Je cousais. Je cousis. J'ai cousu. Je coudrai. Couds ; cousons, cousez. Que je couse. Que je cousisse. Cousant ; cousu, cousue. — De même *découdre* et *recoudre*.

CRAINDRE. Je crains, il craint ; nous craignons. Je craignais ; nous craignions. Je craignis. Je craindrai. Crains. Que je craigne ; que nous craignions. Que je craignisse. Craignant ; craint, crainte.

On conjugue de même 1° les autres verbes en *aindre* : *contraindre, plaindre ;* 2° ceux en *eindre* : *atteindre, ceindre ;* 3° ceux en *oindre : joindre, enjoindre*, etc.

CROIRE. Je crois, tu crois, il croit ; nous croyons. Je croyais ; nous croyions. Je crus ; nous crûmes. Je croirai. Crois. Que je croie ; que nous croyions. Que je crusse. Croyant ; cru, crue. — *Accroire* ne s'emploie qu'à l'infinitif : *faire accroire.*

CROITRE. Je crois, tu crois, il croît ; nous croissons. Je croissais. Je crûs, tu crûs. J'ai crû. Je croîtrai. Crois. Que je croisse. Que je crusse. Croissant ; crû, crue ; crus, crues. — Conjuguez de même *accroître, décroître*, mais l'accent circonflexe ne se place point sur le participe passé, *accru, décru.*

DIRE. Je dis ; nous disons, vous dites, ils disent. Je disais. Je dis ; nous dîmes. Je dirai. Dis ; disons, dites. Que je dise ; que nous disions. Que je disse ; que nous dissions. Disant ; dit, dite. — *Redire* est le seul de tous les composés de *dire* qui se conjugue absolument de même. *Contredire ; médire*, etc. font à la seconde personne plurielle du présent de l'indicatif *vous contredisez, vous médisez ;* mais à l'impératif ils se conjuguent comme *dire* : *Contredites-moi si vous l'osez.* — *Maudire* fait *maudissant ; nous maudissons.*

ÉCRIRE. J'écris ; nous écrivons. J'écrivais. J'écrivis. J'écrirai. Que j'écrive. Que j'écrivisse. Ecrivant; écrit, écrite.—Conjuguez de même les dérivés *décrire, prescrire,* etc.

FAIRE. Je fais; nous faisons, vous faites, ils font. Je faisais. Je fis. Je ferai. Fais; faisons, faites. Que je fasse. Que je fisse. Faisant; fait, faite. Conjuguez de même *contrefaire, défaire,* etc. On n'emploie *parfaire, forfaire,* qu'au présent de l'infinitif et aux temps composés : *il a forfait à l'honneur. Malfaire* et *méfaire* n'ont que le présent de l'infinitif.

LIRE. Je lis ; nous lisons. Je lisais. Je lus. Je lirai. Lis ; lisons, lisez. Que je lise. Que je lusse. Lisant ; lue, lue. — On conjugue de même *élire* et les autres composés.

LUIRE. Je luis ; nous luisons. Je luisais. *Point de passé défini ni d'imparfait du subjonctif.* Je luirai. Luis. Que je luise. Luisant; lui *invariable.* — *Reluire* se conjugue de même.

METTRE. Je mets ; nous mettons. Je mettais. Je mis. Je mettrai. Mets ; mettons, mettez. Que je mette. Que je misse. Mettant ; mis, mise. — Conjuguez de même les composés *admettre, commettre,* etc.

MOUDRE. Je mouds, tu mouds, il moud ; nous moulons. Je moulais. Je moulus. Je moudrai. Mouds ; moulons, moulez. Que je moule. Que je moulusse. Moulant ; moulu, moulue. — Conjuguez ainsi *émoudre, remoudre.*

NAITRE. Je nais, tu nais, il naît ; nous naissons. Je naissais. Je naquis. Je naîtrai. Nais ; naissons, naissez. Que je naisse. Que je naquisse. Naissant ; né, née. — Conjuguez ainsi *renaître,* dont le participe passé et les temps composés sont cependant hors d'usage.

NUIRE. Je nuis ; nous nuisons. Je nuisais. Je nuisis. Je nuirai. Nuis ; nuisons. Que je nuise. Que je nuisisse. Nuisant ; nui *invariable.*

OINDRE. Voyez *Craindre.*

PAITRE. Je pais, il paît; nous paissons. Je paissais. Je paîtrai. Pais ; paissons. Que je paisse. Paissant. *Les autres temps ne sont pas usités.* — *Repaître* se conjugue de même ; mais il a de plus les autres temps : *je repus ; j'ai repu ; que je repusse ; repu, repue.*

PARAITRE. Je parais, il paraît ; nous paraissons. Je paraissais. Je parus. Je paraîtrai. Parais ; paraissons. Que je paraisse. Que je parusse. Paraissant ; paru *invariable.* Ce verbe ne prend que l'auxiliaire *avoir.* Ne dites point *plusieurs livraisons de ce recueil ne* SONT *pas encore* PARUES ; on doit dire *n'*ONT *pas encore* PARU. — Conjuguez de même *comparaître* et *reparaître ;* mais *apparaître* et *disparaître* prennent les deux auxiliaires et ont le participe passé variable : *apparue, disparue.*

PEINDRE. Voyez *Craindre.*

PLAIRE. Je plais ; nous plaisons. Je plaisais. Je plus. Je plairai. Plais ; plaisons, plaisez. Que je plaise. Que je plusse. Plaisant ; plu *invariable.* — Conjuguez de même *complaire* et *déplaire.*

PRENDRE. Je prends... nous prenons... ils prennent. Je prenais ;

nous prenions. Je pris. Je prendrai. Prends ; prenons. Que je prenne... que nous prenions... qu'ils prennent. Que je prisse. Prenant ; pris, prise. — Conjuguez de même *apprendre, comprendre,* etc.

POINDRE. Voyez *Craindre.*

RÉSOUDRE. Je résous, il résout ; nous résolvons, ils résolvent. Je résolvais. Je résolus. J'ai résolu. Je résoudrai. Résous ; résolvons, résolvez. Que je résolve. Que je résolusse. Résolvant ; résolu, résolue. — Ce verbe a un second participe passé *résous* invariable. Il se dit des choses qui se convertissent en d'autres : *le soleil* A RÉSOUS *le brouillard en pluie.*

RIRE. Je ris ; nous rions. Je riais ; nous riions. Je ris ; nous rîmes. Je rirai. Ris ; rions. Que je rie ; que nous riions. Que je risse ; que nous rissions. Riant ; ri *invariable.* — *Sourire* se conjugue de même.

SUFFIRE. Ce verbe se conjugue comme *confire ;* sauf au participe passé *suffi,* et aux temps composés.

SUIVRE. Je suis, tu suis, il suit ; nous suivons, vous suivez, ils suivent. Je suivais. Je suivis. Je suivrai. Suis ; suivons, suivez. Que je suive. Que je suivisse. Suivant ; suivi, suivie. — Conjuguez de même *poursuivre* et *s'ensuivre.* Ce dernier ne s'emploie qu'à la troisième personne tant du singulier que du pluriel.

TAIRE. Je tais ; nous taisons. Je taisais ; nous taisions. Je tus ; nous tûmes. J'ai tu. Je tairai. Tais ; taisons, taisez. Que je taise. Que je tusse. Taisant ; tu, tue.

TRAIRE. Je trais ; nous trayons, vous trayez, ils traient. Je trayais ; nous trayions. *Point de passé défini ni d'imparfait du subjonctif.* J'ai trait. Je trairai. Trais ; trayons, trayez. Que je traye. Trayant ; trait, traite. — Conjuguez de même *abstraire, distraire,* etc.

VAINCRE. Je vaincs, tu vaincs, il vainc ; nous vainquons, vous vainquez, ils vainquent. Je vainquais ; nous vainquions. Je vainquis ; nous vainquîmes. J'ai vaincu. Je vaincrai. Vaincs ; vainquons, vainquez. Que je vainque ; que nous vainquions. Que je vainquisse ; que nous vainquissions. Vainquant ; vaincu, vaincue. — Ce verbe est peu usité au présent et à l'imparfait de l'indicatif. *Convaincre* se conjugue de même.

VIVRE. Je vis ; nous vivons. Je vivais. Je vécus. J'ai vécu. Je vivrai. Vis ; vivons, vivez. Que je vive ; que nous vivions. Que je vécusse ; que nous vécussions. Vivant ; vécu *invariable.* — *Revivre* et *survivre* se conjuguent de même.

VERBES DÉFECTIFS.

BRAIRE. Il brait ; ils braient. Il brayait ; ils brayaient. Il braira ; ils brairont. Qu'il braye ; qu'ils brayent. Brayant. — Les autres temps et les autres personnes sont inusités.

BRUIRE. Il bruit. Il bruyait ; ils bruyaient. L'Académie ne donne que ces trois formes ; mais quelques auteurs écrivent au présent de l'indicatif : *les flots* BRUYENT ; *les insectes* BRUISSENT.

CHOIR. Ce verbe ne s'emploie qu'à l'infinitif et au participe passé : *chu, chue*.

CLORE. Ce verbe, quant aux temps simples, n'est usité qu'aux trois personnes du singulier du présent de l'indicatif : *je clos, tu clos, il clôt* ; au futur de l'indicatif : *je clorai*, et au conditionnel : *je clorais*. Le participe passé, *clos, close,* donne en outre tous les temps composés. — Conjuguez de même *enclore*.

ÉCLORE. Ce verbe n'est généralement usité qu'à l'infinitif et aux troisièmes personnes de quelques temps : *il éclôt ; ils éclosent ; il éclôra ; il éclôrait ; qu'il éclose ; éclos, éclose*. Il prend l'auxiliaire *être*.

FÉRIR ne s'emploie qu'à l'infinitif : *sans coup* FÉRIR.

FRIRE. *Je fris, tu fris, il frit* ; point de personnes plurielles. Le futur et le présent du conditionnel sont complets : *je frirai ; nous frirons. Je frirais ; nous fririons* ; impératif, *fris* ; participe passé, *frit, frite*. — Les autres temps sont inusités.

GÉSIR (infinitif hors d'usage). — Il gît ; nous gisons, ils gisent. Il gisait ; ils gisaient. Gisant. Inusité aux autres temps.

OUIR. On ne se sert plus de ce verbe qu'aux temps formés du participe passé et de l'auxiliaire *avoir* : J'AI OUI *dire*, et quelquefois au présent de l'infinitif : *on l'a condamné sans l'*OUÏR.

PUER. Ce verbe n'a ni passé défini ni participe passé. Je pue, il pue ; nous puons. Je puais. Je puerai. Je puerais. Puant.

QUÉRIR. Ce verbe n'est employé qu'à l'infinitif, avec divers temps des verbes *aller, envoyer*.

RAVOIR n'est usité qu'à l'infinitif.

SEOIR (hors d'usage à l'infinitif) donne, dans le sens de *être convenable* : il sied ; ils siéent. Il seyait ; ils seyaient. Il siéra ; ils siéront. Il siérait ; ils siéraient. Qu'il siée ; qu'ils siéent. Seyant. Il ne s'emploie ni aux temps composés ni aux autres personnes. — *Messeoir*, hors d'usage à l'infinitif comme *seoir*, s'emploie aux mêmes temps que ce dernier. — Dans le sens de *être assis*, *seoir* n'a que les participes *séant ; sis, sise*.

SOURDRE (jaillir de terre) n'est usité qu'à l'infinitif.

Remarque. La langue avait autrefois quelques verbes qui sont aujourd'hui hors d'usage, et dont il ne reste que les participes passés ; tels sont : *issu, promu, reclus, tissu*. On peut en former des temps composés.

CHAPITRE VI.

DU PARTICIPE.

143. — Le *participe* est un mot qui par sa nature appartient au verbe dont il dérive, et qui par son emploi appartient à l'adjectif.

Il tient du verbe en ce qu'il en a la signification et le régime : AIMANT *Dieu*, AIMÉ *de Dieu* ; il tient aussi de l'adjectif, en ce qu'il qualifie une personne ou une chose, c'est-à-dire qu'il en marque la qualité, comme *vieillard* HONORÉ, *vertu* ÉPROUVÉE (LHOMOND).

Il y a deux participes : le *participe présent* et le *participe passé*.

144. — Le *participe présent*, qui se termine toujours en *ant*, exprime en général une action qui coïncide avec une époque quelconque de la durée :

Les barbares *courant* avec ardeur et *frappant* l'air de leurs cris, ébranlèrent un instant les Romains.

Le soleil, *échauffant* la terre, la vivifie.

Remarques. 1° Ce qu'on appelle *gérondif* n'est autre chose que le participe présent, devant lequel on met le mot *en*, comme : *les jeunes gens se forment l'esprit* EN LISANT *de bons livres* (LHOMOND).

2° Il ne faut pas confondre avec le participe présent, certains *adjectifs verbaux* (c'est-à-dire qui viennent des verbes). On dit : *un homme* OBLIGEANT, *une femme* OBLIGEANTE ; ce ne sont pas des participes, parce qu'ils n'ont pas de régime. Mais quand je dis : *cette femme est d'un bon caractère*, OBLIGEANT *tout le monde quand elle peut* ; OBLIGEANT est ici participe, puisqu'il a le régime *tout le monde* (LHOMOND).

145. — Le *participe passé*, employé sans auxiliaire, exprime un état, ou une action accomplie. Il a diverses terminaisons, et, comme l'adjectif, il prend le genre et le nombre du substantif auquel il se rapporte : *un homme* BLESSÉ, *des hommes* BLESSÉS ; *une lettre* REÇUE, *des lettres* REÇUES ; *un bucher* ÉTEINT, *des flammes* ÉTEINTES.

Joint à l'un des auxiliaires, il forme, comme on l'a vu, les temps composés des verbes, et dans ce cas il prend le genre et le nombre soit du sujet, soit du régime, ou bien il reste invariable, suivant diverses règles qui sont exposées dans la syntaxe.

CHAPITRE VII.

DE LA PRÉPOSITION.

146. — La *préposition* est un mot invariable qui aide à unir un mot avec son complément.

Dans ces phrases : *je travaille* POUR *vous ; je suis venu* AVEC *mon frère; j'écrirai* CONTRE *eux*; *pour* aide à exprimer le rapport de but ou d'intention que l'esprit aperçoit entre le complément *vous* et le verbe *je travaille*; *avec*, indique un rapport d'union ; *contre*, exprime enfin un rapport d'opposition.

147. — La préposition se place toujours avant le complément, ainsi que son nom même l'indique (*pré-posée*). Mais quelquefois ce complément est sous-entendu, surtout dans le langage familier : *Si vous parlez pour, je parlerai* CONTRE ; *il a pris son manteau et s'en est allé* AVEC (ACAD.).

Le complément dépend quelquefois de la préposition elle-même, et non d'un autre terme placé avant. Dans cet exemple, *servir Dieu* AVEC *ferveur*, *Dieu*, dit l'Académie, est régime direct de *servir*, et *ferveur*, régime de la préposition *avec*. En effet, ces mots *avec ferveur* expriment simplement une circonstance ajoutée à l'idée principale de la phrase, et qu'on peut en détacher sans que le reste forme un sens incomplet.

148. — On peut diviser les prépositions en *simples* et en *composées*.

1° Les *prépositions simples* sont *à*, *après*, *avant*, *avec*, *chez*, *contre*, *dans*, *de*, *deçà*, *delà*, *depuis*, *derrière*, *dès*, *devant*, *devers*, *en*, *entre*, *envers*, *hormis*, *hors*, *malgré*, *moyennant*, *nonobstant*, *outre*, *par*, *parmi*, *pendant*, *pour*, *près*, *sans*, *selon*, *sous*, *sur*, *vers*, *vis-à-vis*, *voici*, *voilà*.

Il y a aussi quelques adjectifs et quelques participes qu'on emploie généralement comme prépositions simples, savoir : *attenant*, *attendu*, *concernant*, *durant*, *excepté*, *joignant*, *proche*, *sauf*, *suivant*, *supposé*, *touchant*, *vu*.

2° On appelle *préposition composée* ou *locution prépositive*, toute réunion de mots équivalant à une préposition, comme : *à côté de*, *à l'égard de*, *à l'exception de*, *à travers*, *au travers de*, *au delà* de, *au-dessous de*, *au-dessus de*, *au-devant de*, *auprès de*, *autour de*, *en deçà de*, *en faveur de*, *jusqu'à*, *loin de*, *par delà*, *par-dessus*, *près de*, *proche de*, *quant à*, *vis-à-vis de*, etc.

149. — Voici les rapports principaux que les prépositions aident à exprimer :

Le BUT ou l'INTENTION : *à*, *envers*, *pour*, *touchant*, etc. *Je vais à Rome* POUR *accomplir un vœu.*

La CAUSE : *attendu*, *par*, *moyennant*, *vu*, etc. *Il échappa au danger* PAR *son énergie.*

L'INDICATION : *voici*, *voilà*. VOICI *mon chemin, voilà le vôtre.*

Le LIEU : *auprès*, *autour*, *chez*, *dans*, *sur*, *sous*, *vers*, etc. *J'ai oublié des papiers importants* CHEZ *vous*, DANS *votre cabinet.*

L'ORDRE : *devant*, *derrière*, *entre*. *Il fut conduit au supplice* ENTRE *deux malfaiteurs.*

L'OPPOSITION : *contre*, *malgré*, *nonobstant*. *Les Romains marchèrent* CONTRE *Tarente*, MALGRÉ *la présence de Pyrrhus.*

La SÉPARATION : *excepté*, *hormis*, *hors*. *L'inondation a renversé tout le village* HORMIS *dix maisons.*

Le TEMPS : *avant*, *après*, *depuis*, *pendant*. DEPUIS *plusieurs siècles on a toujours chanté le Te Deum* APRÈS *les grandes victoires.*

L'UNION : *avec*, *selon*, *suivant*. *Pisistrate*, SUIVANT *les circonstances, ne paraissait en public qu'*AVEC *une forte escorte.*

Remarque. La préposition n'exprime point par elle-même le *but*, la *cause*, le *lieu*, l'*opposition*, etc. ; mais elle concourt avec les autres mots de la phrase à indiquer ces divers rapports. Ainsi dans certaines phrases, *après* peut exprimer *l'ordre* aussi bien que le *temps* ; *chez* exprime l'*union* aussi bien que le *lieu* ; *pour* exprime tantôt le *but*, tantôt l'*indication*, même l'*opposition*, etc. *L'homme est né* POUR *travailler ; je pars* POUR *Rome; vous partez*, POUR *moi je reste.* Il ne faut donc point attribuer toujours aux prépositions un sens absolu.

CHAPITRE VIII.

DE L'ADVERBE.

150. — L'*adverbe* est un mot invariable qui modifie un verbe, un adjectif, ou un autre adverbe :

Périclès gouverna GLORIEUSEMENT sa patrie ; sa parole était TRÈS-*éloquente* ; il fut PRESQUE TOUJOURS en butte aux traits de l'envie.

L'adverbe GLORIEUSEMENT indique de quelle manière Périclès *gouverna*, et modifie ainsi l'idée exprimée par ce verbe ; il en est de même de TRÈS par rapport à l'adjectif *éloquente*, et de PRESQUE par rapport à l'adverbe *toujours*.

151. — L'adjectif est employé comme adverbe, quand il

sert à modifier un verbe, comme quand on dit : *chanter* JUSTE, *parler* BAS, *voir* CLAIR, *rester* COURT, *frapper* FORT, *sentir* BON, etc. (LHOMOND).

Tout adverbe peut se résoudre en un substantif précédé d'une préposition. Ainsi, LÉGÈREMENT signifie *avec légèreté ;* COMMENT signifie *de quelle manière*. Or, comme un substantif exprime une idée, on peut dire qu'il en est de même des adverbes. Ils servent donc à marquer :

La MANIÈRE ou la QUALITÉ : *prudemment, sagement*, et un grand nombre d'autres de cette désinence.

La QUANTITÉ : *assez, autant, aussi, beaucoup, combien, davantage, encore, fort, moins, peu, plus, si, tant, tellement, très, trop.*

Le TEMPS : *alors, aujourd'hui, autrefois, aussitôt, bientôt, demain, désormais, hier, jadis, jamais, tard, tôt, toujours.*

La SITUATION : le LIEU, l'ORDRE : *ailleurs, alentour, dedans, dehors, dessus, dessous, ensemble, ensuite, ici, là, où, y.*

L'AFFIRMATION : *ainsi, assurément, certes, certainement, même, oui.*

La NÉGATION : *aucunement, ne, ne... pas, ne... point, non, non... pas, nullement.*

L'INTERROGATION : *comment ? pourquoi ?*

152. — On appelle *adverbe composé* ou *locution adverbiale*, toute réunion de mots équivalant à un adverbe, comme : *A dessein, à jamais, à la fin, au contraire, au hasard, avant-hier, c'est-à-dire, de bon cœur, long-temps, pêle-mêle, quelque part, sans doute, tout à coup*, etc.

153. — Quelques adverbes peuvent avoir des compléments, parce qu'ils ne forment point par eux-mêmes un sens complet, et qu'ils dérivent de certains adjectifs qui ont toujours un régime :

Il faut aimer Dieu PRÉFÉRABLEMENT *à toutes choses.*

Je vous ai parlé RELATIVEMENT *à cette affaire.*

A toutes choses, à cette affaire sont les compléments des adverbes qui précèdent, parce que ceux-ci dérivent des adjectifs *préférable, relatif*, exprimant une idée qui doit être complétée.

154. — *Encore* perd l'*e* muet, mais en poésie seulement, pour former un dissyllabe.

Plutôt, formant un seul mot, réveille une idée de préférence : *Moi je commettrais une bassesse ! plutôt mourir !* — *Plus tôt*, en deux mots, réveille une idée de temps, et s'emploie par opposition à *plus tard : J'arriverai plus tôt que vous.*

CHAPITRE IX.

DE LA CONJONCTION.

155. — La *conjonction* est un mot invariable qui sert à lier un mot, un sens, à un autre (Acad.).

Les étoiles ET les planètes ont à peu près le même aspect; MAIS elles diffèrent beaucoup par leurs dimensions.

Dans cet exemple, la conjonction *et* sert à lier les deux substantifs *étoiles*, *planètes*; et la conjonction *mais* unit le sens du second membre de la phrase à ce qui précède.

156. — On divise quelquefois les conjonctions en *adversatives, conditionnelles, copulatives, interrogatives, négatives*, etc.; mais ces distinctions n'ont aucune importance. — Il suffit de savoir qu'il y en a de *simples* et de *composées*.

Les *conjonctions simples* sont : *car*, *cependant*, *comment*, *conséquemment*, *donc*, *et*, *lorsque*, *mais*, *ni*, *or*, *ou*, *partant*, *pourquoi*, *puis*, *puisque*, *quand*, *que*, *quoique*, *si*, *sinon*, *toutefois*.

157. — Les *conjonctions composées* ou *locutions conjonctives* sont : *ainsi que*, *au contraire*, *au reste*, *du reste*, *au moins*, *du moins*, *au surplus*, *ou bien*, *par conséquent*, *avant que*, *parce que*, *pour que*, ou toute autre expression terminée par la conjonction simple *que*.

Ainsi que la vertu le crime a ses degrés (Racine).

On voit, par cette liste, que plusieurs mots d'une autre espèce, comme les substantifs *reste*, *surplus*, et les prépositions *par*, *pour*, etc., concourent à former des conjonctions composées.

REMARQUES PARTICULIÈRES.

158. — Ou est conjonction quand on peut le traduire par *ou bien*, et alors il ne prend pas d'accent : *Sera-t-il vainqueur ou vaincu?* — *Où*, adverbe de lieu et pouvant exprimer la situation, prend toujours un accent grave : *Où me conduisez-vous?*

159. — Quand, conjonction, signifie *lorsque* et se termine par un *d* : *Je serai absent* QUAND *vous viendrez*. — *Quant à*, préposition composée, signifie *à l'égard de* et s'écrit par un *t* : QUANT *à moi, je pense autrement*.

160. — Parce que, formant deux mots, est une conjonction composée et signifie *attendu que* : *Rien ne l'émeut* PARCE QU'IL *a le cœur mauvais*. — Par ce que, formant trois mots distincts, signifie *par la*

chose que ; c'est la préposition *par*, le pronom démonstratif *ce*, et le pronom relatif *que*.

Vois PAR CE QUE je suis ce qu'autrefois je fus (DELILLE).

161. — QUOIQUE, formant un seul mot, est conjonction et signifie *encore que* : QUOIQUE *vous soyez riche vous devez travailler*. — QUOI QUE, formant deux mots distincts, signifie *quelque chose que;* c'est le pronom indéfini *quoi* et la conjonction *que*.

162. — QUE est pronom quand il peut se traduire par *lequel*, *laquelle*, ou par *quelle chose*. Alors il est ordinairement régime d'un verbe : QUE *me demandez-vous?* — Il est adverbe lorqu'il peut se tourner par *combien?*

QUE le Seigneur est bon! QUE son joug est aimable! (RACINE).

Enfin ce mot est conjonction quand il unit deux membres de phrase :

Pensez-vous QUE Calchas continue à se taire (RACINE).

CHAPITRE X.

DE L'INTERJECTION.

163. — L'*interjection* est un mot dont on se sert pour exprimer un sentiment de l'âme, comme la joie, la douleur, etc. (LHOMOND).

Voici les principales interjections :

Pour marquer la JOIE : *ah! oh!*
La DOULEUR : *aie! ah! hélas!*
La SURPRISE : *ha! ho!*
L'AVERSION : *fi!*
Pour APPELER : *holà! hem!*
Pour INTERROGER : *eh! hein!*
Pour IMPOSER SILENCE : *chut!*
Pour ENCOURAGER : *ça!*
Pour INVOQUER : *ô, oh!*

Il y a aussi des interjections formées *accidentellement* de mots d'une autre espèce : d'un substantif, d'un adjectif ou d'un verbe :

Courage! paix! ferme! allons!

Enfin on appelle *locution interjective*, toute réunion de mots formant interjection :

Juste ciel! eh bien! eh quoi! etc.

CHAPITRE XI.

DE L'ORTHOGRAPHE.

164. — *L'orthographe* est l'art d'écrire régulièrement les mots d'une langue, et de bien employer les signes grammaticaux.

I. — COMPOSITION LITTÉRALE DES MOTS.

165. — C'est surtout par l'étude des auteurs et l'usage des dictionnaires, qu'on parvient à connaître la composition littérale des mots. Mais si l'on ne peut soumettre cette matière à des principes absolus, il est cependant un grand nombre de cas susceptibles d'être ramenés à des règles particulières qu'il est utile de les connaître (1).

DE LA DÉRIVATION.

166. — Il arrive souvent que la consonne finale d'un mot ne se prononce pas ; d'où il résulte qu'on pourrait la supprimer mal à propos en écrivant. C'est surtout par la *dérivation*, que l'on reconnaîtra que cette consonne ne doit point être négligée. En observant l'orthographe d'un mot *dérivé*, l'on remonte facilement à la finale du mot *primitif*.

Ainsi l'on doit écrire avec un *d* final, *accord*, *bond* (saut), *bord*, parce que les dérivés *accord er*, *bond ir*, *bord er* ont le radical terminé par cette lettre. On écrira *champ*, *drap*, *galop*, parce qu'on a dans les dérivés *champ être*, *drap erie*, *galop er* ; on écrira *bois*, *diffus*, *dispos*, à cause de *bois erie*, *diffus ion*, *dispos er*, etc.

Cette règle souffre cependant plusieurs exceptions (2). Ainsi l'on écrit *abri*, *bijou*, *favori*, *horizon*, quoiqu'il y ait un *t* dans

(1) Les difficultés que présente l'orthographe proviennent d'abord de ce que dans la prononciation, toutes les lettres ne sont point sensibles pour l'oreille, et que plusieurs sons semblables s'écrivent différemment. Ainsi *ceint, cinq, sain, saint, sein, seing*, offrent le même son articulé et ont une orthographe distincte. — Une autre cause d'embarras, c'est que toutes les règles relatives à cette matière sont compliquées d'un grand nombre d'exceptions, soumises elles-mêmes à d'autres restrictions. Nous n'en persistons pas moins à penser qu'on peut trouver dans ce chapitre la solution d'un grand nombre de cas.

(2) En général, quand nous aurons à signaler des exceptions, nous ne nous arrêterons pas à recueillir des termes scientifiques, ni des mots qu'on emploie rarement dans le langage usuel.

abriter, *bijouterie*, *favorite*, *horizontal*; pareillement *décè* *dépôt*, *intérêt*, *relais*, ne sont point conformes à leurs dérivés *décéd*e *dépos er*, *intéress er*, *relay er*.

Remarque. Le nombre des mots terminés par une consonne nu pour l'oreille, et qui manquent de dérivés ou qui ont des dérivés irr guliers, n'est pas considérable, si l'on tient compte de ceux auxqu s'applique le *principe de la dérivation*. C'est donc une étude conde en résultats, que d'examiner les rapports ou les différences q les mots présentent dans leur formation.

167. — Dans le corps des mots, il y a généralement u rapport assez exact entre les primitifs et les dérivés, c moins pour les principales consonnes. Ainsi *face* don *façade*; *gage*, *engager*; *négoce*, *négociant*; etc. Mais il y des exceptions qu'il faut remarquer.

1° On trouve deux *m*, dans *homme*, *femme*, et un seul dans l dérivés *humanité*, *féminin*. Il y a deux *n*, dans *honnête*, *honneu* mais *honorable*, *honorer*, n'en n'ont qu'un. *Donner* a deux *n*, ta dis que *donation*, *donateur* n'en ont qu'un. On écrit *baril* et *ba rique*; *chariot* et *charrette*; *imbécile* et *imbécillité*. Ces différenc ainsi que quelques autres, ne détruisent pas le principe, qui a to jours un grand nombre d'applications.

2° Dans les dérivés de *fatigue*, *intrigue*, *prodigue* et autr mots de cette désinence, on supprime l'*u* devant *a*: *fatigant*, *intrigant* (adjectifs), *prodigalité*; mais dans la conjugaison d verbes et au participe présent on écrit *il fatiguait*, *en intriguan*

3° Lorsqu'un mot primitif est terminé par *que* ou *quer*, on chan dans les dérivés *qu* en *c* devant *a*: *bibliothèque*, *bibliothécair* *expliquer*, *explication*; *vaquer*, *vacances*, etc.; excepté les dér vés *attaquable*, *critiquable*, *choquant*, *croquant*, *immanquabl* *marquant*, *remarquable*, *risquable*. Les verbes conservent au *qu* dans toute leur conjugaison: *il attaquait*, *nous manquâmes*, et

DES CONSONNES QUI SE DOUBLENT.

168. — Les consonnes *h*, *j*, *k*, *q*, *v*, *x*, *z*, ne se double point, sauf cette dernière dans *lazzi* et *mezzo-termin* mots empruntés de la langue italienne. — Les consonn susceptibles d'être doublées sont, *b*, *c*, *d*, *f*, *g*, *l*, *m*, *n*, *r*, *s*, *t*. On ne peut ramener à des règles sûres tous les c où cette réduplication a lieu; toutefois les indicatior suivantes éclairciront un grand nombre de difficultés.

B se double seulement dans *abbé*, *rabbin*, *sabbat* et les dérivés (1

(1) En général les règles qui s'appliquent à un mot embrassent aussi les dérivés, nous ne le répéterons pas à chaque fois.

C se double après les syllabes *oc* et *suc*, au commencement des mots : *occasion*, *succomber*, etc. Excepté *océan*, *ocre*, *oculiste*. On peut remarquer que cette lettre se double souvent après l'initiale *ac* : *accourir*, *accomplir* ; mais ici les exceptions sont si nombreuses qu'il vaut mieux ne pas établir de règle.

D se double dans *addition*, *adduction*, *reddition*.

F se double 1° après les initiales *af*, *ef*, *souf* : *affaire*, *effort*, *souffrir*, etc. Excepté *afin*, *Afrique*, *éfaufiler*, *soufre* (substance combustible) ; 2° après les initiales *dif*, *of*, *suf*, sans exception : *difficile*, *offrande*, *suffire*.

G se double seulement dans *agglomérer*, *agglutiner*, *aggraver*, *suggérer*.

L se double, 1° après *il*, au commencement des mots : *illégal*, *illimité*, etc., excepté *île*, *ilote* ; 2° dans le corps des mots, quand cette lettre est mouillée : *bouillir*, *famille*, etc.

M se double 1° après les initiales *com* et *som* : *commander*, *sommeil*, etc. Excepté *comédie*, *comestible*, *comète*, *comices*, *comité* ; 2° après l'initiale *im* : *immense*, *imminent*, etc., excepté *image*, *iman*, *imiter* ; 3° dans tous les adverbes dérivés des adjectifs en *ant* ou en *ent* : *méchamment*, *éloquemment*, etc.

N se double dans *connaître*, *conniver* et autres mots qui commencent ainsi ; excepté *cône*, *conique*.— Parmi les mots qui ont l'initiale *in*, nous ne trouvons que *inné*, *innocent*, *innombrable*, *innômé*, *innover*, où cette lettre soit doublée.

P se double dans les mots qui commencent par *ap* : *appartement*, *apprendre*, et un grand nombre d'autres ; excepté *apaiser*, *apanage*, *aparté*, *apathie*, *apercevoir*, *apetisser*, *apéritif*, *api*, *apitoyer*, *aplanir*, *aplatir*, *aplomb*, *âpre*, *après*, *apurement*, *apogée* et tous ceux où l'initiale est *apo*, sauf *appoint*, *apport*, *apposer* (1).

R se double dans les mots commençant par *ir* : *irrégulier*, *irritable*, etc., excepté *irascible*, *iris*, *ironie*.

S. Cette lettre se double lorsqu'elle a la prononciation forte entre deux voyelles : *assez*, *assimiler*, etc. — Il faut observer de ne point mettre dans certains cas un *c* à la place de deux *s* ; *acéré*, *acide* offrent dans leurs initiales le même son que *assez*, *assimiler* ; l'usage seul peut faire connaître ces diverses manières d'orthographier.

T se double au commencement des mots après *at* : *attentat*, *attiser*, etc., excepté *atelier*, *atermoiement*, *athée*, *athénée*, *athlète*, *atome*, *atout*, *atrabilaire*, *âtre*, *atroce*.

(1) Malgré ce grand nombre d'exceptions, nous avons cru devoir maintenir la règle, parce qu'elle est applicable à un nombre de mots beaucoup plus considérable. Il ne faut point se lasser de répéter qu'on n'écrit pas avec deux *p*, *apaiser*, *apercevoir*, *aplanir*, *aplatir*, etc., tandis qu'on en met deux dans *appartement*, *application*, *approcher*, etc.

DES CAS OU LES CONSONNES NE SE DOUBLENT PAS.

169. — Les consonnes ne se doublent pas :

1° Après un e muet : *jeter*, *renouveler*, *il nivelait.*

Remarque. Dans *tu jetteras*, *il renouvelle*, etc., la prononciation fait sentir suffisamment que le premier *e* est ouvert, quoiqu'il n soit pas marqué d'un accent grave. On double alors la consonne suivante pour soutenir la voix (*voyez le* n° 105). — L'Académie ne donn qu'un très-petit nombre d'exemples où l'on trouve une simple consonne, après un *e* ouvert non accentué : *j'épousseterai marqueterie mousqueterie, papeterie.*

2° Après une voyelle affectée d'un accent : *pâte*, *prophète trône*, etc.

3° Après une voyelle composée ou une diphthongue, comme dan *botte*, *glouton*, *tuile*, etc. Il faut excepter *f*, *x*, *s*, *t*, qui dans ces ca se doublent quelquefois : *souffler*, *courroux*, *laisser*, *quitter*, etc

4° Après un son nasal : *intention*, *quantité*, excepté *ennoblir ennui*.

DES FINALES.

170. — Les *observations*, soit *générales*, soit *particulières* sur les verbes (102 à 126), donnent la solution de la plupart des difficultés relatives aux finales dans les conjugaisons. Aussi les indications suivantes porteront principalement sur des noms et des adjectifs.

ANDRE, ENDRE. La première de ces finales s'applique à plusieur substantifs, *esclandre*, *méandre*, etc., et au verbe *répandre* ; — l seconde comprend les substantifs *cendre*, *gendre*, l'adjectif *tendre*, et une foule de verbes, tels que : *entendre*, *prendre*, etc.

AINDRE, EINDRE. La première de ces finales s'applique au verbes *contraindre*, *craindre*, *plaindre* ; — la seconde à tous le autres verbes dont la désinence présente ce son douteux : *enfreindre peindre*, etc.

ANCHE, ENCHE. La première de ces finales s'applique en généra aux noms et aux adjectifs qui ont ce son douteux : *branche*, *planche*, *blanche*, etc. — La seconde comprend seulement le substantif *pervenche* et *penche* (du verbe *pencher*).

ANGE, ENGE. La première de ces finales comprend, soit des substantifs tels que *archange*, *frange*, etc., soit quelques formes de verbes comme *mange*, *range*, etc. ; — la seconde ne comprend que *venge*, du verbe *venger*.

AISSE, ÈCE, ESSE. La première de ces finales se trouve 1° dans es substantifs *baisse*, *caisse*, *graisse*, *laisse* ; 2° dans l'adjecti *épaisse* ; 3° dans quelques verbes de la première conjugaison, *abaisse*, *délaisse*, etc. — La finale ÈCE se trouve dans *espèce*, *nièce*, *pièce*.

— Enfin la finale ESSE comprend tous les autres substantifs qui ont ce son douteux : *souplesse*, *tristesse*, etc.

EUR, EURE, EURRE. Les noms et les adjectifs terminés en EUR sont fort nombreux : *ardeur*, *bonheur*, etc. — Après cette finale, on ne met un *e* muet que dans *heure*, *demeure*, *leurre*, *beurre*, et dans des adjectifs féminins tels que *antérieure*, *meilleure*, etc.

ICE, ISSE. La finale ICE s'applique à un grand nombre de substantifs et d'adjectifs *artifice*, *caprice*, *propice*. — La finale ISSE comprend 1° les substantifs *coulisse*, *écrevisse*, *esquisse*, *jaunisse*, *mélisse*, *pelisse*, *pythonisse*, *réglisse*, *saucisse*, 2° l'adjectif *lisse*; 3° quelques temps des verbes, comme *je plisse*, *que je finisse*, etc.

IAIRE, IÈRE. Dans les substantifs, la finale IAIRE est applicable seulement au genre masculin : *bréviaire*, *vestiaire*; etc. — la finale IÈRE, au genre féminin : *bière*, *chaudière*, etc., excepté *cimetière*, *derrière*.

MAN, MANT, MENT. On écrit par MAN : *caïman*, *dolman*, *drogman*, *firman*, *maman*, *iman*, *roman*, *talisman*, et quelques noms dérivés des langues étrangères. — La finale MANT s'applique 1° aux substantifs *aimant*, *amant*, *calmant*, *diamant*, *flamant* (oiseau), *nécromant* (devin); 2° aux adjectifs *alarmant*, *charmant*, *écumant*, *infâmant*; 3° aux participes présents des verbes tels que *assommer*, *consumer*; *assommant*, *consumant*, etc. — Enfin on écrit par MENT les autres mots où se trouve cette désinence douteuse : *firmament*, *fragment*, *abondamment*, *ardemment*, etc.

ORCE, ORSE. Cette dernière finale ne s'applique qu'aux substantifs *torse* et *entorse*. — La première comprend tous les autres mots tels que *amorce*, *divorce*, etc.

OUCE, OUSSE. La première de ces finales termine *pouce* et *douce*. — La seconde comprend tous les autres mots qui ont cette désinence douteuse : *mousse*, *secousse*, *il pousse*, etc.

TÉ, TÉE. On met un *e* muet à la fin des substantifs formés du participe passé féminin de quelques verbes, comme *dicter*, *monter* : *une dictée*, *une montée*, etc.; l'*e* muet marque aussi les noms féminins qui expriment une idée de contenance, comme *une charretée*, *une pelletée*. — Hors de là on écrit sans cette voyelle les autres substantifs tels que *la bonté*, *la charité*, etc.

XION, CTION. La première de ces finales comprend les substantifs *annexion*, *complexion*, *connexion*, *flexion*, *fluxion*. — La seconde s'applique aux autres noms, tels que *action*, *traction*, etc.; *succion* est le seul qui prenne deux *c*.

ENSION, ENTION. On écrit par *en* et non par *an*, les mots dans lesquels ce son nasal se trouve avant l'une des finales SION, TION : *attention*, *extension*. Il n'y a d'excepté que le mot *expansion*. — Quant aux finales SION, SSION, TION, leur orthographe présente une telle complication qu'on doit renoncer à les soumettre à des règles.

OBSERVATIONS SUR QUELQUES LETTRES.

171. — C. Le son articulé EX doit être suivi de c devant *a* ou *i*, lorsque la prononciation du *x* est forte comme dans *excès*, *exciter*, etc. Mais on écrit *exercer*, *exiler*, etc., parce que la prononciation de cette consonne est douce dans ces derniers mots (*gz*).

On met également un *c* au lieu de doubler le *q* dans *acquérir*, *acquitter*, etc., mots dérivés qui sembleraient exiger cette réduplication.

E. Le pluriel en *aux* des substantifs terminés en *al* au singulier, ne doit pas prendre un *e* devant cette finale : *un cheval*, *des chevaux*, etc. Mais si le singulier est en *eau*, la voyelle *e* doit figurer aussi au pluriel : *un bateau*, *des bateaux*. — Le principe de la *dérivation* (167) fait connaître, pour un très-grand nombre de cas, si la voyelle composée *au* doit être précédée d'un *e* au singulier dans ces sons douteux. Ainsi l'on écrit *bateau, château, manteau, tombeau*, à cause des noms analogues *batelier*, *châtelain*, *mantelet*, *tombe*, etc.

G. J. Cette articulation douteuse prend la forme *j* au commencement des mots, devant les voyelles *a, o, u* : *jaloux*, *joli*, *jumeau*. — Elle s'écrit par *g* devant *e* ou *i* : *général*, *gîte*, etc., excepté dans *je, jet, jeter, Jésus*, ainsi que dans un grand nombre de noms propres, et dans ceux qui commencent par *jeu* : *jeudi*, *jeune*, etc.

H. Il ne faut pas oublier la lettre *h* après le *r* initial, dans *rhabiller*, *rhétorique*, *rhingrave*, *rhinocéros*, *rhododendron*, *rhombe*, *rhubarbe*, *rhum*, *rhume*, ainsi que dans les dérivés.

N. Dans les mots dérivés ou composés, le *n* final d'une consonne se change en *m* devant *b* ou *p* : *emballer*, *emporter*, etc., excepté *embonpoint, bonbon*.

Œ. Cette voyelle composée se trouve dans *bœuf*, *chœur*, *cœur*, *mœurs*, *nœud*, *œuf*, *œuvre*, *manœuvre*, *œil*, *œillet*, *sœur*, *vœu*.

Sc. Cette articulation se trouve avec le son d'un double *s*, dans *acquiescer*, *adolescence*, *ascendant*, *ascension*, *ascète*, *descendre*, *discerner*, *disciple*, *effervescence*, *faisceau*, *irascible*, *osciller*, *scélérat*, *scène*, *sceptre*, *science*, *scier*, *scintiller*, *susceptible*, *viscère*.

T. Dans les dérivés de *différence*, *essence*, *substance*, on change *c* en *t* : *différentiel*, *essentiel*, *substantiel*. — *Circonstancier* garde le *c* de *circonstance*.

ORTHOGRAPHE DES MOTS DOUTEUX.

172. — L'Académie a fixé comme suit l'orthographe de plusieurs mots sur lesquels l'usage a varié, ou qui pré-

sentent quelque cause d'erreur par leur analogie avec d'autres mots écrits différemment :

Abîme et non *abyme*, aïeul et non *ayeul*, alanguir, allaiter, alcool et non *alcohol*, alguazil et non *alguasil*, anthropophage, asile, atterrissement.

Baïonnette, banal, banderole, bannière, bazar, belvédère, bifteck, biscaïen, bivac, blanchiment, blé, blockhaus, boîte, boulevard, bourgmestre, boursouflé, budget.

Cadi, calembour, calife, cantonal, catarrhe, cétacé, châle, cheik, chiffre, cigare, cintre, circompolaire, citronier, clef, clephte, clientèle, coiffe, colback, coquillier, coran et non *koran* ni *alcoran*, cortès, courrier, cristal, crustacé, czar et non *tzar*.

Dénûment, dûment.

Echafaud, élytre, empirique, enorgueillir, éperdument, érésipèle, ermite et non *hermite*, estafette, étendard, exigeant, exigence.

Faïence, une faux et non *faulx*, filtre (à passer les liqueurs), flegme, fourrier, frénésie.

Gabare, gaiement, gaieté, garrotter, goëland, goëlette, golfe, gouffre, grappin, gréement, grènetier, groupe.

Hangar, harasser, hasard et non *hazard*, hégire, héraut d'armes et non *hérault*, hiéroglyphe, horizon, hussard, hypocrite.

Ilote et non *hilote*, innomé, ipécacuana.

Joaillier, junte, juridiction, jury.

Kan, kiosque, kirsch-wasser.

Lazaret, lèse-majesté, lis, loch (t. de marine), looch (médic.), losange.

Mamelle, mare, marronnier, méphitique, métempsycose, milord, misanthrope, mufti, myrrhe.

Naguère, nankin, naphte, nasal, nautonnier, néphrétique.

Occasionner, oignon, ophthalmie.

Païen, palefrenier, parafe, paye, payement, percale, philanthrope, philtre (sortilége), pilule, ponceau (petit pont) et non *ponlceau*, pontonnier, psychologie, punch.

Quincaillier, quinine, quinquina.

Rafale, rais (d'une roue), ralentir, récif, relais, remercîment, rempart, rhythme, rixdale (monnaie dans quelques Etats du Nord), roidir, rosbif, rumb de vent.

Sanscrit, savane, schabraque, schah, schelling, scolaire, scolie, scrofuleux, sérasquier (général turc), solennel, spontané, stigmate, sujet, sulfureux, suranné.

Tabletterie, taffetas, tanière, testacé, timonier, toast, tonnage, transsubstantiation, trappe, turc, tutelle.

Valse, vermicelle, verste (mesure itinéraire en Russie), vizir.

Whig, whist.

173. — Enfin nous ajouterons que l'Académie écrit par *ais* les mots tels que *français, anglais, connaître, il paraît*, etc., ainsi que les imparfaits et les conditionnels de tous les verbes : *j'étais, tu avais, ils finiraient*, au lieu d'employer la forme *ois*, qu'elle avait conservée dans ses éditions précédentes : *françois, connoître, ils finiroient*, etc.

II. — DES SIGNES GRAMMATICAUX OU ORTHOGRAPHIQUES.

DES MAJUSCULES.

174. — On emploie une *majuscule* ou grande lettre pour commencer :

1° Le premier mot de chaque phrase, de chaque vers : *L*a colère est une courte démence. *L*a solitude effraie l'homme coupable.

> *S*oumis avec respect à sa volonté sainte,
> *J*e crains Dieu, cher Abner, et n'ai point d'autre crainte. (Racine.)

Cette règle s'applique à tout discours direct, même de peu d'étendue, dans le corps d'une phrase : *César écrivit au sénat romain : Je suis venu, j'ai vu, j'ai vaincu.*

Mais on commence par de petites lettres, les phrases dans lesquelles on poursuit une série d'interrogations ou d'interjections sur le même sujet :

> Où suis-je? *q*u'ai-je fait? *q*ue dois-je faire encore?
> Quel transport me saisit! *q*uel chagrin me dévore! (Racine.)

2° Les divers noms par lesquels on désigne la Divinité : *Dieu, l'Etre suprême, la Providence, le Seigneur, le Créateur.*

Mais les mots *providence, créateur*, ne prennent qu'une petite lettre, s'ils sont employés seulement pour désigner des attributs de Dieu : *La providence de Dieu a réglé toutes choses avec une admirable sagesse.*

On emploie aussi une petite lettre, lorsque le mot *Dieu* s'applique aux fausses divinités : *On comptait à Rome trente mille dieux.*

3° Les noms des divinités mythologiques, les noms propres d'hommes, de femmes, d'animaux; ceux de contrées, de villes, de fleuves, etc. ; ceux de fêtes, de monuments, de rues, de vaisseaux, de constellations, etc. :

*J*upiter, *C*ésar, *C*ornélie, *B*ucéphale, l'*E*urope, les *F*rançais, un *A*nglais, une *G*recque, *P*aris, la *S*eine, la *N*oël, le *L*ouvre, la rue de la *P*aix, le *V*engeur (vaisseau), l'*A*igle (constellation), etc.

Remarque. Les noms de peuples ne prennent point de majuscule, quand ils sont employés comme adjectifs : *Les empereurs romains ; les villes grecques.* Il en est de même de quelques termes tels que *empire, mer, montagne, pas* (détroit), des mots *haut* ou *bas*, etc., appliqués à un fleuve, à une contrée : *Le pas de Calais, le bas Rhin* (cours inférieur du Rhin), *le haut Languedoc* (partie élevée du Languedoc), *la mer Baltique,* etc. Mais on écrit avec des majuscules : *le Bas-Empire, les États-Unis, la mer Rouge, les montagnes Bleues, le département du Pas-de-Calais, celui du Bas-Rhin, le Palais-Royal,* etc., parce que, dans tous ces cas, on retire aux substantifs communs *empire, pas, palais,* ou aux adjectifs *unis, rouge, bas,* etc., leur acception ordinaire, pour en former des noms propres d'empire, de mer, de département, de monument (1).

Pareillement les mots *nord, midi,* etc., ne prennent de majuscule que lorsqu'ils reçoivent une affectation spéciale pour désigner des contrées, des peuples : *L'Orient fut civilisé avant l'Occident; les peuples du Nord envahirent l'Europe au quatrième siècle; la mer du Sud;* mais on écrira avec une petite initiale : *Les rivières qui coulent au sud; les arbres du nord,* etc., parce que les mots *nord, sud,* n'ont ici qu'une signification qualificative.

4° Les noms placés en apostrophe, ceux des vertus, des vices et des êtres moraux, lorsqu'ils sont personnifiés, c'est-à-dire représentés par l'imagination comme des êtres animés :

> Répondez, CIEUX et MER, et vous, TERRE, parlez. (L. RACINE).
> L'ALLÉGORIE habite un palais diaphane (LEMIERRE).

5° Les noms des grands corps politiques, savants, etc. : *l'État, le Sénat, l'Académie, l'Institut de France, l'Eglise* (corps des fidèles), *la Légion d'honneur*; mais *église* (temple) ne prend qu'une petite initiale.

6° Les noms qui forment le titre d'un ouvrage : le *Traité du Sublime,* le *Siècle de Louis XIV,* l'*Esprit des Lois.*

Remarque. L'Académie ne met point de majuscule aux noms des sciences, des arts : la *grammaire,* la *musique,* la *rhétorique* (2). Elle écrit aussi avec une petite initiale, les noms d'ordres religieux et de sectes : les *augustins,* les *bénédictins,* les *sociniens,* etc. Elle suit une règle différente pour les *Gibelins,* les *Guelfes,* les *Impériaux.*

Elle écrit avec une petite initiale le mot *saint* appliqué aux personnages honorés comme tels par l'Église : *saint Pierre, saint Jean ;* mais elle met une majuscule avec un trait d'union dans la désignation des églises, des localités, des décorations, etc., portant ces mêmes noms : *Saint-Pierre de Rome, Saint-Germain en Laye, la croix de Saint-André,* etc.

Enfin, elle écrit *le soleil, la terre, l'océan, l'océan Atlantique,*

(1) Ainsi, l'on écrira différemment : *le pont neuf* (renouvellement construit) *de Vienne est moins beau que le vieux*; et *l'on vient de réparer le Pont-Neuf à Paris.*

(2) Mais dans un ouvrage spécial, quand on annonce ou qu'on définit la science dont on s'occupe, on peut mettre une majuscule : *La Géographie est la description du globe terrestre.*

l'océan Glacial, *Alexandre le Grand*, *Tarquin le Superbe*, *du Guesclin*, *du Perron*, *la Bruyère*, *la Fontaine*, *un Cent-Suisse*, *la Haye*, *le Havre*, etc., et l'on peut, pour les cas analogues, se conformer à ces exemples.

DES ACCENTS.

175. — 1° L'*accent aigu* se place sur l'*é fermé*, lorsqu'il termine une syllabe ou qu'il est suivi d'un *s* dans les pluriels : *la bonté*, *l'assemblée*, *les procédés*.

Mais on écrira sans accent, *aimer*, *venez*, *rocher*, *bergers*, parce que dans ces mots l'*é fermé* de la finale est suivi soit d'un *r* ou d'un *z*, soit de deux consonnes. — *Pied* se trouve dans le même cas.

2° L'*accent grave* se met sur tous les *è ouverts* qui terminent une syllabe, ou qui précèdent un *s* à la fin d'un mot : *discrète*, *amère*, *accès*, *après*.

On le place encore sur *à*, préposition, et non sur *a* troisième personne du présent de l'indicatif du verbe *avoir*; pareillement sur *dès*, préposition, et non sur *des*, article composé ; sur *là*, adverbe, et non sur *la*, article ou pronom; sur *où*, adverbe, et non sur *ou*, conjonction.

On le met sur *deçà*, *delà*, *déjà*, *holà*, *voilà*; sur *çà*, adverbe, mais non sur *ça*, interjection et abréviation familière de *cela* : *Il court* çà *et* là ;—ça, *travaillons*. *Il n'y a pas de mal à* ça.

3° L'*accent circonflexe* se place principalement sur une voyelle restée longue, après la suppression d'une lettre employée dans l'ancienne orthographe d'un mot. Ainsi l'on écrit : *lâche*, *même*, *épître*, *rôle*, *piqûre*, parce qu'on écrivait autrefois *lasche*, *mesme*, *épistre*, *roole*, *piquure*.

On met encore l'accent circonflexe dans certains mots pour empêcher qu'on ne les confonde avec d'autres. On le met sur l'*û* des adjectifs *mûr* et *sûr* homonymes de *un mur* et de la préposition *sur*.

Nous avons signalé dans l'orthographe des verbes (page 42), plusieurs cas où cet accent doit être employé. Nous ajouterons enfin qu'il se met 1° sur l'*î* des verbes en *aître* ou en *oître* dans tous les temps où cette voyelle est suivie d'un *t* : *il paraîtra* ; *nous accroîtrions* ; 2° sur *dû*, *redû*, *crû*, *mû*, participes passés des verbes *devoir*, *redevoir*, *croître*, *mouvoir*, mais seulement au masculin singulier. *Accru* et *recru* ne prennent pas cet accent.

Remarque. L'Académie a fixé comme suit l'emploi des accents dans une foule de cas sur lesquels l'usage était incertain.

Elle écrit avec un accent aigu, *avénement*, *événement* ; tous les mots en ÉGE qu'on doit prononcer cependant comme si le premier *e* était ouvert : *allége*, *barége* (étoffe), *Baréges, collége, le Corrége, cortége, liége, Liége, manége, Norwége*, etc., ainsi que les verbes *j'abrége, j'allége, j'assiége, il protége*, etc. Elle suit une orthographe diverse pour les deux mots *vénéneux, venimeux*.

Elle écrit avec un accent grave une foule de mots en ÈME où l'on plaçait autrefois un accent circonflexe : *emblème*, *problème*, *système*, etc.; mais elle conserve ce dernier signe à *blême, carême, extrême, suprême*.

L'Académie écrit avec un accent circonflexe *assidûment*, *dénoûment, dénûment, dûment*, *nûment*, *remercîment*, et sans accent les mots analogues *éperdument, ingénument, blanchiment*. Elle conserve l'*e muet* à *dévouement*, qu'on peut écrire en poésie *dévoûment*.

Enfin elle met un accent circonflexe dans *âme*, que quelques-uns écrivent *ame*; mais elle ne met point cet accent dans *tu* participe passé de *taire* qu'on écrivait autrefois *tû*; ni dans *atome, idiome, noce, zone*, où l'ancienne orthographe l'employait sur la pénultième voyelle.

DE L'APOSTROPHE.

176. — L'*apostrophe* est une petite figure en forme de virgule ('), que l'on met au haut d'une lettre, à droite, pour marquer l'élision ou la suppression d'une voyelle, quand le mot suivant commence par une voyelle ou un *h* muet.

Les lettres susceptibles d'être élidées sont *a*, *e muet* et *i*.

I. La voyelle *a* s'élide dans *la*, article ou pronom, aux cas exprimés ci-dessus : *l'envie*, *l'habitude*, *je l'abhorre*. Elle ne s'élide point dans *là*, adverbe. — (*Voyez, pour l'article, l'exception du n° 59*).

II. L'*e muet* se supprime 1° dans les monosyllabes *je*, *me*, *te*, *se*, *de*, *que*, *ce*, *le* : *j'hésite*; *c'était l'homme*; *il n'y a rien*; etc.

Il faut, pour que cette élision se fasse, qu'il y ait une liaison suffisante entre les deux mots où elle tombe. On écrirait donc : *la seconde syllabe de arrête est longue*, parce que le sens sépare nettement *de* d'avec *arrête*.

2° Dans *lorsque*, *puisque*, *quoique*, suivis de *il*, *ils*, *elle*, *elles*, *un*, *une*, *on* : PUISQU'IL *le veut*; QUOIQU'ON *puisse dire*. Il en est de même des conjonctions composées : *parce que*, *vu que*, etc. : PARCE QU'ON *m'a dit*; VU QU'IL *m'a trompé*. — Mais on écrira : LORSQUE ARRIVERA *l'hiver*; PARCE QUE ANNIBAL *usait d'adresse*; etc.

3° Dans *entre*, partie composante d'un autre mot, et dans

presque joint à *île*; *entr'acte*, *entr'ouvrir*, *presqu'île*. Mais on écrira : *choisissez* ENTRE ELLE *et moi*; *un ouvrage* PRESQUE ACHEVÉ.

Dans *quelque*, seulement devant *un*, *une* : *quelqu'un*, *quelqu'une*. Mais on écrira : QUELQUE AUTRE, QUELQUE AIMABLE *qu'il soit*.

4° L'*e muet* de *grande* disparaît dans quelques substantifs féminins composés : *grand'croix* (d'un ordre), *grand'chambre* (d'une cour de justice), *grand'mère*, *grand'garde*, *grand'messe* (on dit également *grande messe*), *grand'tante*.

On dit aussi *faire grand'chère* ; *c'est grand'pitié*; *ce n'est pas grand'chose* ; *avoir grand'peur* ; *à grand'peine*. Mais hors de ces acceptions indéterminées, on doit écrire : *la plus* GRANDE PEINE *que j'aie eue*; *j'éprouve une* GRANDE PITIÉ *à le voir si malheureux* ; *on fait une* GRANDE CHOSE *en se consacrant au service des pauvres*.

5° L'*e muet* de la préposition *contre* ne s'élide jamais, lors même qu'elle entre dans la composition d'un autre mot. Dans ce dernier cas on met un trait d'union : *contre-enquête*, *contre-ordre*.

III. La voyelle *i* ne s'élide que dans la conjonction *si*, et seulement devant *il* ou *ils* : *il viendra* S'IL *peut*, *ils auront tort* S'ILS *se fâchent*.

DU TRAIT D'UNION.

177. — Le *trait d'union* est un petit trait horizontal (-) dont on se sert pour marquer la liaison étroite qui existe entre certains mots.

Dans la conjugaison des verbes, on a pu voir (n° 140) les cas les plus fréquents où ce signe s'emploie ; il reste à indiquer ceux qui le sont moins.

On place le trait d'union 1° avant ou après les monosyllabes *ci*, *là*, *ce*, accompagnant un substantif, un pronom, une préposition ou un adverbe auquel ils sont étroitement liés par le sens :

Cet homme-ci, cette femme-là, ceux-ci, celle-là, ci-dessus, ci-contre, là-haut, là-bas, était-ce un piége.

Mais on écrirait sans trait d'union : *c'est là une belle action*; *vous avez fait là une belle affaire*, parce que dans ces phrases *là* n'est pas nécessaire ; ce mot n'y est employé que par rédondance et pour donner plus de force au discours.

2° Pour lier les pronoms personnels à l'adjectif *même* : *moi-même*, *nous-mêmes*, etc. ; l'adverbe *très* au mot qui suit : *très-beau, très-estimé, très-peu, très-sagement*; les mots *dessous* et *dessus* à l'article composé *au* et à la préposition *par* : *au-dessous, par-dessus*. Mais avec *en*, l'Académie écrit sans trait d'union, *en dessous, en dessus*; et elle ne met jamais ce signe avant les mots *dedans, dehors, delà* : *au dedans, en dehors, par delà*.

3° Dans la formation des adjectifs de nombre, on joint par un trait d'union les unités de *deux* à *neuf* au nombre qui précède : *dix-sept, vingt-deux, soixante-neuf*. Mais pour *un* on emploie la conjonction *et* : *vingt et un, soixante et un*.

L'Académie écrit *soixante et dix*, *soixante et onze*, *soixante et seize*, etc.; à partir de *quatre-vingts*, on réunit par un trait d'union, *dix* et *vingt* aux mots qui précèdent : *quatre-vingt-un*, *quatre-vingt-dix*, *quatre-vingt-dix-sept*.

Cent et *mille* restent toujours séparés, soit des mots qui précèdent, soit de ceux qui suivent : *cent, deux cents, trois cent quatre*; *mille deux cent trois arbres*, *mille huit cent soixante-dix-neuf hommes*. (*Voyez pour* VINGT, CENT *et* MILLE, *page* 115.)

4° On met le trait d'union entre les verbes et les pronoms *je, me, moi, nous*; *tu, te, toi, vous*; *il, ils, elle, elles*; *le, la, les*; *lui, leur*; *en, y, ce, on*, quand ces pronoms sont sujets ou régimes des verbes qui précèdent : *Irai-je? viens-tu? donnez-lui*; *achèvera-t-il? viendra-t-elle? a-t-on fait? prenez-en* (LHOMOND).

5° Le *t euphonique* (1) doit toujours être précédé et suivi de ce signe : *a-t-il raison? aura-t-elle bientôt fini?*

Il ne faut pas confondre ce *t euphonique* avec le pronom personnel *te*, dont l'*e* s'élide et est remplacé par l'apostrophe devant *en*, à la seconde personne du singulier de l'impératif des verbes réfléchis : *empare-t'en, occupe-t'en, va-t'en*.

6° On place le trait d'union entre les parties constitutives d'un grand nombre de mots composés : *contre-poids, porte-montre, s'entre-choquer*, etc.

Remarque. L'emploi de ce signe présente, dans ce cas, une grande diversité. Ainsi l'Académie réunit les mots partiels en un terme unique

(1) Nous avons trois consonnes *euphoniques* (c'est-à-dire employées pour adoucir la prononciation), savoir : *l, s, t*.

L est euphonique dans *si l'on, et l'on*. Dans ces cas, cette lettre empêche l'hiatus *si on, et on* (*voyez la syntaxe du pronom*). — *S* est euphonique à la seconde personne du singulier de l'impératif des verbes de la première conjugaison, devant les pronoms *en* et *y* : *parles-en au maître ; appliques-y ton attention* (*Voir le* n° 128). — *T* se place comme nous l'avons expliqué ci-dessus et au n° 140.

dans *contrevent, portecrayon, s'entremettre* etc., qui sont cependant analogues aux précédents. D'un autre côté, elle écrit avec une séparation absolue, c'est-à-dire sans trait d'union : *ayant cause, dès lors, peu à peu, prime abord*, etc., expressions qui sont aussi composées. Enfin, elle écrit diversement *état-major* et *états généraux ; eau-forte, eau seconde ; esprit-de-vin, esprit de vitriol ; franc-maçon, franc archer ; garde-pêche, garde champêtre ; gomme-gutte, gomme adragant ; main-forte, main basse, mainlevée ; pont-levis, pont tournant*, etc. Ces différences sont fondées tantôt sur l'usage plus ou moins fréquent des expressions, tantôt sur l'union plus ou moins étroite des idées partielles qui forment le sens total. Ainsi *lieutenant-colonel*, qui prend le trait d'union, indique un *lieutenant* du *colonel*, expression où aucun mot essentiel n'est sous-entendu ; tandis que *lieutenant général* désigne un *général lieutenant de l'empereur*, et cette ellipse (suppression) amène ici une orthographe différente.

7° Enfin, dans les noms propres composés, l'Académie ne met point le trait d'union avant ou après l'article, avant ou après les prépositions *de* et *en : Saint-Germain l'Auxerrois, Saint-Germain des Prés, Notre-Dame de Liesse, Clermont en Auvergne, Pline le Jeune, Louis le Gros*, etc.

DU TRÉMA.

178. — Le *tréma* est un double point que l'on met sur les trois voyelles *ë, ï, ü*, lorsqu'on doit les détacher dans la prononciation de celles qui les précèdent ou qui les suivent, pour empêcher qu'elles ne forment avec elles des voyelles composées, ainsi qu'on le voit dans les mots *ciguë, païen, Esaü*.

L'emploi du tréma serait fautif dans les mots *statue, charrue, étendue*, etc., parce que leur prononciation est la même sans le tréma.

On remarquera que l'*ï* surmonté d'un tréma ne saurait remplacer l'*y*, et que ce serait une faute d'écrire *citoïen, moïen*, parce qu'alors ces mots devraient se prononcer *cito-ien, mo-ien*, ce qui est contraire à l'usage.

Lorsque deux voyelles se suivent, et que l'une d'elles peut être accentuée, le tréma est vicieux et l'accent est de règle ; on doit donc écrire *athéisme, réunion*, et non *athëisme, rëunion*.

L'Académie écrit avec un tréma *poëte, poëme*, mais non *poésie, poétique, poétiser, poétereau*.

DE LA CÉDILLE.

La *cédille* est une petite marque qu'on place sous le *ç*

devant les voyelles *a*, *o*, *u*, pour indiquer que le *c* ne doit pas prendre la prononciation forte qu'il a ordinairement devant chacune de ces trois lettres, mais qu'il doit avoir la prononciation douce du *s*; on écrira donc avec la cédille : *leçon*, *reçu*, *j'aperçois*, etc.

DE LA PARENTHÈSE.

179. — La *parenthèse* s'emploie pour clore une espèce de note, qui jette un trait de lumière dans la phrase où elle est interposée, et quelquefois pour y ajouter une idée qui ne s'enchaîne pas avec les autres, mais qui sert néanmoins à les éclaircir :

Je croyais moi (*jugez de ma simplicité !*)
Que l'on devait rougir de la duplicité. (Destouches.)

DU GUILLEMET.

180. — Le *guillemet* est un petit signe ressemblant à une double virgule («) qui se met au commencement et à la fin d'une citation et souvent même devant chacune des lignes qui la composent.

Le roi Jean disait : « Si la justice et la bonne foi étaient bannies de » la terre, elles devraient se retrouver dans la bouche et dans le cœur » des rois. »

CHAPITRE XII.

VUE GÉNÉRALE DES PARTIES DU DISCOURS.

(Suivant l'appréciation du professeur chargé du cours, les élèves pourront passer ce chapitre, ou le lire sans l'apprendre textuellement.)

L'homme n'a point inventé le langage. Il fut placé sur cette terre, doué de toutes les facultés nécessaires à son existence, dans les seules conditions où il pût vivre et se développer ; c'est-à-dire dans l'état de famille et de société, en pleine communication de sentiments, possédant la puissance de se manifester par la parole, et l'intelligence qui attache une idée à un signe (1).

(1) Les penseurs les plus éminents de ce siècle ont démontré que si l'homme ne parlait point il n'aurait pas d'*idées* proprement dites, mais seulement des *images* des choses. Il ne pourrait saisir ce qui est abstrait ; les rapports lui échapperaient,

Ne cherchons donc point, à la suite de quelques grammairiens, si telle ou telle espèce de mots en a précédé une autre dans l'usage : recherche sans résultat possible. Ce qui doit nous occuper ici, c'est d'examiner comment la langue suffit à exprimer toutes nos pensées, sur quelle base on a établi la classification des mots, enfin quelle marche on a suivie pour leur donner des noms.

DU SUBSTANTIF. — Il nous paraît inexact de dire que le *substantif* a été ainsi appelé parce qu'il *désigne les substances*. Il y a des milliers de substantifs qui désignent des choses abstraites. *Vertu, bonheur, le beau, le bien, le vrai, grandeur, noblesse, esprit, sentiment, rapport, blancheur, rondeur, saveur,* etc. : voilà de nombreuses classes d'idées diverses qui n'expriment point des substances ; et les anciens grammairiens avaient trop de sens pour appliquer à une telle quantité de mots la désignation de *substantifs*, s'ils n'eussent été guidés par une raison puissante.

On remarqua, en effet, que tous les noms exprimant soit des choses sensibles ou des choses abstraites, pouvaient être modifiés par des qualificatifs. Comme on dit, *homme courageux, arbre touffu*, etc., on peut dire aussi, *vertu touchante, noblesse illustre, blancheur éclatante, rondeur parfaite*, etc. Un *nom*, quel qu'il soit, est alors le *support*, le *soutien* (*substratum*) de l'*adjectif*, comme dans tous les êtres de la nature, la *substance* est le support, le soutien des *qualités*.

Les grammairiens modernes, en donnant l'explication défectueuse que nous avons indiquée ci-dessus, avaient perdu de vue cette origine. On dira donc avec plus de vérité : *Le substantif est ainsi appelé, parce qu'il est pour l'adjectif ce que dans la nature la* SUBSTANCE *est à l'égard des* QUALITÉS. — L'un est le fond, l'autre la forme.

Cette espèce de mots a reçu aussi la désignation de *nom*, dont l'origine visible est *nommer*, parce qu'il sert à indiquer clairement tous les êtres.

DE L'ADJECTIF. — Comme le substantif s'applique aux êtres réels ou aux choses abstraites, l'*adjectif* (*ajouté à*) en indique les *qualités*. Il en résulte une sorte d'identité entre ces deux espèces de mots, qui a été pour beaucoup dans notre plan de faire suivre ces matières sans les séparer par l'*article*.

Les *adjectifs déterminatifs* n'expriment point cependant des qualités, mais seulement des indications diverses qui précisent les objets. La plupart d'entre eux étaient pour cela rangés autrefois parmi les pronoms. Mais les modernes considérant qu'ils sont, comme les autres, liés

tout ce qui est au-dessus des sens serait nul pour lui. C'est la parole qui fixe dans notre intelligence les idées abstraites, et qui nous permet d'éveiller chez les autres les pensées que nous avons conçues.

Or, la perception des rapports eût été préalablement nécessaire pour inventer le langage et pour appliquer une idée à un signe matériel; en sorte que pour créer une langue, il aurait fallu déjà parler. Ceux qui soutiennent cette possibilité de l'invention des langues, tourneront invariablement dans ce cercle vicieux.

étroitement aux substantifs, leur ont plus naturellement assigné la place qu'ils occupent aujourd'hui.

DE L'ARTICLE. — Si l'on réfléchit à la nature du substantif, si l'on considère le mot *homme*, par exemple, on reconnaîtra que cette idée embrasse deux ordres de faits : 1° Il peut être question de l'*homme* sous le rapport des individus auxquels ce terme s'applique ; 2° on peut aussi l'envisager sous le rapport des *qualités* qui le constituent, comme d'être moral, intelligent, sociable, d'avoir tels besoins, tels usages, etc. *Homme*, rappelle donc ou *des individus*, ou *une nature spéciale*.

Dans les langues qui ont l'*article*, et c'est le plus grand nombre, ce mot se place devant le substantif afin d'annoncer qu'il va être pris dans le premier sens, c'est-à-dire pour désigner des *êtres individuels*, et non pour exprimer quelque chose des *qualités propres à ces êtres*. On le supprime dans ce dernier cas. Si je dis *respectez* LE PRINCE, je parle clairement d'un individu ; l'article l'annonce. Mais dans cette phrase : *ne prenez point des airs* DE PRINCE, on entend parler de quelques-unes des qualités ou des habitudes princières, et l'article est supprimé. Nous avons déjà dit (61) que le substantif précédé de l'article est dit *déterminé*, et qu'il est *indéterminé* lorsqu'il n'en est pas précédé.

On a étendu aussi l'emploi de l'article aux noms abstraits, parce que, dans beaucoup de cas, ils désignent l'objet d'une manière précise, particulière, déterminée. *Ayez* LA BONTÉ *de me pardonner ;* on signale ici un cas précis où *la bonté* doit s'exercer ; mais si l'on dit *un cœur égoïste est sans* BONTÉ, on entend parler des qualités comprises dans l'idée de *bonté* (1).

Dans les langues qui n'ont pas l'article, comme le latin, on y supplée assez par d'autres avantages, par l'inversion, par les six *cas*, etc.

L'*article* donne de la précision au discours, comme les *articulations*, dans le corps, donnent de la force et du jeu aux organes ; aussi le premier de ces termes est formé de l'autre.

DU PRONOM. — L'étymologie de ce mot indique assez que le *pronom* occupe la place d'un *nom* ou qu'il en réveille l'idée. Nous n'avons pas besoin d'insister sur ce que nous en avons déjà dit (62).

DU VERBE. — Le *verbe* ou *mot par excellence* (*verbum*, mot), exprime le lien du sujet et de l'attribut, du substantif et de l'adjectif. Il entre dans toutes les phrases pour coordonner nos pensées ; il est l'âme du discours. Construit comme il l'est dans toutes les langues, avec ses *modes*, ses *temps*, ses *personnes*, ses *nombres*, il manifeste toutes les nuances de l'intelligence. Il est le ressort, le mobile de la

(1) Sans anticiper sur la syntaxe, nous devons ajouter que, dans la langue française, l'article peut être remplacé par un adjectif déterminatif, par un adverbe de quantité, souvent même par le tour de la phrase, qui indique clairement que le substantif est pris dans le sens *individuel*, et non dans le sens *qualificatif*.

parole; il exprime les vues et l'action de l'esprit; il donne à la pensée son ensemble et sa forme; il en détermine le sens; il en assigne les rapports avec une précision et une finesse admirables. « Rappelez-vous les tours qu'il donne à l'expression, les inflexions dont il est susceptible, pour imiter les mouvements de l'âme, les relations qu'il embrasse, les incidents, les circonstances, les accessoires qu'il rassemble autour de lui et à sa suite; et, s'il est permis de le dire, les rameaux qu'il déploie, et dont il entrelace la contexture du discours; rappelez-vous ce double rapport du verbe avec le nom qui le régit, et avec le nom qu'il régit lui-même, l'enchaînement d'un verbe à l'autre, et dans leurs relations de *temps*, de *nombre*, de *personnes*, la justesse de leur accord, vous avouerez que les inventions humaines » n'ont rien d'aussi parfait.

Aussi le verbe prouverait seul, au besoin, que l'homme n'a pas inventé le langage. Et comment aurait-il pu s'élever à une conception aussi merveilleuse, s'il eût été dans un état de barbarie causé par l'absence de toute communication de la pensée?

Le verbe nous offre une nouvelle preuve du sens profond des grammairiens qui ont imposé des noms aux classifications. Reprenons l'analyse que nous avons donnée des verbes attributifs: AIMER, SOUFFRIR, *c'est* ÊTRE AIMANT, *être souffrant*. *Etre* est donc la *substance*, AIMANT, SOUFFRANT les *qualités* ou *attributs*. Voilà encore une assimilation empruntée de la nature des choses, c'est-à-dire de la *substance* et de ses *qualités*. Au lieu de cela, les grammairiens modernes osent dire: *le verbe substantif est ainsi appelé parce qu'il* SUBSISTE PAR LUI-MÊME. Quelle singulière expression! y a-t-il rien autour de nous qui *subsiste par lui-même*? et fallait-il aller chercher dans les attributs de la Divinité, ce grand privilége de l'*existence par soi*, pour en décorer une des parties du discours?

DU PARTICIPE. — On veut aussi que le *participe* ait été inventé avant le verbe; on dit: « La première pensée relative à l'action a été *courant*, *dormant*, *vivant*, *poursuivi*, *menacé*, etc. De là SONT DÉRIVÉS AVEC LE TEMPS ET PAR UN LONG EXERCICE DE LA PENSÉE, ces mots abstraits, indéfinis: *courir*, *dormir*, *vivre*, *poursuivre*, *menacer*; et en attendant on a dit: *l'oiseau volant*, *moi chassant*, *lui passé*, *moi tiré*, *lui tombé*, *lui plumé*, *lui rôti*, *moi mangé*. » Mais non, si l'homme se fût exprimé de la sorte à son origine, il serait encore dans la barbarie; les peuplades qui parlent ainsi ne s'élèvent point d'elles-mêmes à la civilisation. Elles s'en sont détachées au contraire à une époque dont elles ont perdu le souvenir. En se séparant du tronc principal de l'espèce humaine, elles ont laissé dégénérer la langue et périr leurs institutions. Les langues les plus anciennes sont aussi les plus parfaites, et tout prouve l'origine divine de ce mécanisme ingénieux.

DES MOTS INVARIABLES. — Les quatre dernières espèces de mots, *préposition*, *adverbe*, *conjonction* et *interjection*, sont nécessaires, comme l'article, pour former les jointures du discours, pour lui donner de la variété, de la précision, de la netteté, pour enrichir les langues d'une foule de tours propres à chacune d'elles.

Des particules. — Outre les dix espèces de mots, l'usage a introduit dans la langue des *particules*, qui sont des abréviations d'autres termes, ainsi que quelques signes syllabiques empruntés des langues étrangères, qui ne présentent pas de sens par eux-mêmes, mais qui modifient légèrement les mots auxquels ils sont joints.

Ex et *vice* dans *ex-général, vice-roi*; *ci* et *là* dans *celui-ci, celui-là*; *mé* et *més* dans *mécompte* et *mésestimer*; *al, ap, dif, in* et une foule d'autres signes dans les mots dérivés sont des *particules*.

SECONDE PARTIE.

SYNTAXE.

CHAPITRE I.

DE L'ANALYSE.

181. — La *syntaxe* s'occupe des mots considérés dans les rapports qu'ils ont entre eux. Tous les faits qu'elle présente, toutes les règles qu'elle prescrit, se rattachent à l'un de ces trois points : *accord*, *complément*, *construction*.

L'*accord* a lieu quand les mots réclament les mêmes inflexions, soit de genre, soit de nombre.

Par *complément* on entend, comme nous l'avons déjà dit (84, 87), tout mot qui achève, *complète* l'idée commencée par un autre mot. Les différentes sortes de complément sont soumises à des règles non moins importantes que les règles d'accord.

La *construction* détermine la place des mots dans le discours, suivant le mode adopté par les bons auteurs et consacré par l'usage.

Les mots ne sont pas toujours susceptibles d'être envisagés sous ce triple rapport. Il en est même qui semblent échapper aux lois de la syntaxe, en ce qu'ils concourent à former certaines locutions, certains tours particuliers, qui tiennent de plus près au génie de la langue, et qu'on appelle *idiotismes*.

Ces locutions, ces tours seront l'objet de plusieurs remarques particulières, à mesure que l'ordre des matières y donnera lieu.

182. — L'étude de la syntaxe exige quelques notions préliminaires sur l'*analyse*, qui enseigne à distribuer les éléments de la phrase selon les pensées qu'elle exprime, ou selon la valeur de chaque mot pris isolément (1).

(1) L'analyse n'est qu'une des deux branches de la méthode, la plus importante sans doute, parce qu'elle nous permet de nous rendre un compte exact de tous les éléments de la pensée. L'autre branche, appelée *synthèse*, enseigne en général à réunir dans un tout les faits partiels, ou bien à rassembler de nouveau les éléments qu'on a examinés en détail. Dans le langage, la synthèse est

Il y a deux sortes d'analyses : l'*analyse logique* et l'*analyse grammaticale.*

ANALYSE LOGIQUE.

183. — L'*analyse logique* a pour objet de distinguer dans la phrase, les parties principales ou *propositions* qui la composent.

On appelle *proposition*, l'*énonciation d'un jugement ou d'une pensée* (1).

Dans toute pensée, dans tout acte de l'esprit il y a une idée principale, une idée accessoire, et le lien qui unit ces deux idées.

De même, la proposition renferme trois termes, exprimés ou sous-entendus : le *sujet*, l'*attribut* et le *verbe.*

184. — Le *sujet* est l'objet principal de la pensée. Il est représenté par un substantif : L'HOMME *est faible ;* ou par un pronom : CHACUN *songe à soi*; ou par un autre mot pris substantivement : MENTIR *est un vice.*

185. — L'*attribut* est l'idée secondaire qui se rapporte au sujet. Il est représenté par un adjectif, comme dans *est-il* SAGE ? ou par un substantif : *médire est une* INFAMIE ; ou par un autre mot pris adjectivement : *vous serez* VAINCU.

186. — Le *verbe* ou le lien, est toujours le verbe *être*, soit distinct : *la terre est* RONDE ; soit renfermé dans l'attribut : *le soleil brille*, qu'on peut traduire par *le soleil* EST *brillant.*

1re *Remarque.* On peut conclure de ce dernier exemple, que les trois termes ne sont pas toujours exprimés, mais qu'il faut décomposer l'expression pour les retrouver ; *pleurez* équivaut à *vous, soyez pleurant.*

2e *Remarque.* Nos pensées ayant toutes les formes possibles d'affirmation, de négation, de doute, de désir, de commandement, d'interrogation, il s'ensuit que les propositions peuvent prendre ces divers caractères.

Si je dis : *le soleil est brillant*, j'ai jugé que la qualité de *brillant*

toute faite, et la syntaxe nous fournit d'ailleurs de nombreuses règles pour nous guider ; il est donc superflu de la traiter à part.

(1) Dans les éléments de philosophie, en logique, la proposition est simplement définie l'*énonciation d'un jugement*, parce qu'en effet le *jugement* seul peut entrer dans un raisonnement. On ne pourrait point construire un syllogisme avec des propositions interrogatives ou dubitatives. Mais dans la grammaire où le langage traduit toutes les incertitudes de l'esprit, il nous a paru plus juste de dire que la proposition est l'*énonciation d'un jugement* OU D'UNE PENSÉE.

convient au *soleil*; la pensée est affirmative, la proposition l'est également.

Si je dis : *le soleil est-il levé ?* cette forme exprime le doute, et la proposition est interrogative.

Il en est de même de ces expressions : *qu'il vienne, il ne vient pas, viens*; elles marquent, selon les vues de l'esprit, le désir, la négation, le commandement.

DES DIFFÉRENTES SORTES DE SUJETS ET D'ATTRIBUTS.

187. — On distingue deux sortes de sujets : le sujet *simple* et le sujet *composé*.

Le sujet est *simple*, quand il n'est formé que d'un seul terme essentiel :

Le malheur ramène l'homme à Dieu; — *les malheurs* du peuple grec ont enfin réveillé l'Europe.

Le sujet est *composé*, lorsqu'il est formé de deux ou de plusieurs termes essentiels :

Rome et Carthage se livrèrent une guerre d'extermination.

188. — Il y a aussi deux sortes d'attributs : l'attribut *simple* et l'attribut *composé*.

L'attribut est *simple*, quand il n'exprime qu'une seule manière d'être du sujet :

Dieu est *éternel*; — il est *fidèle* en ses promesses.

L'attribut est *composé*, lorsqu'il exprime plusieurs manières d'être du sujet :

L'homme est *faible et enclin au mal.*

DU COMPLÉMENT LOGIQUE.

189. — On appelle *complément logique*, les mots qui sont joints au sujet ou à l'attribut d'une proposition, pour les développer (1).

Dans cette phrase : *Rome, maîtresse du monde civilisé, fut saccagée par les Barbares*; — *maîtresse du monde civilisé*, est un complément logique du sujet *Rome*; — *par les Barbares*, est un complément logique de l'attribut *saccagée*.

(1) Plusieurs grammairiens ont appelé sujet *grammatical* ou *incomplexe*, celui qui n'est accompagné d'aucun complément logique; — et sujet *logique* ou *complexe*, celui qui est développé par un complément. Ils ont distingué de même l'attribut *grammatical* ou *incomplexe*, de l'attribut *logique* ou *complexe*. Nous croyons ces distinctions superflues. Il est plus convenable, pour la rigueur de l'analyse, d'isoler toujours le sujet, comme aussi de considérer séparément le complément logique, et même chaque partie de ce complément, lorsqu'on le pourra sans trop morceler l'analyse.

190. — Il peut arriver qu'un complément logique serve à expliquer plusieurs circonstances, qui se rapportent au sujet ou à l'attribut; dans ce cas, il se divise naturellement en autant de parties qu'il y a de groupes de mots ou d'idées.

Dans cette phrase : *vous paissez dans nos champs, sans souci, sans alarmes*; — *dans nos champs* est la 1re partie du complément logique de l'attribut *paissant (vous êtes paissant)* ; — *sans souci* est un régime *circonstanciel* formant la 2e partie du complément logique; — *sans alarmes,* autre *circonstanciel* formant la 3e partie de ce même complément (1).

DES DIFFÉRENTES SORTES DE PROPOSITIONS.

191. — Il y a trois sortes de propositions : la *proposition principale,* la *proposition incidente* et la *proposition subordonnée.*

DE LA PROPOSITION PRINCIPALE.

192. — La *proposition principale* est celle qui n'est sous la dépendance d'aucun terme de la phrase :

Sylla fut l'oppresseur de sa patrie, dont il aurait dû être le soutien. — *Sylla fut l'oppresseur de sa patrie* est une proposition qui ne dépend d'aucun terme, et qui par conséquent est *principale*; tandis que l'autre proposition, *dont il aurait dû être le soutien,* est liée à une partie de l'attribut, *sa patrie.*

193. — Il peut y avoir dans une phrase plusieurs propositions qui ne dépendent d'aucun terme. Dans ce cas, celle qui exprime l'idée la plus saillante est dite *principale absolue*; les autres sont appelées *principales coordonnées* ou *relatives.*

Alexandre fut un génie civilisateur : ses travaux chez les peuples soumis le prouvent assez.—On voit qu'ici la proposition *Alexandre fut un génie civilisateur,* est la principale absolue, et que *ses travaux chez les peuples soumis le prouvent assez,* est une principale coordonnée ou relative.

Dieu, maître de son choix, ne doit rien à personne;
Il éclaire, il aveugle, il condamne et pardonne.

Dieu, maître de son choix, ne doit rien à personne, forme la principale absolue; *il éclaire, il aveugle, il condamne et pardonne:* voilà quatre propositions qui ne dépendent d'aucun terme, et qui sont autant de coordonnées.

(1) Nous pensons que le mot *circonstancier,* donné par l'Académie, nous autorise suffisamment à adopter, après beaucoup de grammairiens, l'adjectif *circonstanciel,* qui est spécial dans ce cas.

DE LA PROPOSITION INCIDENTE.

194. — La *proposition incidente* est celle qui est liée par un pronom relatif, *qui, que, dont,* etc. à l'un des termes d'une autre proposition, et qui forme ou concourt à former un complément logique :

La mort, *qui effraie tant l'impie,* n'a rien pour le juste que de doux et de consolant.

Salomon acheva le temple, *qui avait été commencé par David.*

Qui effraie tant l'impie, est une proposition incidente, liée au sujet *la mort.* — *Qui avait été commencé par David,* est une proposition incidente, liée au mot *temple,* complément de l'attribut.

195. — Il y a deux sortes de propositions *incidentes* : *la proposition incidente déterminative,* et la *proposition incidente explicative.*

196. — *La proposition incidente déterminative,* est celle qui est liée d'une manière essentielle au sujet ou à l'attribut d'une autre proposition, pour en fixer le sens.

197. — *La proposition incidente explicative,* est celle qui est liée, seulement comme accessoire, à l'un des termes d'une autre proposition, de sorte qu'on peut la retrancher sans altérer le sens :

Les hommes *qui vivent au delà de cent ans* sont fort rares.

Les grands princes encouragent les beaux-arts, *qui font l'ornement de leur règne.*

La proposition, *qui vivent au delà de cent ans*, est une proposition *incidente déterminative ;* elle est étroitement liée au sujet *les hommes*, et l'on ne peut l'en détacher sans donner au reste de la phrase un sens absurde. La proposition, *qui font l'ornement de leur règne,* est une proposition *incidente explicative,* liée comme accessoire à *beaux-arts.* On peut l'en détacher sans altérer le sens, et dire : *les grands princes encouragent les beaux-arts.*

Remarque. Ce n'est pas toujours un pronom relatif qui lie les propositions incidentes au sujet ou à l'attribut ; quelquefois c'est l'adverbe de lieu *où,* qui forme ce lien. Mais cet adverbe peut toujours se décomposer en un pronom relatif suivi d'un substantif, son antécédent. *Le moment où je parle est déjà loin de moi,* signifie : *le moment (dans lequel moment) je parle est déjà loin de moi.*

DE LA PROPOSITION SUBORDONNÉE.

198. — *La proposition subordonnée* est celle qui est liée

à une autre proposition, non pour modifier le sujet ou l'attribut, mais pour affecter cette proposition tout entière.

L'homme serait heureux, si la raison était la règle de sa conduite.— *Si la raison était la règle de sa conduite*, est une proposition *subordonnée*, qui ne se rapporte ni au sujet *l'homme*, ni à l'attribut *heureux*, mais à la proposition tout entière *l'homme serait heureux*.

Remarque. Le lien qui unit une proposition subordonnée à la proposition principale est toujours une conjonction autre que *et*, *ni*, *ou*, *mais*. Ce lien n'est pas toujours exprimé dans la phrase; mais lorsqu'il est sous-entendu on le supplée facilement.

OBSERVATION GÉNÉRALE.

199. — Ce que nous avons dit des propositions principales coordonnées peut s'appliquer aux propositions incidentes et aux propositions subordonnées. Ainsi dans cette phrase :

Les vrais sages sont ceux qui écoutent la parole de Dieu, qui en méditent les oracles sacrés, qui souffrent avec joie les tribulations où ils sont exposés;

La proposition principale est *ceux(-là) sont les vrais sages*, et les trois autres propositions, *qui écoutent la parole de Dieu, qui en méditent les oracles sacrés, qui souffrent avec joie les tribulations où ils sont exposés*, sont des incidentes déterminatives coordonnées.

DES MOYENS DE DISTINGUER LES PROPOSITIONS.

200. — Il n'est point difficile de distinguer les propositions les unes des autres, lorsque toutes les parties qui les constituent sont exprimées; mais si la forme du discours amène la suppression du sujet, du verbe ou de l'attribut, il faut les rétablir pour bien saisir chaque proposition.

201. — La proposition, considérée sous le rapport des parties qui la composent, est donc *pleine* ou *elliptique*.

La proposition est *pleine*, quand elle comprend tous les mots nécessaires à l'expression de la pensée; — tels sont la plupart des exemples déjà cités.

La proposition est *elliptique*, lorsqu'elle manque d'un ou de plusieurs termes essentiels :

Qui trop embrasse, mal étreint; *c'est-à-dire :* Celui *qui embrasse trop, étreint* (*ou serre*) *mal*. — Ici le sujet de *étreint*, verbe de la proposition principale, est sous-entendu.

Oh! bienheureux mille fois, l'enfant que le Seigneur aime! — ellipse du verbe *être : l'enfant que le Seigneur aime* EST *bienheureux mille fois.*

Rouen est à trente lieues de Paris; *c'est-à-dire*, SITUÉ; ellipse de l'attribut *situé*.

202. — Pour ne laisser échapper dans l'analyse aucune proposition elliptique, il faut avoir égard aux règles suivantes :

203. — 1° Tout verbe employé à un mode personnel indique une proposition dont il est le lien :

Le sage estime que la gloire qui vient de la vertu est préférable à celle que procurent les armes. — Il y a dans cette phrase quatre verbes à un mode personnel; conséquemment quatre propositions.

Remarque. Les verbes à l'infinitif ne peuvent indiquer une proposition, parce qu'ils sont toujours sujets ou régimes :

Agir ainsi c'est se perdre. — *Agir* est le sujet de la proposition; *perdre* en est l'attribut.

Dieu est venu sur la terre pour sauver les hommes. — *Sauver* est régime de la préposition *pour*, et fait partie du complément circonstanciel, *pour sauver les hommes.* (La proposition principale est formée des mots *Dieu est venu sur la terre.*)

204. — 2° Les adjectifs, les participes présents et les participes passés, jetés incidemment dans une phrase, et sans rapport à un nom exprimé, indiquent souvent une proposition subordonnée, parce qu'on peut les faire précéder d'une conjonction (1). On peut donner à ces locutions le nom de *propositions implicites.*

Jaloux des droits de sa couronne, son unique ambition était de la transmettre à ses successeurs (MASSILLON). — C'est-à-dire, *comme il était jaloux*, etc.

Cette réflexion embarrassant notre homme,
On ne dort point, dit-il, quand on a tant d'esprit. (LA FONTAINE.)

C'est-à-dire, *comme cette réflexion embarrassait*, etc.

Mais Rome prise enfin, seigneur, où courrons-nous? (BOILEAU.)

C'est-à-dire, *mais quand Rome sera prise enfin*, etc.

Endormi sur le trône au sein de la mollesse,
Le poids de la couronne accablait sa faiblesse. (HENRIADE.)

(1) Plusieurs grammairiens ont prétendu que toutes les phrases qui rentrent dans l'application de cette règle étaient incorrectes. Cependant de grands écrivains n'ont pas hésité à adopter ces formes, que l'usage a consacrées, qui ne pourraient se remplacer que par des longueurs, et dont l'analyse rend d'ailleurs suffisamment raison. Nous aurons, dans la syntaxe, à revenir là-dessus, pour distinguer les cas où ces phrases sont correctes et ceux où elles ne le sont pas (*page* 170).

C'est-à-dire, *comme il était endormi*, etc.

205. — 3° Toute conjonction autre que *et*, *ni*, *ou*, *mais*, annonce une proposition, lors même que le verbe n'est pas exprimé; on peut toujours le suppléer, et remplir l'ellipse :

Il se conduit comme un méchant homme, c'est-à-dire, *comme un méchant homme* SE CONDUIT; — on voit qu'il y a là deux propositions, l'une pleine, l'autre elliptique, et celle-ci est complétée par la répétition du verbe *se conduit*.

OBSERVATIONS.

206. — 1° Les mots placés en apostrophe, les substantifs qui représentent les personnes ou les objets auxquels on adresse la parole, ne font point partie de la proposition. Dans ce vers de Racine :

Approchez, mes enfants, enfin l'heure est venue.

Mes enfants forment une apostrophe en dehors de la proposition.

207. — 2° Il en est de même des interjections telles que *ha! hélas! fi!* elles servent à nuancer le sens, mais c'est exagérer l'analyse que d'y voir des propositions elliptiques.

Quant aux adverbes *oui*, *non*, *demain*, etc., répondant à des questions, on peut dire qu'ils ne forment point par eux-mêmes une proposition, mais qu'on les emploie pour en éviter la répétition : *quand viendrez-vous?* — DEMAIN, pour *je viendrai demain*.

MÉTHODE D'ANALYSE LOGIQUE.

208. — Pour procéder facilement à l'analyse logique d'une phrase, quel que soit le nombre des propositions qui la composent, il convient :

1° De placer entre deux parenthèses les groupes de mots qui forment des propositions.

2° D'énumérer ces diverses propositions, en notant le verbe qui sert de lien dans chacune d'elles.

3° De consigner enfin toutes les observations relatives à chaque partie de la phrase, c'est-à-dire au sujet, à l'attribut, au verbe et aux compléments logiques.

EXEMPLE D'ANALYSE LOGIQUE.

Moïse, étant descendu de la montagne, ordonna d'exterminer les Israélites qui avaient adoré le veau d'or; et cet ordre fut exécuté, quoique le nombre se portât à plusieurs mille.

On doit d'abord distinguer les propositions :

(Moïse, étant descendu de la montagne, ordonna d'exterminer les Israélites,) (qui avaient adoré le veau d'or ;) (et cet ordre fut exécuté,) (quoique le nombre se portât à plusieurs mille.)

Cette phrase renferme quatre propositions : une principale absolue au verbe *ordonna ;* une incidente déterminative au verbe *avaient ;* une principale relative au verbe *fut ;* enfin une subordonnée au verbe *se portât.*

Moïse, sujet simple du verbe *ordonna.*

Etant descendu de la montagne, complément logique du sujet *Moïse ;* — le participe *étant descendu* qui se rapporte sans ellipse à *Moïse,* ne doit pas être traduit en proposition subordonnée (1).

Ordonna verbe attributif, renfermant le lien de la proposition principale (*Moïse fut ordonnant*).

D'exterminer les Israélites, complément logique de l'attribut *ordonnant.*

Qui avaient adoré le veau d'or ; proposition incidente explicative, dont l'objet est de préciser le sens du substantif *Israélites,* complément du verbe *exterminer.* — *qui,* sujet ; *avaient adoré,* verbe et attribut (*étaient ayant adoré*); *le veau d'or,* régime de l'attribut.

Et cet ordre fût exécuté, proposition principale relative ; — principale, car elle domine toute cette partie de la phrase ; relative, car elle est sur-ajoutée à la première partie ; — elle a un sujet simple, *cet ordre,* et un attribut simple, *exécuté.*

Quoique le nombre se portât à plusieurs mille, proposition subordonnée, qui s'applique à la proposition, *cet ordre fut exécuté ;* — *le nombre,* sujet simple, *se portât* (*ou fût se portant*), verbe renfermant l'attribut ; *à plusieurs mille,* complément logique de l'attribut *portant.*

ANALYSE GRAMMATICALE.

209. — Par *l'analyse logique,* on examine dans une phrase les groupes complets de mots, ou les propositions qu'elle renferme ; par *l'analyse grammaticale,* on divise la proposition en ses plus simples éléments, on descend du groupe aux espèces de mots qui le composent, et qu'on appelle, pour cette raison, les parties du discours.

Cet exercice consiste à appliquer à chaque mot les désignations que la lexicologie fait connaître, et qui peuvent se résumer ainsi :

(1) On observera que la substitution d'un mode personnel est inutile, quand le sujet est clairement énoncé, et que les mots qui suivent forment un développement, et se rapportent directement à lui.

Substantif. On dira, pour chaque substantif, s'il est propre ou commun; le genre, le nombre; enfin s'il est sujet ou complément, et de quel mot; s'il est collectif, s'il est composé.

Adjectif. S'il est qualificatif, noter le genre, le nombre et le degré de qualification; quel substantif il qualifie; — s'il est déterminatif, indiquer l'espèce, le genre, le nombre, et quel substantif il détermine.

Article. On dira s'il est simple, ou composé; le genre, le nombre; quel substantif il détermine; remarquer s'il figure dans un pronom possessif, dans un superlatif absolu.

Pronom. Dire l'espèce, et la personne s'il y a lieu; le genre, le nombre, et s'il est sujet ou régime.

Verbe. A quelle espèce et à quelle conjugaison il appartient; — le mode, le temps, la personne et le nombre; — si le temps est simple ou composé; s'il est primitif ou dérivé; — lorsque le verbe est à l'infinitif, indiquer s'il figure comme sujet ou comme complément.

Participe. Procéder comme pour l'adjectif qualificatif; — indiquer, s'il y a lieu, le degré de qualification.

Préposition. Si elle est simple ou composée; — marquer le complément, s'il y a lieu.

Adverbe. S'il est simple ou composé; — le mot qu'il modifie.

Conjonction. Si elle est simple ou composée.

Interjection. Marquer le sentiment qu'elle exprime.

CHAPITRE II.

DU NOM OU SUBSTANTIF.

DU GENRE DE QUELQUES NOMS.

210. — I. La plupart des noms de géographie qui ne sont pas terminés par un *e* muet sont masculins :

Avignon fut *détruit* de fond en comble. *Cherbourg* fut *incendié*; le *Paraguay* fut *civilisé* par les jésuites.

Parmi les exceptions il faut noter *Jérusalem*, *Tyr*, *Sidon*, *Sion*, *Ilion*, *Albion*, *Tunis*, *Memphis*, *Argos*, *Lesbos*, *Pylos*, ainsi que quelques noms de rivière, *la Lys*, *la Roër*, surtout celles terminées par *a*, *la Bérézina*, *la Plata*, *la Néva*, etc.

II. On met au féminin les noms géographiques terminés par un *e* muet.

Versailles fut *bâtie* sous Louis XIV.
Constantinople chrétienne reçut l'idolâtrie. (CHATEAUBRIAND.)

Il faut excepter de cette règle *Bosphore*, *Caucase*, *Danube*, *Ebre*,

Elbe, Euphrate, Gange, le Norique, Rhône, Tage, Tibre, Tigre, et quelques autres qui appartiennent à la mythologie : *Olympe, Hèbre, Parnasse, Pinde, Cocyte, Tartare, Permesse, Xanthe,* etc.

—

211. — Il y a, dans la langue française, plusieurs substantifs qui prennent le masculin ou le féminin suivant le nombre auquel on les emploie, ou suivant le sens qu'ils présentent.

212. — 1° Substantifs qui changent de genre au pluriel.

AMOUR est masculin au singulier, et féminin au pluriel :

Il n'est plus *cet* amour qui me fut si *fatal*. (C. DELAVIGNE.)
Cette Esther, l'innocence et la sagesse même,
Que je croyais du ciel les plus *chères amours*. (RACINE.)

On trouve cependant de nombreux exemples où le masculin pluriel est employé : *Les amours d'Astarbé n'étaient ignorés que de Pygmalion.* (FÉNELON.)

Amour, divinité de la fable, est toujours masculin : *L'amour vaincu, de petits amours.* — AMOUR-PROPRE est toujours masculin.

DÉLICE est masculin au singulier, et féminin au pluriel : *Quel délice! C'est un grand délice.* (ACAD.) *Il fait ses plus chères délices, toutes ses délices de l'action.* (ACAD.)

ORGUE est masculin au singulier, et féminin au pluriel : *Un orgue excellent. Il y a de bonnes orgues en tel endroit.* (ACAD.)

Remarque. Le substantif *gens* présente un cas particulier qui sera traité dans la syntaxe de l'adjectif (*voir ce chapitre*).

—

213. — 2° Parmi les substantifs dont le genre est modifié par le sens, on doit remarquer les suivants :

AIDE, appliqué aux personnes, est masculin ou féminin selon qu'il désigne un homme ou une femme. *J'ai besoin d'un aide.* (ACAD.) *J'ai trouvé en ma sœur une aide fort adroite.*

Aide, dans le sens de *secours*, *assistance*, est toujours féminin, *aide prompte, aide assurée.* (ACAD.)

AIGLE, *oiseau*, est masculin : *Le grand et le petit aigle sont chacun d'une espèce isolée.* (BUFFON.) *C'est un aigle,* se dit par figure d'un homme de génie.

Aigle, signifiant *enseigne*, *armoiries*, *constellation*, est féminin : *Aigle impériale, aigle éployée d'argent.* (ACAD.)

Remarque. On trouve des exemples de *aigle, oiseau,* au féminin, mais alors il désigne spécialement la femelle :

L'aigle est *furieuse* quand on lui ravit ses petits. (BUFFON.)

COUPLE, masculin, emporte un sens d'union, d'assortiment : *Un couple d'époux, un couple d'amis, un couple de lions sur des pilastres.*

Couple est féminin pour exprimer simplement le nombre *deux* :

Une couple d'œufs; *une couple de poulets*. Il ne se dit jamais des choses qui vont nécessairement ensemble comme *les gants*, *les bas*, etc., on dit alors *une paire*.

ENFANT est masculin s'il désigne un garçon, *un bel enfant*, ou s'il n'a qu'une signification vague : *Tenir un enfant sur les fonts baptismaux*.

Ce substantif est féminin quand il s'applique spécialement à une petite fille : *Quelle charmante enfant ! la pauvre enfant !*

EXEMPLE. Ce nom, que quelques grammairiens font féminin dans le sens de *modèle d'écriture*, est pris au masculin par l'Académie dans toutes ses acceptions.

FOUDRE s'emploie au masculin 1° pour désigner l'attribut de Jupiter, *un foudre peint, sculpté, ailé* (Acad.); 2° au figuré, pour signifier un grand capitaine ou un orateur illustre : *Je suis donc un foudre de guerre !* (la Fontaine); 3° dans le sens d'excommunication : *Les foudres vengeurs de l'Eglise ;* 4° pour désigner des volcans, des bouches à feu : *Des foudres souterrains sont prêts*; *Des foudres allumés grondant autour de vous* ; 5° une grande tonne propre à contenir les liquides : *Le foudre célèbre d'Heidelberg a une capacité de 2400 hectolitres*.

Foudre, feu du ciel ou tonnerre, est féminin : *La foudre sillonne la nue*. On dit aussi au figuré : *La foudre est dans ses yeux. Le prince est en colère et la foudre est près de tomber* (Acad.).

HYMNE, masculin, chant profane : *Un hymne guerrier, un hymne national*. Au figuré : *La vie de Turenne est un hymne à la louange de l'humanité* (Montesquieu). Il se dit aussi de tout chant qui a simplement un caractère religieux : *Seigneur ! quels hymnes sont dignes de vous ?*

Hymne, féminin, est un chant faisant partie de l'office divin : *Les belles hymnes de saint Thomas d'Aquin*.

ŒUVRE s'emploie au masculin, dans le style soutenu, pour caractériser un ouvrage éminent : *un œuvre de génie* (Acad.). On dit aussi, en termes d'alchimie, *travailler au grand œuvre*, pour *chercher la pierre philosophale*, et en termes de gravure ou de musique : *Tout l'œuvre d'Albert Durer*, pour *le recueil complet* de ses productions ; *le premier œuvre d'un musicien* (Acad.).

Œuvre, féminin, se dit d'une manière générale des ouvrages d'esprit, de toute action : *L'œuvre de la création fut achevée en six jours*. — Au pluriel, ce substantif est toujours féminin.

PAQUE, et plus ordinairement *Pâques*, masculin, signifie la fête principale des chrétiens : *à Pâques prochain*. Dans ce cas il ne prend pas l'article.

Pâques est féminin dans *Pâques fleuries* (le dimanche des Rameaux), *Pâques closes* (le dimanche de Quasimodo), *faire de bonnes pâques* (Acad.). Enfin *Pâque* est singulier féminin et rejette le *s* final pour signifier la fête principale des Juifs; alors il prend l'article : *Moïse institua la Pâque.*

PÉRIODE, masculin, durée indéterminée : *Un long période de temps; dans un certain période de la vie.* Il se dit aussi du plus haut point où une personne, une chose puisse arriver : *Sa maladie est au dernier période. Il est au plus haut période de sa gloire.*

Période, féminin, exprime la révolution d'un astre, une époque chronologique, une phrase symétrique, etc. *La période de Vénus; la période féodale; une période obscure.*

—

214. — Les noms qui précèdent sont ceux dont le genre a été le plus controversé; nous y joindrons, mais avec moins de détails, les suivants, sur lesquels toutes les autorités sont d'accord :

ÉCHO, masculin, répétition d'un son dans un lieu qui le réfléchit; — féminin, nymphe de la fable.

ENSEIGNE, masculin, officier inférieur de marine; — féminin, drapeau; tableau d'un marchand.

FOURBE, masculin, celui qui trompe; — féminin, tromperie odieuse.

GARDE, masculin, homme préposé pour garder; — féminin, femme qui garde; l'action de garder; partie d'une épée; troupe qui protége.

GUIDE, masculin, conducteur; — féminin, lanière de cuir pour guider les chevaux.

LAQUE, masculin, beau vernis de la Chine; — féminin, sorte de gomme-résine.

OFFICE, masculin, emploi, fonction, devoir; service divin; l'art de préparer les desserts; — féminin, lieu où se garde la vaisselle, où se prépare le dessert.

PARALLÈLE, masculin, comparaison; cercle de la sphère; — féminin, ligne géométrique; terme de fortification.

PENDULE, masculin, poids suspendu qui fait des oscillations régulières; — féminin, petite horloge.

POURPRE, masculin, maladie; rouge foncé qui tire sur le violet; — féminin, teinture précieuse des anciens; *au figuré*, dignité des empereurs, des cardinaux.

RELACHE, masculin, repos; discontinuation de quelque travail; — féminin, terme de marine : lieu où un vaisseau s'arrête en cas de danger ou de besoin.

REMISE, masculin, voiture de louage; — féminin, lieu où l'on met les voitures à couvert; action de remettre; délai; rabais.

SOLDE, masculin, payement final d'un compte; — féminin, paye des militaires.

TROMPETTE, masculin, celui qui est chargé de sonner de la trompette ; — féminin, instrument à vent.

ACCORD DU SUBSTANTIF.

215. — Le substantif règle le genre et le nombre de l'adjectif, de l'article, du pronom, du verbe et du participe qui sont en rapport avec lui :

Dans UNE SOCIÉTÉ CORROMPUE *les hommes ne sont estimés* qu'autant qu'*ils sont influents.*

216. — Quelquefois on développe un premier substantif par un autre nom susceptible d'une double forme (*page* 6); alors il peut arriver qu'on donne à celui-ci un genre différent du premier.

Ainsi dans ces phrases :

La *Mort* est le seul DIEU que j'osais invoquer. (RACINE.)
Je te salue, ô mort ! LIBÉRATEUR céleste. (LAMARTINE.)

on a pris les formes *dieu, libérateur*, malgré les féminins *déesse, libératrice*, afin de donner plus de force à l'expression.

DU PLURIEL DANS LES MOTS COMPOSÉS.

217. — I. Lorsqu'un nom est composé soit de deux substantifs, soit d'un substantif et d'un adjectif, ces deux termes, si l'idée est plurielle, doivent prendre la marque du pluriel :

Un chef-lieu, des chefs-lieux ; une basse-taille, des basses-tailles.

Remarques. 1° L'usage a voulu que l'adjectif *grand* fût invariable dans la composition des noms féminins : *une grand'mère* ; *des grand'tantes*. — Mais nous avons vu (*page* 78) que cette forme peut se modifier. On dira donc : *il a fait de* GRANDES CHOSES ; *il y a de* GRANDES PEINES *dans la vie*, parce que l'acception n'est pas indéterminée comme dans *il n'a pas grand'chose* ; *à grand'peine*.

2° Les mots qui ne sont plus usités seuls dans la langue peuvent être considérés comme adjectifs et reçoivent un *s* : *un loup-cervier*, *des loups-cerviers* ; *une épine-vinette*, *des épines-vinettes*. — Il faut excepter *des havre-sacs*, *des pique-niques* ; et l'on écrit aussi des *vice-rois*, *des vice-amiraux*, parce que le mot *vice* rentre plutôt dans la classe des mots invariables à cause de son origine latine.

218. — II. On ne donne la marque du pluriel ni aux verbes, ni aux mots invariables qui entrent dans un nom composé ; mais le substantif et l'adjectif, s'il y en a, reçoivent ce signe :

Un contre-coup, des contre-coups; un passe-partout, des passe-partout.

Le participe, qui est semblable à l'adjectif, suit la règle de ce dernier : *un sauf-conduit, des saufs-conduits.*

219. — III. Lorsqu'un nom est composé de deux substantifs unis par une préposition, le premier seul prend la marque du pluriel :

Un arc-en-ciel, des arcs-en-ciel ; de l'eau-de-vie, des eaux-de-vie.

Ici l'un des deux substantifs ne s'applique point à l'autre pour le modifier comme cela a lieu dans les exemples précédents (*chefs-lieux : lieux chefs* ou *principaux*) ; on ne peut donc pluraliser le dernier parce que le sens s'y oppose.

220. — IV. Lorsque le substantif composé présente dans l'analyse un sens incomplet, on doit rétablir les mots sous-entendus et former le pluriel selon le sens plein :

Un appui-main, des appuis-mains ; un contre-poison, des contre-poisons ; un coq-à-l'âne, des coq-à-l'âne.

Ces trois exemples sont autant d'exceptions aux règles qui précèdent : 1° *un appui-main* signifie *un appui pour la main* : au pluriel *des* APPUIS *pour la* MAIN ; — 2° *un contre-poison* signifie *un remède contre le poison* : au pluriel, *des remèdes* CONTRE *le* POISON ; — 3° *un coq-à-l'âne* signifie *un discours sans suite, où l'on passe du* COQ A L'ANE ; même sens, même orthographe au pluriel.

On écrira aussi d'après ce principe *des à-compte* (sommes remises *à compte* d'un payement) ; *des hôtels-dieu*; *des réveille-matin*; *des tête-à-tête* (entretiens où l'on est *tête à tête*, seul à seul).

Remarque. Il est des mots où l'analyse fait découvrir une idée de pluralité dans l'un des noms partiels, et alors on donne souvent à celui-ci la marque du pluriel, lors même que le sens du mot total présenterait le singulier. Ainsi l'on écrit :

Un porte-clefs ; *un serre-papiers* ; *un va-nu-pieds*, parce que l'analyse donne pour ces trois expressions : *un employé qui* PORTE *les* CLEFS ; *un petit meuble où l'on* SERRE *les* PAPIERS ; *un vagabond qui* VA NU-PIEDS.

L'Académie n'use cependant de cette façon d'analyser que pour un petit nombre de mots, car elle écrit : *un entre-côte, un entre-ligne, un brèche-dent*, quoique l'on pût décomposer ainsi ces expressions : *chair placée* ENTRE *deux* CÔTES ; *espace* ENTRE *deux* LIGNES ; *celui qui a une* BRÈCHE *entre les* DENTS. — *Un cure-dent, un tire-balle, un tire-botte* sont dans le même cas.

221. — Les règles précédentes s'appliquent aux noms composés dont les parties ne sont pas jointes par le trait d'union : *un garde champêtre, des gardes champêtres* ; *un*

ver à soie, des vers à soie; une cotte de maille; *un maître ès arts*.

DU PLURIEL DANS LES NOMS PROPRES, DANS CEUX QU'ON A FORMÉS D'UN MOT INVARIABLE, ET DANS CEUX QUI ONT CONSERVÉ UNE FORME ÉTRANGÈRE.

222. — **I.** Les noms propres de personnes, dans leur acception ordinaire, rejettent la marque du pluriel, lors même qu'il y a pluralité dans l'idée :

Les deux *Corneille* se sont distingués dans la république des lettres.

Jamais les deux *Caton* n'ont autrement voyagé, ni seuls ni avec leurs armées.

Un nom propre ne doit point être dénaturé; on ne pourrait en violer l'orthographe sans introduire de graves confusions dans la désignation des personnes. *Les* VILLARS *ont intenté un procès aux* VILLAR *qui avaient ajouté un* S *à leur nom* (BONIFACE).

Remarque. Cela n'est point applicable aux noms propres de rivières, de provinces : *les deux Sèvres, les deux Indes*.

223. — **II.** Lorsque les noms propres sont employés dans une acception figurée, ils peuvent prendre le signe du pluriel :

Un Auguste aisément peut faire des VIRGILES;
Aux siècles des Midas, on ne voit point d'ORPHÉES. (BOILEAU.)

Un nom propre, employé pour désigner des individus semblables par quelque point au personnage auquel il s'applique, prend l'acception d'un nom commun, et doit dès lors, s'il y a pluralité dans l'idée, adopter la forme du pluriel. Dans les exemples qui précèdent, *Virgiles*, *Orphées*, signifient *des poëtes semblables à Virgile, à Orphée* : il y a figure et pluralité.

224. — **III.** Les noms propres des grandes familles historiques prennent le signe du pluriel, quand ils sont appliqués à plusieurs personnages :

Les *Bourbons*, les *Stuarts*, les douze *Césars*.

225. — **IV.** On peut quelquefois, pour donner plus de force à l'expression, faire précéder de l'article pluriel les noms propres qui désignent des personnages célèbres ; mais le substantif lui-même reste au singulier :

Il manque à Campistron ces beautés de détail, ces expressions heureuses qui sont l'âme de la poésie, et qui font le mérite DES *Virgile*, DES *Racine* et DES *Boileau*.

Remarque. La locution autorisée par cette règle serait déplacée dans le langage ordinaire. On ne dirait point : *je ne connais pas de plus grands génies que les* Homère *et les* Corneille. Comme il n'y a ici aucune trace de ces émotions qui rendent le style figuré, l'expression ne serait pas en harmonie avec la pensée. On dira donc : *qu'Homère et Corneille.*

226. — V. Les noms invariables de leur nature, employés accidentellement comme substantifs, rejettent la marque du pluriel, encore qu'il y ait pluralité dans l'idée.

Trois *un* de suite (111) font cent onze en chiffres arabes (Acad.).

Les *si*, les *car*, les *pourquoi* sont la porte
Par où la noise entra dans l'univers (la Fontaine).

227. — VI. Les substantifs qui sont empruntés des langues étrangères, et qui ont conservé au singulier leur forme primitive, ne prennent point le signe du pluriel, à moins que l'usage ne les ait en quelque sorte naturalisés dans notre langue.

Ainsi l'Académie fait invariables *alibi, alinéa, duplicata, errata, impromptu, in-folio, in-quarto, quiproquo, vivat.*

On peut y ajouter, 1° les mots latins sous lesquels on désigne les prières, les psaumes, etc., qui commencent par ces termes. Ainsi l'on dira : *des ave, des credo, des confiteor, des miserere, des pater, des te Deum*, etc.

2° Une foule de mots tirés soit aussi du latin, soit des langues modernes : *des maximum, des minimum, des veto, des recto, des verso, des concetti, des crescendo, des lazzi*, etc.

Mais l'Académie écrit avec un s au pluriel *des albums, des altos, des bravos, des duos, des factotums, des factums, des folios, des opéras, des oratorios, des pensums, des quatuors, des récépissés, des reliquats, des spécimens, des trios, des zéros.*

L'usage joint à ces derniers noms, *des accessits, des agendas, des dominos, des numéros, des panoramas, des placets, des quolibets, des pianos, des tilburys*, etc.

Enfin certains noms sont ordinairement écrits au pluriel dans la forme même prescrite par leur langue primitive : *un quintetto, des quintetti ; — lady* et *tory* font dans les écrits modernes *ladies* et *tories*, bien que l'Académie se taise sur ce point.

COMPLÉMENT DU SUBSTANTIF.

228. — I. Le substantif, comme plusieurs autres espèces de mots, peut avoir un *complément* qui achève ou *complète* l'idée commencée par ce terme.

Les *hommes* de foi sont rares ; le *désir* de s'élever doit avoir des bornes ; — on n'aurait ici qu'un sens absurde ou du moins incomplet, si au substantif *hommes* on n'eût ajouté *de foi*, et si au mot *désir* on n'eût ajouté *de s'élever*. Ainsi *hommes* a pour complément *de foi*, et *désir* a pour complément *de s'élever*.

229. — II. Lorsqu'un substantif est complément d'un autre nom, et qu'il exprime l'idée de la matière dont le premier est formé, on se sert pour ce rapport de la préposition *de* et non de la préposition *en*.

On écrira donc: *montre* D'*or*, *médaille* D'*argent*, *table* DE *marbre*, *maison* DE *pierre*, et non *montre* EN *or*, *médaille* EN *argent*, etc.

Cependant on peut dire *médaille fondue* EN *argent*, *maison construite* EN *pierre*; mais ici *argent* est complément de *fondue*, et *pierre* complément de *construite*.

230. — III. Tout substantif servant de complément à un autre nom, doit être mis au singulier ou au pluriel, suivant qu'il réveille une idée vague d'espèce, ou qu'il représente des objets distincts.

On écrira donc :

AVEC LE SINGULIER.	AVEC LE PLURIEL.
Un tas de *foin*.	Un tas de *moellons*.
Deux mesures de *froment*.	Deux mesures de *fèves*.
Une fabrique de *savon*.	Une fabrique de *chapeaux*.
Un recueil de *musique*.	Un recueil d'*estampes*.
Puisque l'on dit d'une manière générale *du foin*, *du froment*, *du savon*, *de la musique*, ces mots excluent toute idée de nombre et doivent rester au singulier.	L'idée de pluralité ressort expressément de tous ces exemples, puisque l'on dit *des moellons*, *des fèves*, *des chapeaux*, *des estampes*.

Souvent le sens vague d'un nom complément est ramené au sens numérique par les mots qui suivent :

Un marchand de *vin*.	Un marchand de *vins fins*.
Des échantillons de *tabac*.	Des échantillons de *tabacs indigènes et étrangers*.
Entrepôt de *beurre*.	Entrepôt de *beurres salés et fondus*.
Des branches d'*arbre*.	Des branches d'*arbres abattus par le vent*.

Le même nom, employé comme complément, peut présenter des cas où il prend soit le singulier, soit le pluriel, selon les diverses nuances de sens qu'il exprime :

Un lit de *plume*.	Un paquet de *plumes*.
Des maisons de *pierre*.	Une charretée de *pierres*.
Une livre de *papier*.	Une liasse de *papiers*.

Remarque. Dans tous les exemples précédents, le nombre qu'il faut employer pour le substantif complément ressort assez du sens exprimé. Mais nous devons ajouter que, dans quelques cas où l'appréciation n'est pas aussi claire, l'Académie emploie indifféremment l'un ou l'autre nombre. Ainsi elle écrit : *maison de brique* ou *de briques*; *huile d'amande*, *pâte d'amandes*; *colle de poisson*, *sirop de groseilles*. Malgré cette latitude, les bons écrivains préfèrent employer le singulier, lorsque le complément ne présente à l'esprit qu'un objet qui a perdu sa forme primitive, qui est décomposé, mutilé; parce qu'il semble alors ne réveiller que l'idée vague d'espèce. On dirait donc :

Huile d'*olive*.	Un baril d'*olives*.
De la fécule de *pomme de terre*.	Un ragoût de *pommes de terre*.
Des tronçons de *colonne*.	Une rangée de *colonnes*.

231. — IV. Si un substantif est complément d'un mot d'espèce différente, d'un adjectif, d'un verbe, etc., les règles précédentes reçoivent encore leur application, en sorte qu'on le met au singulier lorsqu'il n'exprime qu'une idée d'espèce, et au pluriel lorsqu'il rappelle des objets individuels :

Un enfant plein de *bonne volonté*.	Un enfant plein de *défauts*.
Il y a des peuples qui vivent de *poisson*.	Certains animaux vivent de *crabes* et de *poissons*.
Sans *ami* peut-on être heureux ?	Sans *amis* peut-on jouir de sa fortune ?
Je les prends à *témoin* (*c'est-à-dire en témoignage*).	Je les prends pour *témoins* (*c'est-à-dire comme témoins*).
Elles sont coiffées en *bonnet*.	Elles sont coiffées en *cheveux*.
On a donné à ces malheureux cinq francs par *tête*.	Les voix se comptaient par *têtes* (VERTOT).

CHAPITRE III.

DE L'ADJECTIF.

—

I. — ADJECTIFS QUALIFICATIFS.

ACCORD. — RÈGLES GÉNÉRALES.

232. — I. L'adjectif doit prendre le genre et le nombre du substantif ou du pronom auquel il se rapporte :

Celui dont la *vie* est *simple* et *modérée*, ne connaît ni les VICES DÉSORDONNÉS ni les PASSIONS HAINEUSES.

Je *le* sais *inquiet* ; je *la* crois *bonne* ; *ils* sont *vertueux*.

233. — II. Quand un adjectif se rapporte à plusieurs substantifs du nombre singulier et du même genre, il se met au pluriel et au même genre que les substantifs qu'il qualifie :

Le *riche* et le *pauvre* sont ÉGAUX devant Dieu.

La *clémence* et la *bonté* sont PEINTES sur son front.

234. — III. Quand un adjectif se rapporte à plusieurs substantifs de différents genres, il doit se mettre au masculin pluriel :

Quel plus beau spectacle que celui de la *vertu* et du *talent* heureusement UNIS.

Remarque. Si l'adjectif a une terminaison différente pour chaque genre, le substantif masculin doit être énoncé le dernier :

Il demeura stupéfait, la *bouche* et les YEUX OUVERTS. — Il serait incorrect de dire *les yeux et la* BOUCHE OUVERTS.

On observera que les bons auteurs ont quelquefois placé à la fin le substantif féminin, en faisant accorder l'adjectif avec lui.

Armez-vous d'un *courage* et d'une FOI NOUVELLE (RACINE).

Ils évitent les *mots* et les ACTIONS DÉFENDUES.

Dans le premier cas, l'euphonie repoussait le masculin pluriel *nouveaux*, immédiatement après le mot *foi*; — dans le second, la terminaison de l'adjectif étant sensiblement la même pour l'oreille (*défendus, défendues*), ne pouvait la choquer ; — dans l'un et dans l'autre cas, l'adjectif est sous-entendu après le premier substantif, ce qui fait que la phrase n'a rien de louche ni d'incorrect.

On devra toutefois s'écarter le moins possible du texte de la *remarque*.

235. — IV. L'adjectif prend le genre et le nombre du dernier substantif, lorsqu'il se rapporte exclusivement à lui :

Le bon goût des Egyptiens leur fit aimer la solidité et la *régularité* toute NUE (BOSSUET).

Si l'on dépouillait les lois et l'*autorité* PUBLIQUE de ces dehors imposants qui frappent l'imagination du peuple, qu'en résulterait-il ? (FRAYSSINOUS.)

Remarques. 1° Cette règle s'applique au cas où les deux substantifs sont séparés par la conjonction *ou* :

Il obtenait tout avec sa patience ou son *audace incroyable.* — La conjonction *ou* exclut ici le premier des deux substantifs.

Cependant il faudrait dire : *on demande un homme ou une femme* ÂGÉS, si l'on voulait exprimer une condition d'âge requise pour chacun d'eux. *Un homme ou une femme* ÂGÉE formerait équivoque, en ce qu'on pourrait entendre un *homme n'importe de quel âge, et la femme seule* ÂGÉE. Il y a beaucoup de cas analogues (BONIFACE).

2° Lorsqu'il y a gradation dans les idées exprimées par plusieurs substantifs, le dernier détermine aussi l'accord :

...le fer, le bandeau, la *flamme* est toute PRÊTE (RACINE).

L'attention se porte à peine sur le *fer,* sur le *bandeau,* pour ne s'occuper que de *la flamme* qui va bientôt dévorer la victime. Il y a ici gradation d'idées : accord de l'adjectif avec le dernier nom.

3° Enfin, lorsque deux substantifs ont une signification à peu près semblable, l'adjectif s'accorde avec le dernier, parce qu'il n'y a qu'une seule idée exprimée :

Toute sa vie n'a été qu'un travail, qu'une *occupation* CONTINUELLE.

Dans ce cas, ce serait une faute de lier par la conjonction *et* les deux substantifs synonymes. On ne dirait donc pas : *Toute sa vie n'a été qu'un travail* ET *une occupation continuelle.* La ressemblance du sens dans les deux substantifs exclut l'idée d'addition.

236. — V. Quand un adjectif suit deux substantifs unis par la préposition *de,* il doit s'accorder avec celui des deux sur lequel tombe principalement la modification qu'il exprime. On dira donc :

Des boutons de *métal jaune.*	Des *boutons* de métal *ronds.*
Des bas de *laine anglaise.*	Des *bas* de laine *tricotés.*
Des protestations de *dévouement inaltérable.*	Des *protestations* de dévouement *unanimes.*

On doit donc s'attacher particulièrement à démêler quel est celui des deux substantifs qui déterminera l'accord par son union plus étroite avec l'adjectif.

237. — VI. Lorsque deux adjectifs modifient le même substantif, celui-ci peut se sous-entendre si les adjectifs forment un simple développement ; — mais on doit le répéter si la phrase exprime une sorte d'opposition.

Ainsi l'on dira sans répéter le substantif : *l'histoire sacrée et profane a formé de grands politiques,* parce qu'il s'agit de l'*histoire en général* (*tant sacrée que profane*). Il y a ici simple développement, et le sens est : *l'histoire a formé de grands politiques.*

Mais on dira en répétant le substantif : *l'histoire sacrée et* L'HISTOIRE *profane présentent des leçons bien différentes,* parce qu'il s'agit de deux *histoires*, comparées sous un point de vue qui les différencie (1).

Remarques. 1° Dans ce dernier cas, il suffit quelquefois de répéter l'article :

La langue italienne et *l'espagnole* ont entre elles de nombreux rapports.

2° Quelquefois de bons auteurs ont donné la forme plurielle à un substantif qualifié par deux adjectifs au singulier ; telle est cette phrase de Laharpe qu'il serait difficile d'exprimer par un autre tour :

On doit aux corps religieux la perpétuité DES LANGUES *grecque et latine* sans laquelle ces trésors devenaient inutiles.

3° De même avec les adjectifs numéraux, le besoin d'être concis autorise ces locutions :

LES *quinzième et seizième* SIÈCLES ; LES *deuxième, quatrième et sixième* LIVRES *de l'Enéide.*

Toutefois dans le style soutenu il sera mieux de dire : *le quinzième et le seizième siècle* ; *le deuxième, le quatrième et le sixième livre de l'Enéide.*

238. — VII. L'adjectif s'accorde en genre et en nombre avec le collectif, ou avec le nom qui suit ce collectif, selon que l'un ou l'autre fixe plus particulièrement le sens.

Accord avec le collectif.	*Accord avec le nom.*
Une *masse* de maisons *désagréable* (c'est la masse qui choque).	Une masse de *maisons construites* en pierre.
Une *troupe* de singes *composée* des espèces les plus rares.	Une troupe de *singes vêtus* à l'espagnole.
Un *corps* de cavaliers *formé* à la hâte.	Un corps de *cavaliers formés* à tirer de l'arc.
Une *quantité* de sauvages *effrayante* à voir.	Une quantité de *sauvages effrayants* par leurs cris désordonnés.
La *foule* des soldats *compacte* et sans ordre.	La foule des *soldats blessés.*

(1) Quelques grammairiens ont prétendu qu'il fallait toujours répéter le substantif ou au moins l'article, dans les locutions qui font l'objet de la règle VI ; mais on a peu tenu compte de cette opinion. La rapidité du discours amène naturellement une suppression qui ne laisse d'ailleurs rien d'obscur : *les écrivains sacrés et profanes; les sciences naturelles et physiques*, etc. D'un autre côté, on n'écrirait point, *Théophile est versé dans l'histoire ancienne et dans* LA *moderne ; l'art byzantin et* LE *roman diffèrent peu* ; mais on dira très-bien, en variant le tour et en consultant l'oreille : *Théophile est versé dans l'histoire ancienne et moderne ; l'art byzantin et l'art roman diffèrent peu.* — Pour lever tous les doutes, nous ajouterons que l'Académie autorise ces locutions, car elle a consigné dans son Dictionnaire les formes suivantes : *La principale source des langues grecque et latine ; des substances végétales et animales ; les rites gallican, mozarabe, gothique ; des parties molles et solides ; les autorités civiles et militaires*, etc., etc.

J'ai renvoyé à l'éditeur la *douzaine* de gravures *incomplète*.

On peut le classer dans la *moitié* des élèves *inquiétante* pour l'ordre. (L'ordre est compromis parce qu'il y en a une *moitié* de turbulents.)

J'ai gardé la douzaine de *gravures enluminées*.

On peut le classer dans la moitié des *élèves appliqués* à leurs devoirs. (L'application aux devoirs se dit des *élèves* plutôt que de *moitié*.)

Ces nombreux exemples prouvent que l'accord est réglé par le sens et non par la nature du collectif. C'est donc à tort qu'on a quelquefois posé cette règle : *l'adjectif s'accorde avec le collectif général* (qui exprime une *collection complète*) ; *mais si le collectif est partitif* (ou exprime une *collection partielle*), *il s'accorde avec le nom suivant*.

Il y a des cas où l'adjectif peut se rapporter également au collectif ou au nom qui le suit : *une collection de médailles* ACQUISE *ou* ACQUISES *d'occasion ; on dispersa la multitude des barbares* EMBARRASSÉE *de* SES *chariots, ou* EMBARRASSÉS *de* LEURS *chariots*. Il est alors indifférent d'accorder avec l'un ou avec l'autre de ces mots (*voyez le chapitre du verbe page* 140).

Enfin, il est à remarquer que toutes ces règles d'accord s'appliquent au participe passé, lorsqu'il remplit la fonction d'adjectif, et nous en avons donné des exemples.

239.—VIII. Les adjectifs qui modifient un verbe, et qui par cette raison sont pris adverbialement, demeurent invariables :

Vous m'avez vendu *cher* vos secours inhumains (RACINE).

Cette glace s'est cassée *net* ; on lui coupa les *cheveux très-court* ; ces enfants sont chaussés trop *juste*.

Mais on dira : cette *affaire* n'est pas *nette* ; il porte les *cheveux très-courts* ; ces *chaussures* sont trop *justes* ; parce que les adjectifs qualifient plutôt *affaire, cheveux, chaussure*.

Ces personnes ne marchent pas *droit* (directement) ; —ces *personnes* ne marchent pas *droites* (ne se tiennent pas *droites*).

Remarques. 1° Cette règle comprend plusieurs autres cas où le qualificatif reste invariable, parce qu'il modifie une expression sous-entendue :

Je ferai le moins d'erreurs, le moins de fautes *possible* (c'est-à-dire *qu'il soit possible de faire*) ; mais dans cette phrase, *il a éprouvé tous les* MALHEURS POSSIBLES, l'accord a lieu parce qu'il y a union étroite du nom et de l'adjectif.

Etoffe d'un *beau feuille-morte* (ACAD.) ; un *beau couleur de feu* (BARTHÉLEMY). C'est comme s'il y avait *un* BEAU TEINT FEUILLE MORTE ; *un* BEAU TON COULEUR DE FEU.

Dans *rubans paille, ceintures orange*, etc., les mots *paille*, *orange* sont substantifs, et l'on sous-entend *couleur de : rubans* COULEUR DE *paille*, etc.

Mais *cramoisi*, *écarlate*, *mordoré*, *rose*, sont des adjectifs aussi bien que des noms et suivent la règle d'accord, comme *blanc*, *bleu*, *noir*, *vert*, etc. : *des parements écarlates; des écharpes roses.*

2° Les adjectifs composés, modifiant un substantif, suivent pour l'accord une marche qu'on ne peut soumettre à des règles générales. Voici les indications que l'Académie et les auteurs fournissent à cet égard.

Aigre-doux, *frais éclos*, *frais cueilli*, *ivre-mort*, *tout-puissant*, prennent l'accord dans les deux mots : *des oranges* AIGRES-DOUCES; *des fleurs* FRAICHES ÉCLOSES.

Dans *clair-semé*, *court-vêtu*, le premier adjectif reste invariable : *les beautés sont trop* CLAIR-SEMÉES *dans ce poëme ; légère et* COURT-VÊTUE *elle allait à grands pas* (LA FONTAINE).

Mort-né, *mort-nés*, *mort-née*, sans pluriel féminin : *une brebis* MORT-NÉE.

Nouveau-né, *nouveau-nés*, *nouveau-née*, sans pluriel féminin.

Premier-né, *premiers-nés*, sans féminin.

Les deux adjectifs sont invariables dans *bleu clair*, *rose tendre*, *vert foncé*, etc., parce qu'ils se modifient l'un l'autre.

On dit aussi des *cheveux châtains* et *des cheveux châtain clair*; — *châtains clairs* exprimerait *des cheveux châtains* RARES.

3° Dans les adjectifs composés, si l'un des deux mots peut être pris substantivement, on les fera varier l'un et l'autre :

Les nouveaux mariés ; les nouvelles converties; les nouveaux débarqués.—*Mariés*, *convertis*, *débarqués*, sont employés ici comme substantifs.

RÈGLES PARTICULIÈRES.

240.—FEU (*défunt*). L'adjectif *feu* reste invariable quand il est séparé du substantif qu'il qualifie, par l'article ou par un adjectif déterminatif; mais il s'accorde avec le substantif s'il est joint immédiatement à lui :

Feu la reine ; *feu* ma mère ; — la *feue* reine.

Cet adjectif n'a point de pluriel.

241. — QUELQUE CHOSE. Si le mot *chose* est joint à l'adjectif *quelque*, pour n'exprimer avec lui qu'une même idée, on met au masculin l'attribut dont il est suivi, soit adjectif, soit participe. Cette locution forme alors un pronom indéfini :

Auriez-vous *quelque chose* de *fâcheux* à me dire?

Pour savoir *quelque chose* il faut l'avoir *appris*.

Mais *chose* a la valeur d'un substantif et veut l'accord, si le sens équivaut à *quelle que soit la chose que; certaine chose*: QUELQUE CHOSE *qu'il m'ait dite je suis resté calme; on lui dit* QUELQUES CHOSES TOUCHANTES, *et il s'apaisa.*

242. — DEMI, NU, EXCEPTÉ, SUPPOSÉ. Les adjectifs *demi*, *nu* et les participes *excepté*, *supposé*, sont invariables quand ils précèdent le substantif, mais ils prennent l'accord quand ils le suivent :

1° Une *demi-heure*; il est *nu-pieds*; ils ont tous péri *excepté deux personnes*; *supposé cette circonstance*, etc.

2° Une *heure et demie*; il a les *pieds nus*; deux *personnes exceptées*; ces *faits supposés*, la discussion commença.

Remarques. 1° *Demi*, après le substantif, rejette la marque du pluriel, parce que l'accord a lieu dans ce cas avec un substantif singulier sous-entendu. Ainsi cette phrase : *il a couru deux heures et* DEMIE, équivaut à celle-ci : *il a couru deux heures et (une heure) demie.*

Cependant si *demi* est pris comme substantif, il reçoit la forme plurielle : *cette horloge sonne les heures et* LES DEMIES.

2° On dit aussi *la* NUE PROPRIÉTÉ *d'un champ, d'une maison*; mais ce terme est consacré pour signifier une *propriété dont on n'a pas l'usufruit.*

243. — COMPRIS, FRANC DE PORT. Le participe *compris* et l'adjectif *franc*, dans la locution *franc de port*, demeurent invariables toutes les fois qu'ils précèdent le substantif, mais ils s'accordent avec lui s'ils sont placés après.

Il donne mille écus aux pauvres Y COMPRIS OU NON COMPRIS les *aumônes secrètes*; — il donne mille écus aux pauvres, les *aumônes secrètes non comprises.*

Vous recevrez FRANC DE PORT les *lettres* que je vous adresse; — ces *paquets* étaient *francs* de port.

244 — CI-JOINT, CI-INCLUS. Les participes *joint, inclus*, assimilés aux adjectifs, demeurent invariables lorsque le substantif suivant n'est point déterminé par l'article; dans le cas contraire, ils prennent l'accord.

Vous trouverez CI-JOINT, CI-INCLUS *copie* de ce que vous me demandez; — vous trouverez *ci-jointe* la *copie* de mon compte; les *pièces* du procès sont *ci-jointes.*

245. — GENS. Le substantif pluriel *gens* veut au féminin les qualificatifs qui le précèdent immédiatement, et au masculin ceux qui le suivent :

Les *vieilles gens* sont SOUPÇONNEUX.

Toutes les *bonnes gens* se sont INTÉRESSÉS à son malheur.

Cette bizarrerie de la langue est causée par la ressemblance de *gens* et de *Jean*, nom d'homme, pris quelquefois dans une acception de simplicité et de niaiserie; on dit en effet : *Il est resté gros Jean comme devant.*

Remarques. 1° Au lieu du féminin *toutes*, avant le substantif *gens*, on emploie le masculin *tous* : 1° quand cet adjectif est le seul qui précède ; 2° quand il est suivi d'un autre adjectif dont la terminaison est la même pour les deux genres : TOUS *les gens de bien l'avaient prévu* ; TOUS les HONNÊTES *gens en ont gémi.*

2° Le mot *gens* n'impose la forme du féminin qu'aux qualificatifs qui le précèdent immédiatement ; ainsi l'on dira : INSTRUITS *par l'expérience, les* VIEILLES GENS *sont* PLEINS *de circonspection.*

246. — AVOIR L'AIR. Les adjectifs qu'on emploie dans cette locution s'accordent avec le substantif *air*, si le sens exprime une qualité morale; mais ils s'accordent avec le sujet principal, si le sens exprime une qualité physique.

Ainsi, en parlant de personnes ou d'animaux on dira :

Mme *** a l'*air grand et noble.* Sa fille, Mlle ***, a l'*air petit* et *mesquin.* Votre sœur a l'*air léger* et *distrait.* La panthère a l'*air dur* et *féroce.*	Qualités morales, accord avec le mot *air.*
Mme *** a l'air *grande* et bien *faite.* *Sa fille* a l'air *petite* pour son âge.	Qualités physiques, accord avec le sujet.

En parlant des choses :

La tuile a l'*air* plus *gai* que le chaume. Cette campagne a l'*air désolé.*	Qualités morales, accord avec le mot *air.*
Cette *cour* a l'air *grande* et *spacieuse.* Cette *robe* a l'air *légère* pour la saison. Cette *plume* a l'air *dure* et mal *fendue.*	Qualités physiques, accord avec le sujet.

Remarque. Il est souvent difficile de démêler si l'adjectif exprime une qualité morale ou une qualité physique, et dans ces cas la locution *avoir l'air* a quelque chose d'embarrassé. On pourra alors la modifier au moyen du verbe *être* : *Cette proposition a l'air d'*ÊTRE *neuve et elle ne l'est point.* L'accord se fait toujours ici avec le sujet.

COMPLÉMENT DES ADJECTIFS.

247. — I. Parmi les adjectifs qualificatifs, il en est plusieurs qui peuvent recevoir un complément; mais ce complément réclame toujours une préposition.

Dans cette phrase : *un citoyen utile à sa patrie est digne d'être honoré*, *patrie* est le complément de l'adjectif *utile* au moyen de la préposition *à*, et *être honoré* est le complément de l'adjectif *digne* au moyen de la préposition *de*.

248. — II. Quand deux adjectifs veulent après eux des

prépositions différentes, on met après le premier celle qu'il réclame, et après le second un des pronoms *lui, leur* ou *en* :

Cet homme est utile *à* sa famille et *en* est chéri.

Utile réclame la préposition *à*, et *chéri* la préposition *de*; ce serait donc une faute que de dire : *cet homme est utile et chéri* DE *sa famille* (LHOMOND).

249. — III. Les adjectifs qui prennent la préposition *à* devant un verbe complément, repoussent cette préposition si ce verbe est pronominal.

On dit bien : *ces vers sont faciles à apprendre*, mais on ne peut dire *ces livres sont faciles à se procurer*. Il faut prendre un autre tour, et écrire par exemple : *il est facile de se procurer ces livres*.

PLACE ET EMPLOI DES ADJECTIFS.

250.—I. De deux adjectifs, celui qui peint l'attribution la moins connue doit figurer comme premier terme dans les comparatifs d'égalité, celui qui peint l'attribution la plus connue sera placé le dernier :

Socrate fut *vaillant* autant que *sage*.
Turenne fut *sage* autant que *vaillant*.

Ce qui frappe le plus dans Socrate c'est la sagesse ; voilà le terme, le but de la comparaison. Ce serait donc présenter la pensée sous un faux jour que de dire : *Socrate fut* SAGE *autant que* VAILLANT. Le contraire a lieu pour Turenne.

251. — II. Tout qualificatif doit se rapporter sans équivoque à un sujet exprimé, ou du moins clairement désigné dans la phrase.

Ainsi l'on ne dira pas : *épris des beaux-arts, votre père vous fournira les moyens de les cultiver*. — Le rapport de l'adjectif *épris* est équivoque dans cette phrase. On ne voit point si c'est *votre père* qui est *épris*, ou si c'est *vous*. On rendra la phrase correcte, en disant selon les vues de l'esprit : *Comme votre père est épris des beaux-arts*, ou *comme vous êtes épris*, etc.

252.— III. Quelquefois le qualificatif n'offre qu'un rapport indirect avec un nom sous-entendu, sans que pour cela l'emploi en soit vicieux; c'est ce qui a lieu dans les cas où il est l'expression d'une proposition *implicite* (*voyez page* 92). Mais il faut que les mots sous-entendus soient aisément suppléés par l'esprit :

Telle est cette phrase que nous avons déjà citée : *Jaloux des droits de sa couronne, son unique ambition était de la transmettre à ses successeurs.* L'esprit supplée sans peine, *comme il était jaloux*, etc.

253.— IV. La place de l'adjectif dans la phrase est déterminée par le goût et le génie de la langue; quelquefois aussi elle dépend du sens, comme dans ces exemples :

Un *homme bon* et un *bon homme*; un *pauvre auteur* et un *auteur pauvre*; des *vers méchants* et de *méchants vers.*

L'usage et l'étude des auteurs feront apprécier ces nuances diverses. Hors des cas où le sens est changé, les règles que l'on pourrait donner sur la place des adjectifs seraient insuffisantes, comme sujettes à trop d'exceptions.

254.— V. Il ne faut point appliquer aux personnes certains adjectifs qui ne se disent que des choses; et, réciproquement, les adjectifs propres aux choses doivent leur être exclusivement affectés.

On dira donc : *une personne consolable*; *un fait contestable*, parce qu'on peut dire *consoler une personne* ; *contester un fait.*

Mais il serait irrégulier de dire : *un enfant pardonnable*, parce qu'on ne dit point *pardonner un enfant*, mais *pardonner* UNE FAUTE *à un enfant.*

Remarque. Le verbe lui-même ne guide pas toujours d'une manière sûre pour cet emploi ; car *consoler une affliction* est régulier ; mais on ne peut dire une *affliction consolable.* Le goût et l'étude suppléeront ici au défaut des règles.

II. — ADJECTIFS DÉTERMINATIFS.

ADJECTIFS POSSESSIFS.

255.— I. Les adjectifs possessifs *notre, votre, leur*, et le substantif auquel ils sont joints, se mettent au singulier ou au pluriel, selon qu'il y a unité ou pluralité dans l'idée.

On dira : *Paul et sa sœur ont perdu* LEUR *mère* parce qu'il s'agit d'une seule *mère.* Mais s'il y a pluralité on dira : *Paul et Virginie ne connaissaient d'autres époques que celles de la vie de* LEURS MÈRES (BERNARDIN DE SAINT-PIERRE).

On écrira conformément à ce principe : *ces enfants ont présenté* LEUR *offrande*, s'il s'agit, par exemple, d'une ou de plusieurs couronnes leur appartenant en commun ; — *ces enfants ont présenté* LEURS *offrandes*, si chacun d'eux avait une couronne.

Remarque. Malgré l'idée plurielle, on met au singulier les adjectifs *notre, votre, leur*, quand ils se rapportent à un de ces noms abstraits qui n'ont pas de pluriel :

Contentons-nous de *notre* SORT.

Ils n'ont jamais craint qu'on doutât de *leur* BRAVOURE.

256. — II. Les adjectifs possessifs se remplacent par l'article ou par *un*, *une*, lorsque, d'après le sens de la phrase, il n'y a pas lieu de douter quel est le possesseur.

Ainsi l'on ne dira pas : *J'ai mal à* MA *tête; mais j'ai mal à* LA *tête ; — il s'est cassé* SON *bras ; mais il s'est cassé* UN *bras.*

Remarque. On emploie néanmoins l'adjectif possessif dans des cas analogues :

1° Pour donner plus de force à l'expression : *levez* VOS *yeux vers le ciel, et attendez de là votre secours.* (NICOLE.)

2° Pour exprimer quelque chose d'habituel, pour indiquer spécialement un objet : MA *migraine me reprend tous les jours; j'éprouve un grand soulagement dans* MON *genou* (je veux dire *le genou malade*).

3° Pour donner une acception particulière à certains mots : *Elle m'avait sauvé de ma ruine, avant de me donner* SA *main.* (Mlle COTTIN.)

4° Pour éviter toute équivoque : *il perd tout* SON *sang; il fait* SA *barbe; cet enfant fait* SES *dents* (ACAD.). — L'adjectif possessif est de rigueur dans tous ces cas pour bien préciser le sens.

257. — III. Lorsqu'il s'agit de choses inanimées, l'adjectif possessif s'emploie, si l'objet possesseur figure dans la même proposition que l'objet possédé. Dans le cas contraire, l'adjectif se remplace par le pronom *en*, qui doit être préféré.

Ainsi l'on dira bien : LA GUERRE *a* SES *faveurs ainsi que* SES DISGRACES, parce que *la guerre*, qui est l'objet possesseur, figure dans la proposition où se trouve l'objet possédé *faveurs*.

Mais on ne dira pas : *Paris est une belle ville, j'admire* SES BOULEVARDS; parce que *Paris*, qui est l'objet possesseur, ne figure pas dans la proposition où se trouve l'objet possédé *boulevards*. Il faut dire d'après la règle : *Paris est une belle ville, j'*EN *admire les boulevards.* — On dirait bien cependant : *l'Italie m'enchante; j'admire la beauté de* SES *monuments*, parce que ce tour qui renferme une préposition repousse le pronom *en*.

***Remarque.* Il y a des cas nombreux où le pronom *en* nuirait à la clarté, à l'harmonie, ou affaiblirait l'expression; on emploiera alors l'adjectif possessif *son, sa, ses* :**

Ces arbres sont bien exposés, mais *leurs* fruits ne mûrissent pas.

L'Assyrie fut un puissant empire; *ses* principales villes étaient riches et populeuses, etc.

Ceci est applicable surtout au cas où l'on personnifie les objets : *l'âge d'or n'a fait que passer sur la terre; le crime a bientôt pris* SA *place.*

258.—IV. L'adjectif possessif doit se répéter devant les

adjectifs qui qualifient, sous des rapports différents, le même nom.

On dira donc : MES *grands et* MES *petits appartements*, parce qu'il s'agit d'appartements distincts. Mais on dirait, sans répéter l'adjectif : MES GRANDS ET BEAUX *appartements*, parce que les deux qualificatifs, *grands* et *beaux*, s'appliquent aux mêmes objets.

Remarque. L'Académie autorise cependant, dans le langage ordinaire, la suppression du second adjectif, pour quelques locutions où l'on rendrait la phrase traînante en le répétant : *la fortune a son flux et reflux; le consentement de ses père et mère*, etc. Dans le style soutenu, il sera mieux d'observer la règle.

ADJECTIFS NUMÉRAUX.

259.—I. Les adjectifs de nombre *vingt* et *cent* prennent la marque du pluriel lorsqu'ils sont multipliés par un autre adjectif numéral et suivis immédiatement d'un substantif :

Quatre-vingts hommes; deux cents chevaux.

Hors de là ils sont invariables : *vingt arbres, cent dix maisons, quatre-vingt-cinq francs, trois cent deux volumes; l'an six cent.*

Quelquefois le nom est sous-entendu et le s est aussi de rigueur selon la règle : *ils sont quatre-vingts; j'en ai vu deux cents.*

Mille est invariable : *mille chevaux; trois mille hommes.* — Dans l'ordre des années on dit *mille* avant l'ère chrétienne, et *mil* depuis cette ère : *l'an* MILLE *trois cent neuf après le déluge; l'hiver fut très-rigoureux en* MIL *sept cent neuf.* (LHOMOND.)

Mille, mesure géographique, est substantif et peut prendre le signe du pluriel : *trois* MILLES *d'Angleterre font près d'une lieue de France.*

260.—II. Lorsqu'un adjectif de nombre est précédé du pronom *en*, et suivi d'un adjectif ou d'un participe, on met devant cet adjectif ou ce participe la préposition *de* :

Sur mille hommes, à peine y en a-t-il *un d'*heureux.

Sur mille combattants, il y en eut *cent de* tués.

Si le tour de la phrase n'amène point le pronom *en*, la préposition *de* ne s'exprime pas devant l'adjectif. — Mais devant un participe, on peut, suivant quelques autorités, employer cette préposition ou la supprimer : *il y a quatre hommes éminents dans cette assemblée; il y eut cent hommes* DE *tués dans cette affaire.*

261. — III. *Second* et *deuxième* s'emploient l'un pour marquer seulement une dualité; l'autre pour marquer une série aussi bien qu'une dualité.

Ainsi l'on dira, en parlant d'un ouvrage qui n'a que deux tomes : *voici le tome second*; mais si l'ouvrage a un plus grand nombre de tomes, on dira : *voici le deuxième tome*, car *deuxième* fait nécessairement songer à *troisième*. — On pourrait dire aussi, dans ce dernier cas, *voici le tome second*.

ADJECTIFS INDÉFINIS.

262. — **Même**. Ce mot est adjectif et s'accorde avec le substantif qu'il modifie, soit qu'il le précède ou qu'il le suive :

Les peuples se ressemblent : *mêmes* vices, *mêmes* vertus. Les Romains n'ont vaincu les Grecs que par les Grecs *mêmes*.

Il prend aussi l'accord dans les pronoms ; *nous-mêmes ceux-mêmes*, etc.

Remarque. *Même* est adverbe et conséquemment invariable :

1° Quand il modifie un verbe exprimé ou sous-entendu :

Exempts de maux réels, les hommes s'en forment *même* de chimériques. — On massacra tous les prisonniers, *même* les vieillards.

2° Quand il est placé après deux ou plusieurs substantifs :

Les lois, les mœurs, les préjugés *même* vous condamnent.

3° Quand il modifie un adjectif au positif ou au superlatif :

Tout citoyen doit obéir aux lois, *même* injustes. — Nous avons sacrifié à la patrie nos intérêts *même* les plus chers.

263. — **Quelque, quel...que, quelque que**. Ces mots forment trois locutions qui diffèrent essentiellement :

1° Lorsque le mot *quelque* est joint à un substantif et n'est point suivi de *que*, il prend le genre et le nombre de ce substantif :

Quelques personnes ont été massacrées dans l'émeute.

2° Placé immédiatement devant un verbe, *quel que* s'écrit en deux mots, et alors *quel*, adjectif, s'accorde avec le sujet du verbe, et *que*, conjonction, reste invariable :

Quels que soient les humains, il faut vivre avec eux.

3° Lorsque *quelque* est suivi de *que*, on doit s'attacher à distinguer s'il est adjectif ou s'il est adverbe.

Il est généralement adjectif, lorsqu'il est joint à un substantif soit seul, soit modifié par un autre adjectif :

Quelques erreurs que suive le monde, on s'y laisse surprendre.
*Quelques faux bruits qu'*on ait semés de ma personne, j'ai pardonné sans peine (Boileau).

Quelque dans ces exemples équivaut à *de quelque nature que soient*, etc., et au besoin ce développement suffirait pour le faire reconnaître comme adjectif.

Au contraire *quelque* est adverbe et invariable :

1° Quand il est suivi d'un adjectif seul ou d'un adverbe :

Les rois *quelque* puissants qu'ils soient ne doivent point oublier qu'ils sont hommes. (LHOMOND.)

Quelque adroitement que les choses se fassent, la main de l'homme est sujette à tout fausser.

2° Quand il précède immédiatement un adjectif de nombre :

Il y a *quelque* cinq cents ans *que*, etc.

3° Lorsqu'il précède un substantif employé comme attribut :

*Quelque bons écrivains qu'*aient été Racine et Boileau, ils ont néanmoins péché quelquefois contre la langue.

Quelque, dans presque tous ces exemples, signifie *à quelque degré que*, et ce sens le fera reconnaître comme adverbe.

264. — TOUT. *Tout* est adjectif et prend l'accord :

1° Lorsqu'il exprime une collection ;

Tous les *conjurés* interdits gardèrent le silence.

2° Lorsqu'il signifie *chaque, un* (*quelconque*), *entier :*

Toute âme ambitieuse est incapable de règle, — c'est-à-dire *chaque âme*, etc.

Toute autre vie me pèserait, — c'est-à-dire *une vie autre* (*quelconque*) *me pèserait*.

Rome n'est plus dans Rome, elle est *toute* où je suis. (CORNEILLE.)

Remarque. Tout signifiant *entier*, reste au masculin singulier devant un nom de ville féminin, parce qu'il se rapporte à *peuple* sous-entendu : TOUT *Rome était consterné* (VERTOT); c'est-à-dire *tout le peuple de Rome*, etc.

Tout est adverbe et, par conséquent, invariable :

1° Lorsqu'il modifie un adverbe :

La joie de faire du bien est *tout autrement* douce que la joie de le recevoir.

2° Lorsqu'il signifie *quelque....que* :

Les enfants, *tout* aimables *qu'*ils sont, ne laissent pas d'avoir bien des défauts. (LHOMOND.)

3° Lorsqu'il signifie *tout à fait, entièrement :*

C'est Vénus *tout entière* à sa proie attachée. (RACINE.)

Ma Muse *tout en feu* me prévient et te loue. (BOILEAU.)

Des étoffes *tout laine, tout soie*. Ces gens sont défiants ; ils sont *tout yeux, tout oreilles*. (ACAD.)

Les conjurés restèrent *tout interdits*. La vie est *tout* autre à Paris qu'en province. — Dans ces deux exemples, *tout* est adverbe, car il modifie les adjectifs *interdits, autre ; tout à fait interdits, tout à fait autre* ; tandis que dans les phrases semblables citées plus haut, *tous les conjurés interdits gardèrent le silence ; toute autre vie me pèserait*, le sens est différent, et il y a accord entre l'adjectif et le nom.

Remarque. Tout, quoique adverbe, et dans le sens de *tout à fait*, cesse d'être invariable, quand l'adjectif ou le participe qu'il précède est féminin et commence par une consonne ou par un *h* aspiré :

Cette image *toute belle* qu'elle est ne me plaît pas (LHOMOND).

Cette jeune personne est *toute honteuse* de s'être exprimée comme elle l'a fait.

C'est l'euphonie qui dans ce cas exige l'accord.

265. — *Tout* se répète devant chaque nom synonyme.

Ainsi l'on ne dira pas : *il a perdu* TOUTE *l'affection* ET *l'amitié qu'il avait pour moi*; mais, *il a perdu* TOUTE *l'affection*, TOUTE *l'amitié*, etc.

266. — CHAQUE. L'adjectif *chaque* doit toujours précéder immédiatement le substantif auquel il se rapporte :

Chaque âge a ses plaisirs, son esprit et ses mœurs (BOILEAU).

Remarque. Chaque ne doit pas être confondu avec *chacun*. L'un, comme on vient de le voir, veut toujours être suivi du substantif qu'il modifie ; l'autre, en sa qualité de pronom, vient après le substantif qu'il représente. On ne dira donc pas : *ces livres coûtent six francs chaque*; mais *six francs chacun*.

267. — TEL, TEL QUE. *Tel*, employé sans la conjonction *que*, s'accorde, dans la proposition où il se trouve, avec le terme auquel il se rapporte :

TELLE était ma DÉTRESSE. — On les appelle méchants parce qu'ILS sont TELS.

Il y a des insectes qui se métamorphosent, TELLES sont LES ABEILLES, LES CHENILLES, etc.

Remarques. 1° Lorsque *tel* est suivi de *que*, cette conjonction commence un développement, une nouvelle proposition, pleine ou elliptique, et alors *tel* se rapporte alors le plus souvent à un terme qui n'appartient pas à ce développement, à cette proposition :

Il y a des INSECTES qui se métamorphosent, TELS QUE les abeilles, les chenilles, etc. — Ici *tels* se rapporte à *insectes*, parce que ce développement, *les abeilles, les chenilles*, est nettement séparé de la proposition précédente par la conjonction QUE.

TEL QU'une bonne vieille IL disait mille contes.

L'analyse donne : IL *disait mille contes*, TEL QU'*une bonne vieille* (*dit des contes*). — QUE sépare évidemment deux propositions, et TEL s'accorde avec le sujet de celle où il se trouve. *Bonne vieille* ne peut être que le sujet d'un verbe sous-entendu.

2° Quelquefois, dans les comparaisons poétiques, *tel* est répété avec inversion, et alors on ne suit pas la même marche. Le premier *tel* qui précède *que*, s'accorde avec le nom qui suit immédiatement cette conjonction :

TEL qu'un TROUPEAU de gazelles fuit au cri du léopard, *telles* les *vierges* d'Ephraïm couraient épouvantées à l'approche des Philistins.

Dans cette comparaison, la conjonction *que* ne sépare pas deux propositions; elle est employée par rédondance, à cause de l'inversion, et le sens est : *Tel un troupeau de gazelles fuit... telles les vierges d'Ephraïm couraient...* Si l'on renverse les deux membres de la phrase, on dira, selon la remarque précédente : *Les* VIERGES *d'Ephraïm couraient épouvantées à l'approche des Philistins*, TELLES *qu'un troupeau de gazelles fuit au cri du léopard.* C'est le goût qui décide du choix de l'un ou de l'autre de ces tours.

268. — AUCUN, NUL. *Aucun*, et *nul* signifiant pas un, sont essentiellement du singulier; mais ils prennent le pluriel quand on les emploie avec des substantifs inusités au singulier.

On ne doit point imiter ces formes :

> *Aucuns monstres* par moi domptés jusqu'aujourd'hui,
> Ne m'ont acquis le droit de faillir comme lui (RACINE).

Nulles affaires ne peuvent le retenir chez lui.

Mais on peut dire : *on ne lui fit* AUCUNES FUNÉRAILLES ; *ce domestique ne reçoit* NULS GAGES ; parce que *funérailles* ne s'emploie qu'au pluriel, et que *gages*, dans le sens de salaire, n'a pas de singulier.

Remarque. Aucuns, *d'aucuns*, s'emploient aussi dans le style naïf pour *quelques-uns :*

> Phèdre était si succinct qu'AUCUNS l'en ont blâmé (LA FONTAINE).

CHAPITRE IV.

DE L'ARTICLE.

—

ACCORD DE L'ARTICLE.

269.—Devant les adverbes *plus*, *moins*, *mieux*, l'article varie s'il figure dans un *superlatif relatif*; il demeure invariable s'il se trouve dans un *superlatif absolu :*

Quoique cette femme montre plus de fermeté que les autres, elle n'est pas pour cela *la moins affligée* (BEAUZÉE).

Cette femme est douée d'une fermeté qui ne se dément pas, lors même qu'elle est *le plus affligée.*

Dans le premier exemple, l'article s'accorde avec un substantif sous-entendu : *quoique cette femme montre plus de fermeté que les autres, elle n'est pas pour cela la (femme) moins affligée.*

Dans le second, l'article forme avec l'adverbe *plus* une locution adverbiale qui modifie l'adjectif suivant ; il est donc invariable. Le sens est : *cette femme est douée d'une fermeté qui ne se dément pas, lors même qu'elle est* LE PLUS (POSSIBLE) *affligée* ; c'est-à-dire *au plus haut point, au plus haut degré.*

Remarque. Le plus, le moins, le mieux sont encore invariables lorsqu'ils modifient un verbe ou un adverbe :

Racine et Fénelon sont les auteurs qui ont *le mieux* écrit ; Corneille et Bossuet, ceux qui ont écrit *le plus noblement.*

Mais on dirait : *les ouvrages de Corneille et de Bossuet sont* LES PLUS NOBLEMENT ÉCRITS *de notre langue*, parce que la comparaison amène ce sens : ... *sont les (ouvrages) plus noblement écrits de notre langue.*

RÉPÉTITION DE L'ARTICLE.

270. — I. Lorsque plusieurs substantifs sont placés de suite, et que l'article figure devant le premier, on doit le répéter devant chacun des autres :

Le cœur, *l'*esprit, *les* mœurs, tout gagne à la culture (BOILEAU).

Remarque. L'Académie a consigné dans son Dictionnaire ces expressions : *les négociants et banquiers* ; *les princes et princesses du sang* ; *les enfants et petits enfants*, etc. Mais les phrases où elles sont placées appartiennent au langage ordinaire : dans le style soutenu, tous les bons écrivains s'accordent à répéter l'article. On dirait donc dans ce dernier cas : *les princes et* LES *princesses du sang*, etc.

271. — II. Lorsque plusieurs adjectifs unis par la conjonction *et* se partagent, de manière que l'un qualifie un substantif exprimé, l'autre le même substantif sous-entendu, l'article doit se répéter :

Il occupe *le* premier et *le* second étage.

Les grands et *les* petits appartements.

Remarques. 1° Cette règle ne nous paraît applicable qu'au cas où les adjectifs précèdent le substantif. On ne dira point par exemple *les lois divines et* LES *humaines.* — Pour régulariser ces locutions voyez la syntaxe de l'adjectif (*page* 106 et la note).

2° Si les adjectifs unis par la conjonction *et* modifient un seul et même substantif, l'article ne doit point se répéter : *le sage et pieux Fénelon.* Ici la répétition de l'article serait une faute, parce qu'elle ferait croire que l'on parle de deux individus. Mais on dirait très-bien en supprimant la conjonction *et* : *le sage, le pieux Fénelon*, etc. ; car ce serait une sorte de gradation.

DE L'EMPLOI ET DE LA SUPPRESSION DE L'ARTICLE.

Observations préliminaires.

272.— 1° Un nom commun peut être pris dans toute l'étendue de sa signification et désigner un genre, comme dans cet exemple : *l'homme est mortel*, où le mot *homme* s'applique à tous les individus compris sous ce nom.

2° Un nom commun peut être pris dans une signification plus restreinte et désigner une espèce, comme dans cette phrase : *l'homme savant est estimé*, où le mot *homme* ne s'applique qu'à une classe, celle des savants.

3° Enfin un nom commun peut être pris dans une signification plus restreinte encore, et ne désigner qu'un individu, comme dans cet exemple : *l'homme dont je vous parlais*, etc.

Par opposition à ces trois cas, un nom commun peut être pris dans une signification indéfinie, c'est-à-dire sans désignation de genre, ni d'espèce, ni d'individu. *Cette femme a montré un courage d'homme;* ici le mot *homme* réveille seulement, d'une manière vague, l'idée dont il est le signe; il exprime quelque chose des qualités qui constituent l'*homme*, plutôt que des individus distincts dans l'espèce humaine.

Si l'on examine ces quatre exemples, l'on verra que, dans les trois premiers, le mot *homme* offre une idée précise quant à l'étendue de sa signification, et que le contraire a lieu dans le dernier. On dit du mot *homme*, dans les trois premiers cas, qu'il est pris dans un sens déterminé, et dans le dernier, qu'il est pris dans un sens indéterminé. — Or, l'article qui figure dans ceux-là se supprime dans celui-ci. De là le principe suivant :

272 *bis*. —PRINCIPE GÉNÉRAL. *On emploie l'article devant les noms communs dont la signification est déterminée; on le supprime devant ceux dont la signification est indéterminée.*

DE L'ARTICLE DEVANT QUELQUES NOMS PROPRES.

273.—I. Les noms propres de personnes, de villes et de lieux particuliers, sont déterminés par eux-mêmes, et dès lors ils rejettent l'article :

Constantin transporta le siége de l'empire à *Byzance*.

C'est à *Fontainebleau* que *Napoléon* fit ses adieux à sa garde.

Remarque. On dit, il est vrai, *le Tasse*, et l'on écrivait autrefois *la Champmélé*, mais en sous-entendant les mots *poëte*, *actrice*. — Quant aux noms tels que *la Fontaine*, *le Havre*, etc., c'étaient dans l'origine des substantifs communs.

274. — II. On emploie ou l'on supprime l'article devant les noms propres de royaumes, de provinces, etc., selon que l'attention se porte sur l'étendue de ces lieux ; — ou qu'on ne précise rien sur cette étendue :

1° Les limites *de la France*.

La conquête *de l'Asie* ne coûta que quelques mois à Alexandre.

2° Il vient *de France*.

Les peuples *d'Asie* sont plus efféminés que ceux *d'Europe*.

Remarques. 1° On dira de même, avec l'article : *l'eau de la Seine est bourbeuse*, parce que l'on réveille l'idée du fleuve, de son cours, etc. — et *ils boivent de l'eau de Seine*, parce que le mot *Seine* ne sert ici qu'à spécifier cette eau, à la différencier de toute autre.

2° On emploie l'article devant les noms de royaumes, etc., découverts depuis le XVe siècle, même dans le sens vague indiqué par la seconde partie de la règle : *il vient* DU PÉROU ; *porcelaine* DE LA CHINE.

L'usage a tellement consacré l'emploi de l'article devant ces noms, qu'il en est en quelque sorte partie intégrante et indivisible. — On dit toutefois *encre* DE CHINE.

DE L'ARTICLE DEVANT LES NOMS COMMUNS.

275. — Dans les phrases soit affirmatives, soit négatives, l'article simple *le*, *la*, *les* ne présente aucune difficulté quant à son emploi, lorsque le substantif désigne clairement un *genre*, une *espèce* ou un *individu* ; comme dans ces exemples : *la loi protége* LES BONS CITOYENS; *on ne voit point* LES COUPABLES *prospérer*.

Mais lorsque le substantif est pris dans un sens *partitif*, c'est-à-dire pour exprimer une *partie* non définie d'un tout ou d'une collection, ce n'est plus l'article simple, mais l'article composé *du*, *de la*, *des*, qu'il faut employer, et si la négation ou quelque autre circonstance ajoute encore du vague à l'expression, l'article est remplacé par la préposition *de*.

276. APPLICATIONS. — I. On emploie l'article composé ou contracté devant les noms communs qui sont pris dans un sens partitif :

Des philosophes ont nié le mouvement.

Il a *de la capacité*; donnez-lui *du temps* pour payer.

Les noms communs pris dans un sens partitif sont déterminés en ce qu'ils expriment ordinairement des individus ou des objets pris dans un sens individuel. Mais ils ont aussi quelque chose de vague, parce qu'ils ne désignent qu'une partie non définie d'un tout ou d'une collection. C'est pourquoi on leur donne l'article composé ou contracté qui est moins précis que l'article simple, et qui peut se traduire alors par *quelque*. Ainsi dans le premier exemple le sens est : *quelques philosophes ont nié le mouvement.*

Il a de la capacité signifie aussi *il a quelque capacité*; — *donnez-lui du temps, donnez-lui quelque temps.*

277.— II. Si les noms communs, pris dans un sens partitif, sont précédés d'un adjectif qualificatif, on supprime l'article, et l'on n'emploie que la préposition *de* :

Tout au plus il aperçoit *de sombres lueurs, de vaines ombres*, qui n'ont rien de réel (Massillon).

Cependant si le nom et l'adjectif qui le précède sont liés par le sens de manière à ne former pour ainsi dire qu'un seul mot, on emploie l'article *du, de la, des : du bon sens, de la bonne volonté, des grands hommes.*

On dira aussi : *procurez-moi* DE LA *bonne huile*; *j'ai* DU *bon tabac*, etc. Mais ici l'esprit détermine les substantifs *huile, tabac* d'une manière exceptionnelle. Ces expressions peuvent signifier *de l'huile bonne pour les aliments* par opposition à de *l'huile à brûler*; *du bon tabac* peut se dire par une insistance particulière pour sa bonne qualité.

278.— III. Si les noms communs pris dans un sens partitif sont compléments d'un adjectif, d'un verbe ou d'un participe qui réclame la préposition *de*, on emploie encore cette préposition sans article :

Un nid plein *de fauvettes.*

Plus d'un homme mûr se nourrit *de chimères.*

On observera qu'ici la préposition *de* est de rigueur, au lieu que dans les cas précédents on peut la remplacer par le mot *quelques : il aperçoit quelques sombres lueurs.*

279.—IV. On supprime l'article, et l'on n'emploie que la préposition *de*, devant les noms communs pris dans un sens indéfini et compléments d'un verbe affecté d'une négation :

Je ne vous ferai point *de* reproches.

Le génie malheureux n'a guère *d'*amis.

Remarques. 1° On emploie l'article composé : 1° si la

négation affecte, non le verbe qui a pour complément le substantif commun, mais un verbe qui précède; — 2° si la négation n'est qu'un tour oratoire, c'est-à-dire si elle n'est que dans la forme, et qu'au fond l'idée soit affirmative; — 3° quand il y a interrogation :

Je n'ai pas dû lui faire *des* reproches.

Le génie ne se fait guère *des partisans*, sans se faire *des ennemis*. (LAHARPE.)

N'avez-vous pas *des amis*, *des parents* ?

On doit quelquefois employer l'article après un verbe affecté d'une négation; mais le substantif est toujours déterminé par le sens ou par quelque mot sous-entendu.

Ainsi ces phrases : *vous n'êtes pas* DES *barbares! ce n'est pas* DU *papier*, signifient : *vous êtes autres que* DES *barbares*; *c'est autre chose que* DU *papier*.

280. — V. On supprime l'article devant les noms communs employés pour modifier d'autres noms :

Une table *de marbre*. — Des jeux *de société*, etc.

On remarquera que l'article se supprimerait également, si le nom commun qui sert à modifier était modifié lui-même par un autre substantif : *une table* DE *marbre* DE *Paros*.

281. — VI. On supprime l'article devant les noms compléments d'un adverbe de quantité, ou d'un collectif partitif :

Peu d'ouvrages échappent à la main du temps.

Un grand nombre de personnes ont péri dans ce naufrage.

On voit encore que la signification des mots *ouvrages* et *personnes* est indéterminée.

Exceptions. L'adverbe de quantité *bien* et le collectif *la plupart* font seuls exception à cette règle :

Un repentir sincère efface BIEN DES FAUTES.

LA PLUPART DES HOMMES agissent sans réfléchir.

282. — VII. Les noms communs compris dans les trois règles précédentes, c'est-à-dire 1° ceux qui sont compléments d'un verbe affecté d'une négation; 2° ceux qui servent à modifier d'autres noms; 3° enfin, ceux qui sont précédés d'un adverbe de quantité ou d'un collectif partitif, réclament l'article composé *du, de la, des*, toutes les fois que leur signification est déterminée par ce qui suit :

1° Madame, je n'ai point DES SENTIMENTS *si bas* (RACINE).

2° On fit faire par mégarde une cheminée DU MARBRE *chargé de ces précieuses inscriptions* (MONTFAUCON).

3° PEU DES OUVRAGES *que l'antiquité nous a légués*, nous sont parvenus intacts.

283. — VIII. On supprime l'article 1° devant les noms communs immédiatement suivis des mots *tous*, *chacun*; 2° devant ceux qui figurent dans les locutions proverbiales et dans quelques énumérations; 3° enfin, devant ceux qui sont compléments de la préposition *en*, de l'un de ces mots *sorte*, *genre*, ou encore des verbes *avoir*, *faire*, et de quelques autres avec lesquels ils font, pour ainsi dire, corps.

1 HOMMES, FEMMES, ENFANTS, *tous* y accoururent; — CENTURIONS, SOLDATS, *chacun murmurait*.

2° Plus fait DOUCEUR que VIOLENCE (LA FONTAINE); — Ce que les hommes appellent GRANDEUR, GLOIRE, PUISSANCE, PROFONDE POLITIQUE, ne paraît à ces suprêmes divinités que MISÈRE et FAIBLESSE (FÉNELON).

3° Prendre EN PITIÉ; se conduire EN HOMME. — Le méchant se livre à toute SORTE D'EXCÈS. — AVOIR ENVIE, FAIRE PEUR, CHERCHER FORTUNE, etc.

La suppression de l'article, dans ces divers cas, donne à la phrase de la concision ou de l'énergie.

—

Remarque. On appelle quelquefois les adjectifs déterminatifs *équivalents de l'article*, parce qu'ils remplissent dans le discours les mêmes fonctions que ce dernier.

CHAPITRE IV.

DU PRONOM.

—

I. — EMPLOI DU PRONOM EN GÉNÉRAL.

284. — I. Les pronoms ne doivent pas se rapporter à un nom commun indéterminé faisant partie d'une locution composée.

On ne dira donc pas :

Il *demande grâce*, mais LA mérite-t-il?

Quand *nous nous mîmes en mer*, ELLE était calme.

Mais il faut dire, en déterminant, s'il est possible, le substantif par l'article ou par un équivalent : *Il demande* SA GRACE, *mais* LA *mérite-t-il?* — Ou en prenant un autre tour, si la locution s'oppose à ce que l'on emploie un déterminatif : *Quand* NOUS NOUS EMBARQUÂMES, LA MER *était calme.*

Cette règle trouve son application toutes les fois que le nom n'exprime avec le verbe qu'une même idée, comme *faire grâce* ou *pardonner; demander conseil* ou *consulter*, etc.

Remarque. Mais si le nom indéterminé n'est pas étroitement uni par le sens à un verbe ou à un adjectif, on peut employer un pronom qui se rapporte à ce substantif :

Vous dites que ce n'est pas votre faute que de MANQUER DE FOI, puisqu'ELLE ne dépend pas de l'homme ! (MASSILLON.)

En devenant CAPABLE D'ATTACHEMENT, l'enfant devient sensible à CELUI des autres.

285. — **II.** Les pronoms doivent se rapporter à l'objet même dont on parle, et non au terme qui figure comme attribut de cet objet.

On ne dira donc pas :

La conversation est un PLAISIR, mais IL doit avoir des bornes. — Il faut : *la conversation est un plaisir, mais* ELLE *doit avoir des bornes;* ou bien, en répétant l'attribut qui fixe l'attention, soit comme terme de comparaison, soit comme figurant le dernier : *la conversation est un plaisir, mais* CE PLAISIR *doit avoir des bornes.*

Remarque. Cette règle n'est pas cependant si absolue qu'on ne puisse la faire fléchir dans un mouvement oratoire ; témoin cette phrase de Bossuet qu'on a critiquée à tort :

Leurs années se poussent successivement *comme des flots;* ILS ne cessent de s'écouler, tant qu'enfin après avoir fait un peu plus de bruit et traversé un peu plus de pays les uns que les autres, ils vont tous se confondre dans un abîme, etc.

286. — **III.** Les pronoms ne doivent pas se répéter avec des rapports différents, c'est-à-dire qu'ils ne doivent point se rapporter tantôt à un antécédent, tantôt à un autre.

Ainsi l'on ne dira pas :

Samuel offrit son holocauste à Dieu, et *il* lui fut si agréable qu'*il* lança aussitôt la foudre.

On a proposé sur cette matière un problème qu'*on* résout sans peine.

Ces phrases sont embarrassées, parce que *il* ou *on* se rapporte mal à propos à divers noms. Pour les rendre correctes, il faut dire : *Samuel offrit son holocauste, et Dieu le trouva si agréable qu'il lança*, etc. — *On a proposé sur cette matière un problème facile à résoudre.*

287.— IV. Les pronoms doivent être employés de manière à ne donner lieu à aucune équivoque.

Ainsi l'on ne dira point :

Virgile a imité Homère dans ce qu'*il* a de plus parfait.

Mais on écrira, selon les vues de l'esprit : *Virgile, dans ce qu'il a de plus parfait, a imité Homère*; ou bien : *Virgile a imité Homère, dans ce que celui-ci a de plus parfait.*

II. — EMPLOI DES PRONOMS EN PARTICULIER.

PRONOMS PERSONNELS.

288. — I. Le pronom *nous*, quand il est employé pour *je*, et le pronom *vous*, quand on n'adresse la parole qu'à une seule personne, veulent au singulier l'adjectif ou le participe en rapport avec eux, mais le verbe se met au pluriel :

Nous SOMMES *forcé*, pour éviter les répétitions, de nous arrêter ici.

Vous N'ÊTES point sans doute *un enfant ordinaire?* (RACINE.)

Remarque. Quelquefois celui qui parle s'identifie avec ceux à qui il s'adresse, pour les associer à sa pensée ; il peut alors s'exprimer au nom de tous, et l'on fait accorder l'adjectif ou le participe.

Maintenant (*dira-t-il*) que nous nous sommes bien *pénétrés* de la règle, nous ne serons point *embarrassés* pour l'appliquer dans tous les cas (HOUDARD).

289.— II. Le pronom *le* reste invariable, s'il représente un adjectif, ou un substantif employé comme attribut ; mais il prend le genre et le nombre (*le*, *la*, *les*), s'il représente un substantif ou un adjectif pris substantivement.

1° On me traite encore comme une personne *malade*, mais je ne *le* suis plus ; une crise heureuse m'a guérie.

Il les prend pour *des rois*. —Vous ne vous trompez pas ;
Ils *le* sont en effet sans en avoir le titre.

Dans ce dernier exemple le substantif *rois*, quoique déterminé, ne présente qu'un sens attributif.

2° Vous demandez *la malade* délaissée ? soyez béni ! je *la* suis en effet.

Nous réclamons, au nom du roi, MM. d'Epreménil et Monsalbert. — *Nous* LES *sommes tous*, répondirent les magistrats d'une voix unanime (SALLIER).

290.— III. Le pronom *le*, même lorsqu'il paraît se rapporter à un sujet ou à un régime déterminé, reste invariable s'il peut signifier *cela, ce que je dis*, etc.

Les fourbes croient aisément que les autres LE sont (LA BRUYÈRE).

Si le public a *quelque indulgence* pour moi, je LE dois à votre protection (CONDILLAC).

Remarques. 1° On sous-entend quelquefois *le*, complément des verbes *croire*, *dire*, *estimer*, *faire*, *penser*, etc. lorsqu'il représente une proposition entière :

Personne n'a, Madame, aimé comme JE FAIS.

Il n'en ira pas de cela comme VOUS PENSEZ ou comme VOUS LE PENSEZ. (ACAD.)

2° Quelques grammairiens regardent comme incorrectes ces phrases où le participe est remplacé par *le*.

Comment blâmer ce qui ne saurait L'ÊTRE? (MASSILLON.)

On ne peut vous aimer et vous estimer plus que vous L'ÊTES du vieux solitaire.

Il aurait fallu, pensent-ils, s'exprimer ainsi : *ce bras nous eût sauvés si nous avions pu* ÊTRE SAUVÉS, etc.

Il y a sans doute des cas où il est préférable d'employer le participe, comme dans les exemples ci-après : *on ne loue d'ordinaire que pour* ÊTRE LOUÉ (LA ROCHEFOUCAULT) ; *un tombeau est un intervalle immense entre celui qui juge et celui qui* EST JUGÉ (THOMAS). C'est le goût qui a dicté ces formes. Mais l'usage tolère aussi, surtout dans le langage ordinaire, qu'on puisse dire : *on le recevra comme il* LE *mérite*, sans s'astreindre à exprimer le participe : *on le recevra comme il mérite d'être reçu.*

291. — IV. Le pronom *le, la, les*, ne peut se rapporter ni au sujet, ni au complément du sujet de la proposition où il figure.

On n'imitera donc point les tours suivants :

L'*allégresse* du cœur s'augmente à LA répandre.

Le fils d'*Ulysse* LE surpasse déjà en éloquence.

Ces phrases sont embarrassées, et l'esprit remonte au delà, pour chercher un autre substantif avec lequel *le* ou *la* soit en rapport.

292. — V. Les pronoms employés comme sujets se répètent :

1° Devant les verbes qui sont à des temps différents :

L'homme est toujours le même : IL *a été*, IL *est* et IL *sera* toujours ennemi du repos.

Cependant on peut quelquefois éviter cette répétition si les verbes sont unis par une des conjonctions *et*, *ou*, *ni*:

Je vous embrasse et vous aime, et vous le dirai toujours (SÉVIGNÉ).
Il punit ou récompense toujours avec justice.
Il n'aime ni ne respecte personne.

2° Quand on passe d'une proposition affirmative à une négative, et réciproquement:

Il veut et IL *ne veut pas*. — Je n'ignore pas qu'on ne saurait être heureux sans la vertu, et JE *me propose* de la pratiquer toujours.

Observez que la répétition du pronom n'est pas de rigueur quand la proposition affirmative est la première. Ainsi la Fontaine a dit : *Je plie et ne romps pas*, et l'on trouve aussi avec un temps composé :

J'ai trompé les mortels et *n'ai pu* me tromper.

293. — VI. Les pronoms employés comme régimes se répètent :

1° Avant les temps simples :

Il *nous* flatte et *nous* craint ; — je *l'*admire et *le* hais cependant.

Mais on peut éviter cette répétition devant les temps composés : *nous leur* AVONS DIT ET RÉPÉTÉ *souvent qu'ils étaient dans l'erreur*.

2° La répétition du pronom comme régime est de rigueur si les verbes, à des temps composés, expriment une opposition, ou s'ils amènent des rapports divers, c'est-à-dire l'un direct, l'autre indirect :

Nous *les avons blâmés* et *les avons* pourtant *défendus*. Nous *l'avons encouragé* et *lui avons pardonné*, et non *nous l'avons encouragé et pardonné :* car on dit *encourager quelqu'un*, *pardonner à quelqu'un*.

294.— VII. Les pronoms personnels *lui*, *leur*, ainsi que *elle*, *eux*, *elles*, placés comme régimes indirects, se disent ordinairement des personnes ; — pour les choses, on les remplace, autant que possible, par les relatifs *y* ou *en*.

On ne dira pas :

Présentez votre réclamation, on *lui* fera droit.
Cette maison menace ruine, n'approchez pas d'*elle*.

mais bien : *présentez votre réclamation, on* Y *fera droit*; *cette maison menace ruine*, N'EN *approchez pas*.

Remarques. 1° On emploie cependant *lui*, *leur*, pour les choses personnifiées : *le travail est mon sauveur*, *je* LUI *dois la vie*.

2° Quelquefois la substitution de *en* ou *y* serait contraire au goût ; on emploiera alors les pronoms personnels comme dans ces exemples : *cette plante n'a de terre que ce qu'il* LUI *en faut* ; *ces oiseaux dépé-*

rissent en cage, donnez-LEUR *la liberté*. Mais de telles exceptions ne détruisent point la règle; c'est le goût et l'usage qui servent de guide pour l'emploi de ces divers pronoms.

3° Ce principe souvent posé que *elle, eux, elles, précédés d'une préposition ne se disent jamais des choses*, est encore trop absolu, s'il s'agit de prépositions autres que *à* ou *de*; car on dit très-bien : *les arts et les sciences doivent être encouragés; c'est* PAR EUX *que les nations deviennent florissantes. — Les principes s'accordent* ENTRE EUX.

295. — VIII. Les pronoms *lui, elle, eux*, placés comme attributs, s'appliquent aux personnes; — *le, la, les* s'appliquent aux choses :

1° Monsieur, c'est là Crispin. — C'est *lui*, je le sais bien.
2° Hé! ce sont là vos gants. — Ce *les* sont en effet.

Cependant on emploie même pour des choses *lui, elle, eux*, si ces pronoms sont accompagnés d'une proposition incidente, exprimée ou sous-entendue :

Oubliez de tels principes : ce sont *eux* qui ont corrompu le monde.
Il faut donc que mon mal m'ait ôté la mémoire,
Et c'est ma léthargie. — Oui c'est *elle* en effet.

Ce dernier exemple présente une ellipse, et signifie : *oui, c'est* ELLE *en effet* QUI *vous a ôté la mémoire*.

296. — IX. Le pronom *soi*, quand il s'applique à des personnes, ne s'emploie que dans les propositions qui présentent un sens général :

Il dépend toujours de SOI de vivre honorablement.
On a souvent besoin d'un plus petit que SOI (LA FONTAINE).

Remarques. 1° On peut aussi quelquefois employer *lui* dans les propositions générales, comme dans cette phrase où *soi* formerait un contre-sens :

Peu d'amitiés subsisteraient, si chacun savait ce que son ami dit de LUI quand il n'y est pas (LA ROCHEFOUCAULT).

2° Même quand le sens n'est point général, on se sert pour les personnes du pronom *soi*, s'il s'agit d'éviter une équivoque:

Ce jeune homme, en remplissant les volontés de son père, travaille pour SOI.

Travaille pour lui offrirait un sens ambigu; on ne saurait à qui rapporter l'action énoncée par le verbe *travaille*, à *jeune homme* ou à *son père*.

3° Enfin *soi* s'applique à des animaux ou à des choses, quoique souvent on pût employer *lui, eux, elle, elles*, dans les mêmes cas :

Le chat paraît ne sentir que pour soi (Buffon).

Seigneur, que tant de profanations que les guerres traînent après soi, vous fassent enfin jeter des yeux de pitié sur votre Église !
(Massillon.)

297. — X. Les pronoms pluriels de la première ou de la deuxième personne peuvent concourir avec un autre nom ou un autre pronom à la formation du sujet, et cela donne plus de force à l'expression :

Votre père et *moi* nous avons été longtemps ennemis l'un de l'autre (Fénelon).

Vous et *celui* qui vous mène, vous périrez (Fénelon).

Il y aurait moins d'énergie si l'on disait : *votre père et moi avons été longtemps ennemis l'un de l'autre*, etc. ; mais ce ne serait pas incorrect.

On peut trouver dans les auteurs des siècles précédents des tours tels que celui-ci : *Vous périrez et celui qui vous mène !* Mais aujourd'hui l'on répète généralement le pronom dans cette inversion : *vous périrez*, vous *et celui qui vous mène.*

298. — XI. Les pronoms de la troisième personne, quand ils concourent avec un nom ou un autre pronom à la formation du sujet, se placent d'abord devant le verbe, et se répètent ensuite, en se joignant à l'autre partie du sujet, sans que cet ordre puisse être interverti :

Elle mourut, *elle* et *ses sœurs.*

Ils souffrirent beaucoup, eux et *leurs enfants.*

On dirait moins bien : *elle et ses sœurs moururent*, et l'on ne dirait pas : *elle et ses sœurs, elles moururent.*

299. — XII. Les pronoms des trois personnes, quand ils concourent avec un nom ou un autre pronom à la formation du complément, doivent toujours se répéter devant le verbe et figurer avec lui dans le premier membre de la phrase :

Il *nous* a bien accueillis, nous et nos amis.

Il *vous* a légué ses vertus, à vous et à vos enfants.

Le lion *les* dévora, eux et leurs compagnons d'armes.

Ainsi l'on n'imitera point cette phrase de Fénelon : *Pénélope ne voyant revenir ni lui ni moi...*, ni celle-ci de Bossuet : *Il semble que la gloire de la pauvreté ait séduit lui et ses partisans.* — Il fallait, dans le premier cas : *Pénélope ne* nous *voyant revenir ni lui ni moi...*, et dans le second : *il semble que la gloire de la pauvreté* l'*ait séduit, lui et ses partisans.*

PRONOMS POSSESSIFS.

300.— I. Les pronoms possessifs ne doivent se rapporter qu'à un substantif exprimé et placé avant eux.

Ne commencez point ainsi une lettre, comme cela est trop commun dans la correspondance des gens d'affaires ; *J'ai reçu* LA VÔTRE *du* 22 *expiré*. Il est nécessaire que le substantif *lettre* soit exprimé; on dit alors avec l'adjectif possessif : *J'ai reçu votre lettre du* 22 *août dernier*, par exemple.

Remarque. Il ne faut point que le substantif soit placé après le pronom. Le goût repousse des tours tels que celui-ci :

Si vous prenez le *mien*, j'accepte votre *rôle*.

L'esprit se fatigue à chercher le sens dans des inversions aussi forcées.

301.— II. Les pronoms possessifs doivent être remplacés par les pronoms personnels, lorsqu'ils expriment un objet employé par figure pour la personne elle-même:

Il n'y a pas dans ce régiment de meilleure épée que *lui*.

On trouverait difficilement dans le conseil une aussi bonne tête que *lui*.

... *que la sienne* formerait souvent un autre sens. Mais on pourrait dire : *je ne connais pas de jugement aussi solide que* LE SIEN, parce que *jugement* se prend d'une manière élevée, et non comme un objet, pour la personne elle-même.

PRONOMS DÉMONSTRATIFS.

302.—I. CE. *Ce* placé devant une proposition incidente, au commencement d'une phrase, se répète devant la proposition principale si celle-ci commence par le verbe *être* :

Ce qui m'attache à la vie, *c'est* de vous aimer.

Ce que je sais le mieux, *c'est* mon commencement. (RACINE.)

Remarques. 1° Ce pronom s'emploie encore devant le verbe *être*, lors même qu'il ne figure pas dans le premier membre de la phrase, qui est alors sujet ou attribut :

Le véritable éloge d'un poëte, *c'est* qu'on retienne ses vers.

Le génie de notre langue, *c'est* la clarté.

Ce donne dans ce cas plus d'énergie à l'expression.

2° On le supprime dans quelques locutions familières, ou dans quelques propositions peu étendues :

Souffler n'*est* pas jouer.

La première vertu d'un chrétien *est* la charité.

Mais dans bien des cas cette suppression donnerait lieu à une équivoque. La Fontaine a dit : *notre ennemi,* C'EST *notre maître*; on exprimerait une tout autre idée si l'on disait : *notre ennemi* EST *notre maître.*

303. — II. On peut sous-entendre *ce* devant *à quoi, en quoi,* mais on doit l'exprimer devant *que*, précédant un verbe :

Je ne sais *à quoi* vous pensez ; c'est *en quoi* vous vous trompez ; — pour : *je ne sais* CE *à quoi vous pensez*, etc.

Mais l'ellipse est vicieuse dans ces vers :

Hé bien ! de mes desseins Rome encore incertaine
Attend QUE deviendra le destin de la reine. (RACINE.)

304. — III. CELUI, CELLE, CEUX, CELLES. Après les pronoms démonstratifs *celui, celle,* etc., on doit éviter de placer un simple attribut, adjectif ou participe. L'usage le plus général emploie dans ce cas un pronom relatif et un verbe.

On dira donc :	*Plutôt que :*
Le goût de la philosophie n'était pas alors *celui qui dominait.*	Le goût de la philosophie n'était pas alors *celui dominant.*
Jugeant vous-mêmes *ceux qui sont commis* par vous pour juger les autres.	Jugeant vous-mêmes *ceux commis* par vous pour juger les autres.
Dans les circonstances comme *celles où nous sommes*, le pouvoir est écrasant par son poids.	Dans les circonstances comme *celles actuelles*, le pouvoir est écrasant par son poids.

Remarque. Il faut observer que les meilleurs auteurs ont souvent supprimé dans ces cas le pronom relatif et le verbe *être*. On ne peut donc dire absolument que cette ellipse soit contraire à la langue.

On trouve en effet :

J'ai joint à ma dernière lettre *celle écrite* par le prince (RACINE).

Cette observation qu'on a faite mille fois prouve la vérité de *celle contenue* dans la note précédente (DELILLE).

Une société bien plus près de l'état de nature que *celle chantée* par Homère (CHATEAUBRIAND).

Mais ajoutons qu'il y a une foule de cas où ce tour blesserait le goût : *celui mauvais, celle tourmentée, ceux noirs*, etc. ; et il est bon de ne l'employer qu'avec réserve.

PRONOMS RELATIFS.

305. — I. Les pronoms relatifs doivent se placer près

de leur antécédent, toutes les fois que les mots intermédiaires pourraient donner lieu à quelque ambiguïté.

On ne dira donc pas :

Je réclame un *service* de votre bonté, que vous ne pouvez me refuser :

mais : Je réclame de votre bonté un *service que* vous ne pouvez me refuser.

Remarque. On peut remplacer *qui* par *lequel, laquelle*, soit pour éviter l'équivoque, soit quand l'antécédent est trop éloigné :

Il y a une édition de ce livre, *laquelle* se vend fort bon marché (ACAD.).

L'éloquent Bossuet voulait bien rayer quelques particularités échappées à son génie, *lesquelles* déparent un peu la sublimité de ses oraisons funèbres.

306.— II. Deux pronoms relatifs ne peuvent se rapporter à un antécédent qui ne reçoit qu'une attribution.

On ne dira donc pas :

Le phénix est un oiseau *que l'on dit qui* renaît de sa cendre.

On n'attribue qu'une chose au phénix, *celle de renaître de sa cendre*; pour être correct, il faut supprimer l'un des deux pronoms, et dire : *le phénix est un oiseau qui renaît, dit-on, de sa cendre*, ou *le phénix est un oiseau que l'on dit renaître de sa cendre*.

307. — III. Lorsque le pronom relatif *qui*, sujet de la proposition, est employé sans antécédent énoncé, il sert de sujet au verbe qu'il précède immédiatement ; — l'antécédent sous-entendu est le sujet du second verbe :

Qui vit aimé de tous, à jamais devrait vivre.

C'est-à-dire : *celui qui vit aimé de tous*, etc.—*qui*, est le sujet de *vit* ; *celui*, sous-entendu, est le sujet du verbe *devrait*.

Boileau pèche contre cette règle quand il dit :

En un mot *qui* voudrait épuiser la matière,
Il compterait, etc.

Il est de trop ; le sujet du verbe *compterait* est le pronom *celui* sous-entendu.

308 — IV. Appliqués aux personnes, les pronoms *auquel*, *duquel*, etc., *à qui*, *de qui*, etc. s'emploient les uns et les autres dans les propositions incidentes déterminatives; les derniers seulement dans les incidentes explicatives :

Le poëte auquel ou *à qui* nous devons l'Iliade.
Homère, à qui nous devons l'Iliade.

Remarques. 1° S'il s'agit de noms d'animaux ou de choses, c'est *auquel* et non *à qui* que l'on emploie; — et *duquel* se remplace par *dont :*

Les Lapons danois ont un gros chat noir *auquel* ils confient leurs secrets (Buffon). — La science *à laquelle* je m'applique, etc.

Le cheval *dont* je vous ai proposé la vente, etc., — l'instrument *dont* je me sers, etc.

2° *À qui, de qui, par qui*, etc., se disent quelquefois dans le style poétique, lors même qu'on ne parle pas des personnes; mais alors les objets sont ordinairement personnifiés :

Rome *à qui* vient ton bras d'immoler mon amant (Corneille).

O Rochers escarpés, c'est à vous que je me plains; car je n'ai que vous *à qui* je puisse adresser ma plainte (Fénelon).

309. — V. L'usage désavoue l'emploi du pronom *quoi*, après une préposition, lorsque l'antécédent est un substantif déterminé. On lui substitue alors *auquel, duquel, pour lequel*, etc.

La science *à laquelle* je m'applique; — *et non* la science *à quoi* je m'applique.

C'est une des raisons *pour lesquelles*, etc., — *et non* c'est une des raisons *pour quoi*, etc.

Remarques. 1° On peut dire cependant : *Ce sont choses à quoi vous ne prenez pas garde; il n'y a rien sur quoi on ait tant disputé.* — Mais ici *choses* n'est point déterminé, et *rien* est indéfini de sa nature.

2° On peut aussi remplacer *quoi* par *que : que sert ?* pour *à quoi sert ? qu'avez-vous à vous plaindre ?* pour *de quoi avez-vous à vous plaindre ?*

Du zèle de ma loi *que* sert de vous parer? (Racine.)

310. — VI. Les pronoms relatifs se remplacent par les adverbes *où, d'où, par où*, quand les noms auxquels ils se rapportent, ou quand les verbes auxquels ils sont joints, indiquent quelque idée de temps ou de lieu, au propre ou au figuré :

La maison *d'où* je sors vient de s'écrouler.

L'instant *où* nous naissons est un pas vers la mort.

Remarque. C'est *dont* et non *d'où* qu'il faut employer, si le sens exprime une idée de race, d'origine :

Misérable! et je vis! et je soutiens la vue
De ce sacré soleil *dont* je suis descendue (Racine).

311. — VII. *En* et *y* se disent ordinairement des choses ; appliqués aux personnes, ces pronoms sont moins expressifs que *de lui, d'elle, à lui, à elle*, etc.

Vous me recommandez cet homme, mais on m'*en* a dit du mal. — *On m'a dit du mal* DE LUI serait plus significatif.

C'est un honnête homme, on peut s'y fier. — On peut se fier *à lui* serait une recommandation plus forte.

Remarque. On supprime le pronom *y* devant le futur et le conditionnel du verbe *aller* : *Irez-vous en Italie cette année? — non, je* N'IRAI *pas*. — *Je n'y irai pas*, formerait un hiatus blessant pour l'oreille.

PRONOMS INDÉFINIS.

312.—I. *Chacun*, doit être suivi de *son, sa, ses*, quand il est placé après le régime d'un verbe, ou que ce verbe n'a pas de régime; — il prend *leur, leurs*, quand il précède le complément :

1° Ils *ont employé* ces *ressources*, CHACUN à sa fantaisie.
Les juges *ont opiné* CHACUN selon ses lumières.
2° Ils *ont employé* CHACUN leurs *ressources* pour réussir.
Les juges *ont donné* CHACUN leur *avis*.

313. — II. *Autrui*, exprime une idée générale : il embrasse tout ce qui n'est pas *nous*; ainsi l'on ne doit point l'employer quand on veut exprimer une distinction ou une opposition entre deux parties hors de nous ; c'est *autres* qu'on emploie dans ce cas :

Il ne faut point ravir le bien des *uns*, pour le donner aux *autres*; — et non, *pour le donner à autrui*.

Autrui, doit être préféré à *autres*, quand on veut exprimer une relation ou une opposition entre nous et le reste des hommes : *Il ne faut pas faire à autrui ce que nous ne voulons pas qui nous soit fait*.

Ce pronom ne s'emploie cependant qu'avec les prépositions *à* ou *de*, ce qui en restreint beaucoup l'usage. On dira donc : *Je ne saurais agir contre les autres hommes;* et non *contre autrui*.

314. — III. Le pronom *quiconque* peut se rapporter à un nom féminin et exprimer ce genre; mais il ne comporte jamais le pluriel :

Quiconque d'entre vous, *mes filles*, dévoilera ce secret, en sera sévèrement punie.

Remarque. Quand ce pronom est employé dans le premier membre d'une phrase, on ne doit pas, dans le second, le rappeler par *il* : *quiconque est riche est tout* (BOILEAU).

Quiconque, en effet, renferme deux sujets, l'antécédent et le relatif; il équivaut à *celui qui*; — or, *celui qui est riche* IL *est tout* serait évidemment incorrect, puisque le premier verbe a pour sujet *qui*, et le second *celui*.

315. — IV. *Tel*, doit figurer au commencement de la proposition dont il est le sujet :

Tel donne à pleines mains qui n'oblige personne.

En plaçant la proposition incidente immédiatement après *tel*, on s'exprimerait moins bien, parce qu'il y aurait deux sujets différents de suite : TEL QUI *n'oblige personne, donne à pleines mains*; tour embarrassé.

316. V. *On*, peut être suivi d'un adjectif féminin ; — et même du pluriel, si des circonstances précises de la phrase amènent ce nombre :

Demeurez pour servir aux femmes de modèle;
Montrez-leur *qu'on* peut être et *jeune*, et *sage*, et *belle*.

On s'aime bientôt quand *on* est *semblables* de mœurs et d'inclinations.

Remarques. 1° Dans ce dernier exemple, la pluralité ressort du sens de la phrase. L'Académie dit aussi : *On n'est pas* DES ESCLAVES *pour essuyer de si mauvais traitements.* Mais si l'on supprimait *des*, la proposition deviendrait moins personnelle, et sa généralité amènerait le singulier : *On n'est pas esclave pour essuyer de si mauvais traitements.*

2° *On*, au commencement des phrases, est préférable à *l'on*, parce que l'addition de la lettre euphonique *l* n'y est plus motivée. — *L'on* s'emploie au contraire après les mots *et*, *si*, *ou*, et en général après une voyelle :

On a vu la gloire sortir d'une source déshonorée.
Présentez vos titres *et l'on* y fera droit.
Si l'on veut être heureux, il faut pratiquer la vertu.
On obéira, *ou l'on* sera puni.

3° Si le pronom *on* est suivi de *le*, *la*, *les*, ou de tout autre mot commençant par *l*, on doit préférer *on* à *l'on* : *on le prit et on l'écorcha*; — *l'on l'écorcha* offrirait une consonnance désagréable.

4° *On*, se dit quelquefois par figure pour une personne déterminée, et il perd alors sa généralité : *Hé! vous voyez bien qu'on n'est pas sans crédit!* — *Et vous, à m'obéir, prince, qu'on se prépare* (RACINE). C'est un adoucissement dans l'expression, pour dire : *Je ne suis pas sans crédit; préparez-vous à m'obéir.*

317. — VI. Le pronom composé *l'un l'autre*, exprime un rapport de réciprocité, et de plus une idée de pluralité; il ne faut donc pas le confondre avec *l'un et l'autre*, qui n'exprime que cette dernière idée. Ainsi l'on dira :

Virgile et Horace s'aimèrent l'un l'autre ; — et non *l'un et l'autre*, car il y a deux choses à exprimer ; idée de réciprocité, idée de pluralité.

Virgile et Horace furent *l'un et l'autre* de grands poëtes ; — et non *l'un l'autre* : car ici point d'idée de réciprocité ; celle du nombre doit donc être seule exprimée.

Remarques. 1° Le pronom *l'un l'autre*, complément indirect d'un verbe, veut entre ses deux parties la préposition exigée par ce verbe :

Il y avait tort des deux côtés, mais ils se sont pardonné *l'un à l'autre*.

Pourquoi se défier *les uns des autres*.

2° Le pronom *l'un et l'autre* veut aussi devant chacun des mots dont il est formé, la préposition exigée par le verbe. On ne dira donc pas :

J'ai satisfait à *l'un et l'autre* ; — Il se sert de *l'un et l'autre*. — Mais il faudra dire : *J'ai satisfait à l'un et à l'autre ; il se sert de l'un et de l'autre.*

3° Les pronoms composés *l'un l'autre*, *l'un à l'autre*, etc. ne se disent ordinairement que de deux personnes ou de deux choses. Cependant on peut quelquefois les mettre en rapport avec un substantif pluriel :

Mille prospérités *l'une à l'autre* enchaînées (Racine).

On va appeler tous les soldats *l'un après l'autre* (Acad.).

Le pluriel est préférable dans la plupart des cas : *Les fourbes sont dupes les uns des autres*, et non *l'un de l'autre*.

CHAPITRE V.

DU VERBE.

—

ACCORD DU VERBE AVEC SON SUJET.

RÈGLES GÉNÉRALES.

318. — I. Le verbe s'accorde en nombre et en personne avec son sujet, substantif ou pronom :

La *religion veille* sur les crimes secrets ; les *lois veillent* sur les crimes publics.

Que *vouliez-vous qu'il fît* contre trois ? — qu'*il mourût* ! (Cor.)

319. — II. Le verbe qui se rapporte à un sujet composé, dont les parties sont unies ou non par la conjonction *et*, doit être mis au pluriel :

La *gloire* et *l'opulence* ne *donnent* pas le bonheur.
Quels *étaient* votre *état*, votre *rang*, votre *père ?*

Remarque. On trouve dans les bons auteurs quelques exemples où le verbe est au singulier, même quand les diverses parties du sujet concourent également à l'action :

Celui qui règne dans les cieux et de qui relèvent tous les empires; à qui seul *appartient* la *gloire*, la *majesté*, l'*indépendance* (Bossuet).

Un peu d'esprit et beaucoup de temps à perdre lui *suffit* pour conserver son empire (la Bruyère).

L'harmonie de la phrase a sans doute motivé cette forme ; mais on ne doit imiter de telles licences qu'avec beaucoup de réserve.

320. — **III.** Si les parties du sujet composé sont liées par la conjonction *ni*, le verbe se met au pluriel :

Ni l'*or ni* la *grandeur* ne nous *rendent* heureux (la Fontaine).

Mais on emploiera le singulier, si l'un des deux sujets donne l'exclusion à l'autre : *Ni mon frère ni le vôtre ne* sera nommé *à cette place.* — Il y a ici une exclusion, puisque la place ne peut être occupée que par un seul.

321. — **IV.** Si les parties du sujet composé ne concourent pas toutes à l'action énoncée par le verbe, l'accord n'a lieu qu'avec celle de ces parties qui a le rapport le plus étroit avec lui.

Ainsi 1° quand il y a gradation d'idées dans un sujet composé, le verbe s'accorde avec le dernier substantif :

Un seul mot, un soupir, *un coup d'œil* nous *trahit.*

La progression est sensible, d'un *mot* à un *soupir*, à un *coup d'œil*, et l'accord se fait avec le dernier substantif.

2° Quand les substantifs qui forment le sujet ont une signification à peu près semblable, le dernier détermine l'accord :

La douceur, la *bonté* du grand Henri *a été célébrée* de mille manières.

Dans tous les âges de la vie, l'amour du travail, le *goût* de l'étude *est* un bien.

3° Enfin, si les parties du sujet sont liées par la conjonction *ou*, le verbe s'accorde avec l'une d'elles seulement :

Mon *frère* ou ma *sœur ira* vous voir.

La *vivacité* ou la *langueur* des yeux *fait* un des principaux caractères de la physionomie (BUFFON).

C'est que la conjonction *ou* donne ordinairement l'exclusion à l'une des parties du sujet. — Mais si cette exclusion n'a pas lieu, et si les deux parties concourent séparément à l'action, le verbe se met au pluriel : *Le bonheur ou la témérité* ONT PU *faire des héros* (MASSILLON). Dans cet exemple, *ou* équivaut sensiblement à *et*.

322. — V. Quand les parties du sujet composé sont unies par une des conjonctions *comme*, *de même que*, *ainsi que*, *aussi bien que*, etc., le verbe s'accorde avec le premier terme :

L'*histoire, ainsi que* les mathématiques, n'*a* commencé à se débrouiller que vers la fin du XVe siècle.

Le verbe doit s'accorder avec le sujet *histoire*, parce que le verbe *n'ont commencé* est sous-entendu après *les mathématiques*.

Même ellipse quand le verbe est précédé de la conjonction *mais* : *Non-seulement toute sa richesse et tout son honneur, mais toute sa* VERTU S'ÉVANOUIT. — Accord du verbe *s'évanouit* avec le sujet qui est en rapport direct avec lui.

Remarque. Si les conjonctions *comme*, *de même que*, *ainsi que*, au lieu d'exprimer une sorte de comparaison, marquent simultanéité, union, addition, on doit mettre le verbe au pluriel : *La tête ainsi que la gorge* SONT *couvertes d'un duvet très-court* (BUFFON).

323. — VI. Le verbe qui a pour sujet un collectif suivi d'un autre nom, s'accorde avec celui des deux auquel il est le plus étroitement uni par le sens :

Accord avec le collectif :	*Accord avec le nom qui suit :*
La moitié de ces livres n'*est* qu'un encombrement. (*La moitié surabondante nuit à l'ordre.*)	La moitié de *ces livres sont* dangereux. (*Le danger est dans la nature des livres.*)
Une douzaine de ces gravures *coûte* trois cents francs.	Une douzaine de *ces gravures sont* des plus grands maîtres.
Une nuée de traits *obscurcit* l'air. (*C'est le propre d'une nuée d'obscurcir.*)	Une nuée de *barbares dévastèrent* le pays. (*C'est l'habitude des barbares de dévaster.*)
Le plus grand nombre des hommes *se laisse* dominer par la minorité.	Le plus grand nombre *des hommes se trompent.*

Remarque. Ainsi qu'on l'a vu pour l'adjectif (*page* 107), il est des cas où le verbe peut indifféremment se rapporter au collectif ou au nom qui suit ce collectif. Le goût peut alors décider l'accord avec un ou avec l'autre terme : *une multitude d'ennemis* SE FIT *jour*, *ou* SE FIRENT *jour à travers nos rangs.* — Mais dans cette phrase : *le nombre des révoltés était de mille*, on ne pourrait mettre le pluriel *étaient*, parce que le mot *mille* appelle l'attention sur *nombre* et fait accorder le verbe avec ce collectif.

ACCORD. — RÈGLES PARTICULIÈRES.

324. — I. Le verbe *être* précédé de *ce*, ne se met au pluriel que quand le substantif ou le pronom qui suit est une 3e personne plurielle :

C'est le courage qui fonde les empires ; *ce sont les vertus* qui les affermissent.

C'est nous qui nous trompons ; *c'est vous* que l'on demande. — CE SONT EUX, *ce sont elles* qui ont échoué.

Remarques. 1° Même avec une 3e personne plurielle, le verbe *être* reste au singulier, d'après l'usage le plus général, si le substantif est suivi de *que*, complément direct d'un verbe :

Est-ce les Anglais que vous aimez ? (ACAD.)

Ce n'est pas les Troyens, c'est Hector qu'on poursuit (RACINE).

2° Lorsque *ce* est suivi de plusieurs substantifs singuliers, le verbe *être* se met ordinairement au singulier :

C'est l'orgueil et la mollesse de certains hommes qui en mettent tant d'autres dans une affreuse pauvreté.

Toutefois le pluriel est quelquefois réclamé par les circonstances de la phrase : *Il appelle à lui les quatre courriers qu'il destinait au message*; C'ÉTAIENT *l'âne, le chien, le corbeau et le pigeon.* — Ici le pluriel *c'étaient* est réclamé par les mots précédents, *les quatre courriers*.

325. — II. Dans les phrases interrogatives, si le pronom *ce* et le verbe *être* sont immédiatement suivis d'un pluriel, substantif ou pronom, ce verbe se met : 1° au singulier, s'il est au présent ou au futur ; 2° au pluriel s'il est à l'imparfait ou au conditionnel :

Est-ce vos amis, *sera-ce* vos amis, qui... ?

Etaient-ce vos amis, *seraient-ce* vos amis, qui... ?

Remarque. On trouve cependant quelques exemples où de bons auteurs ont employé *sont* au lieu de *est* : *Est-ce Dieu*, SONT-CE *les hommes, dont les œuvres vont éclater ?* (J.-B. ROUSSEAU.)

326. — III. *L'un et l'autre, ni l'un ni l'autre, l'un ou l'autre*, suivis ou non d'un substantif, déterminent l'accord du verbe comme les noms liés par *et, ni, ou* (320, 321, 322.)

Ainsi : 1° *l'un et l'autre* veut le verbe au pluriel, mais s'il y a un substantif ce dernier reste au singulier (1) :

L'un et l'autre à ces mots *ont* levé le poignard.
L'un et l'autre consul vous *avaient* prévenue (Racine).

2° *Ni l'un ni l'autre* veut le verbe au pluriel, à moins que l'une des deux parties du sujet ne donne l'exclusion à l'autre :

Ni l'un ni l'autre n'ont fait leur devoir.
Ni l'un ni l'autre discours *n'obtiendra* le grand prix.

3° *L'un ou l'autre* veut toujours le verbe au singulier :

L'un ou l'autre parti *convient* à mes désirs.
L'un ou l'autre fit-il une tragique fin ?

327.— IV. *Plus d'un* veut au singulier le verbe qui suit, à moins que celui-ci ne soit un verbe pronominal :

A vouloir trop courir de victoire en victoire,
Plus d'un ambitieux diminua sa gloire.

On voit plus d'un fripon qui se dupent l'un l'autre.

Dans ce dernier exemple, la forme plurielle est exigée par l'idée qu'exprime le pronom composé *l'un l'autre*. Dans le premier, au contraire, toutes les parties du sujet sont du nombre singulier, et le verbe formerait disparate au pluriel.

328.— V. Qui. Tout verbe dont le sujet est le pronom relatif *qui*, s'accorde en nombre et en personne avec l'antécédent de ce pronom :

(1) Il semble qu'au dix-septième siècle l'usage permettait de mettre le verbe au singulier. Ainsi Boileau a dit :

L'un et l'autre rival se trouvant au passage,
Se *mesure* des yeux, *s'observe, s'envisage ;*

et Bossuet :

Par le rapport des deux Testaments, on voit que l'un et l'autre *est* divin.

Plusieurs grammairiens ont cherché à justifier l'exemple tiré de Boileau, en soutenant que la réciprocité de l'action faite par les deux rivaux autorisait l'emploi du singulier. C'est une erreur ; suivant cette doctrine, il faudrait mettre au singulier tous les verbes réciproques à double sujet. Ce serait une confusion intolérable. Ce passage ne saurait avoir d'autre excuse que la mesure du vers.

D'autres, au contraire, ont critiqué la citation tirée de Bossuet ; ils auraient préféré le pluriel. — Il ne faut point accuser Bossuet légèrement. Cette phrase nous paraît une magnifique figure de syntaxe et de logique, où un argument tout entier se trouve fondu dans un seul mot. Bossuet discutant contre les Juifs semble leur dire : « Vous reconnaissez la divinité de l'Ancien Testament, et vous niez l'authen-» ticité du Nouveau. Mais voyez donc ! leur rapport est si parfait que si l'un est » divin, l'autre l'est également ; la divinité de l'un est une conséquence de la vé-« rité de l'autre. »

En d'autres termes : *Par le rapport des deux Testaments, on voit que l'un* ET *l'autre est divin,* (*et* pour *aussi bien que*).

L'homme qui vit content de peu, a peu de privations.

Paris nous méconnaît, Paris ne veut pour maître,
Ni *moi qui suis* son roi, ni *vous qui devez* l'être.

Le motif de cette règle se prend de la nature de ce pronom, qui malgré son invariabilité prend la personne et le nombre du nom ou du pronom qu'il représente et qu'il a pour antécédent.

On ne dira donc pas : *ce n'est pas* MOI *qui* SE FERAIT *prier*; — il faut *qui me ferais prier*. Ici l'antécédent de *qui* est une première personne, c'est elle qui doit régler l'accord du verbe.

APPLICATIONS. — Cette règle présente une foule de cas, où il importe de discerner quel est l'antécédent du pronom relatif.

1° Si le relatif *qui* est précédé d'un pronom lié à un adjectif quelconque, c'est avec le pronom que s'accorde le verbe de la proposition incidente :

C'est MOI *seul* QUI suis coupable.
Vous étiez *deux* QUI jugeâtes de la sorte.

2° Si le relatif *qui* est précédé d'un substantif ou d'un adjectif pris substantivement, il indique la troisième personne :

Vous parlez en *homme* QUI *entend* la matière.
Vous êtes *le premier* QUI m'*ait compris*.

Mais on dirait : *c'est* VOUS QUI *le premier* AVEZ *rompu nos fers*, parce que le relatif *qui* a ici pour antécédent le pronom *vous*, qui le précède immédiatement.

3° Si le relatif *qui* est précédé d'un nom propre, le verbe se met à celle des trois personnes qui est indiquée par la position ou le rôle du nom propre dans la phrase :

Je suis Diomède, roi d'Etolie, *qui blessai* Vénus.
Vous êtes Minerve, qui êtes venue sous une figure d'homme.

Observez que si le nom propre est précédé de l'adjectif démonstratif *ce*, ou de tout autre déterminatif, le verbe se met toujours à la troisième personne :

Je suis *ce Diomède*, roi d'Etolie, *qui blessa* Vénus.
Vous êtes *cette* Minerve *qui est venue*, etc.

Observez encore que, dans les phrases négatives ou interrogatives, le verbe se met toujours aussi à la troisième personne :

Je ne suis pas ce Diomède, qui blessa, etc.
Etes-vous Minerve, qui est venue ? etc.

329. — VI. Après un superlatif relatif suivi de *qui*, le verbe se met 1° au singulier, si le sens de la phrase donne pour antécédent au relatif *qui*, le sujet principal ; 2° au pluriel, si le sens de la phrase donne pour antécédent

au relatif *qui*, le nom pluriel régime de la préposition *de* :

C'est *un* de nos meilleurs grammairiens *qui a* fait cette faute.

C'est un *des meilleurs grammairiens qui aient* écrit sur l'article.

On reconnaît que l'antécédent du pronom relatif est le sujet principal, lorsque les mots *c'est* et *qui* étant supprimés, le sens reste le même : *un de nos meilleurs grammairiens a fait cette faute.*

L'antécédent du pronom *qui* est au contraire le nom régime de la préposition *de*, quand la suppression ne peut se faire régulièrement. En effet, si l'on disait : *Un des meilleurs grammairiens a écrit sur l'article*, on n'exprimerait qu'une partie du sens donné par le second exemple.

COMPLÉMENTS DES VERBES.

330. — I. Tout verbe qui a un complément direct ne veut aucune préposition devant ce complément :

Nous devons respecter la vieillesse.

L'armée a passé le fleuve.

Remarque. Ce principe n'est pas en contradiction avec l'emploi que l'on fait quelquefois de la préposition DE dans le sens partitif : *Il a de la fortune ; je possède de beaux livres.* Il ne faut pas oublier que cela signifie : *Il a quelque fortune ; je possède quelques beaux livres* ; et qu'ainsi, *fortune, livres*, sont justement appelés régimes directs des verbes *il a, je possède.*

331. — II. Dans les phrases où se trouvent deux verbes dont l'un est à l'infinitif, les pronoms *me, te, se*, se placent ordinairement près du verbe qui les régit :

Il croit *me persuader* ; on désire *te voir* ; il espère *se convaincre*, etc.

Remarque. Lorsque le premier verbe est neutre et ne saurait avoir de régime, on peut souvent placer les pronoms devant lui, et cela donne même de la force à l'expression :

Soleil, *je te viens* voir pour la dernière fois ! (RACINE.)

Cependant cette construction n'est point autorisée lorsque le verbe neutre est à un temps composé. On ne dira donc point : *vous* ne M'AVEZ PU *reprocher ; je ne* T'AURAIS SU *trouver dans la foule* ; l'ordre régulier est : *vous* N'AVEZ PU ME *reprocher ; je* N'AURAIS SU *te trouver*, etc.

332. — III. Quand un verbe à l'impératif a deux pronoms pour compléments, l'un direct, l'autre indirect, on place le complément direct le premier, avec deux traits d'union :

C'est le seul bien qui me reste, laissez-*le*-moi, cruel.

Et jusqu'au moindre mot imprimez-*le*-vous bien.

Remarque. Si le régime direct est un des pronoms *moi, toi, le, la,* et le régime indirect le pronom relatif *y*, il est plus conforme au goût de renoncer à cet infinitif et de prendre un autre tour. On ne dira point: *menez-y-moi, menez-m'y*; mais, *veuillez m'y mener*.

333. — IV. Si deux impératifs joints par la conjonction *et* sont du même nombre et de la même personne, on peut placer avant le second impératif le pronom qu'il a pour complément :

Tenez, battez-moi, et *me* laissez rire tout mon saoul.

Polissez-le sans cesse et *le* repolissez (BOILEAU).

Mais on n'imitera pas cette phrase : *finissons là, Zéphyre*, et ME DITES... parce que les deux verbes sont à des personnes différentes. L'exactitude demande que le pronom soit placé après l'impératif : *Finissons là, Zéphyre*, et DITES-MOI, etc.

334. — V. Lorsque le pronom relatif *que* doit être le complément direct de plusieurs verbes, il se répète autant de fois qu'il y a de verbes employés à un temps simple :

Racine est un poëte *qu*'on aime et *qu*'on admire de plus en plus.

Remarque. Si les verbes dont le relatif *que* doit être le complément sont employés à des temps composés, on ne répète le pronom relatif qu'autant que l'on passe d'un temps à un autre, ou d'une proposition négative à une proposition affirmative :

C'est un homme *que* j'ai toujours *estimé et chéri*.

C'est un homme *que* J'AI ESTIMÉ et *que* J'ESTIMERAI toujours.

335. — VI. Le verbe peut recevoir pour complément direct un autre verbe à l'infinitif, et celui-ci peut en recevoir un second ; mais il serait défectueux de les multiplier au delà.

On dira bien : *N'espérez point me fléchir; je compte aller vous voir bientôt*.

Mais cette phrase serait défectueuse : *Il espère* POUVOIR FAIRE JOUER *tous les ressorts de l'éloquence*.

Cette accumulation d'infinitifs est contraire au goût; il faut alors prendre un autre tour, et dire par exemple : il *espère pouvoir mettre en jeu, etc.*

336. — VII. Deux verbes peuvent avoir le même mot pour complément commun, pourvu qu'ils se construisent de la même manière avec ce mot :

Pierre le Grand sut *conserver et affermir ses États*.

Mais on ne pourrait dire : *Je connais et me sers* DE MES AVANTAGES, parce que les formes reçues sont : *connaître ses avantages*; *se servir* DE *ses avantages*.

On dira par analogie, en donnant à chaque verbe le complément qu'il demande : *Le sage se défie des passions et* LEUR *résiste courageusement.* —*Se défie et résiste courageusement* AUX PASSIONS serait incorrect, parce que les deux verbes veulent après eux des prépositions différentes.

337. — VIII. Lorsque le complément direct ou indirect d'un verbe se compose de plusieurs parties unies par une des conjonctions *et, ni, ou,* ces parties doivent être de même nature, c'est-à-dire formées toutes de substantifs, ou bien de verbes au même temps.

Ainsi au lieu de dire : *Il aime l'*ÉTUDE ET A LIRE ; *Je crois* VOS RAISONS EXCELLENTES *et* QUE VOUS LE CONVAINCREZ ;

Dites : *Il aime l'étude et la lecture ; Je crois que vos raisons sont excellentes et que vous le convaincrez.*

338. — IX. Un verbe ne peut jamais avoir deux compléments directs.

On trouve dans Racine :

> Ne *vous* informez pas *ce que* je deviendrai.

la régularité exigeait : *Ne vous informez pas* de ce que *je deviendrai.*

Vous étant régime direct de *informer*, il fallait changer le tour et faire de l'expression *ce que je deviendrai* un régime indirect à l'aide de la préposition *de.*

339. — X. Un verbe ne peut avoir deux compléments indirects pour exprimer le même rapport.

Ce vers est donc incorrect :

> C'est *à vous,* mon esprit, *à qui* je veux parler (BOILEAU).

A vous, à qui sont deux régimes indirects semblables du verbe *parler* ; ainsi l'un d'eux est surabondant. Il fallait : *c'est à vous mon esprit que je veux parler,* ou bien *c'est vous mon esprit à qui je veux parler.* —Cependant le premier de ces deux tours donne à l'expression plus de vivacité.

Remarque. Cette règle s'étend au cas où le rapport indirect est marqué par un adverbe de lieu ; on ne dirait donc pas : *C'est là où je vais,* mais bien : *c'est là* QUE *je vais.*

340. — XI. Les compléments d'un verbe doivent être placés de manière à ne donner lieu à aucune équivoque :

Il faut accepter les revers que la Providence nous envoie, *avec résignation.*

L'inversion produit ici un effet désagréable, et le complément *avec résignation* devrait être placé après le verbe *accepter.*

CONSTRUCTION.

341. — I. Tout verbe à un mode personnel doit avoir un sujet exprimé ou sous-entendu :

> *Celui qui met* un frein à la fureur des flots,
> *Sait* aussi des méchants arrêter les complots (RACINE).
>
> *Qui vit* aimé de tous, à jamais *devrait* vivre.

Dans le premier exemple, il y a deux verbes à un mode personnel *met* et *sait;* il y a également un sujet pour chaque verbe, *celui* et *qui.*

Il y a encore deux verbes dans le second exemple, quoiqu'il n'y ait qu'un sujet exprimé; mais l'esprit supplée sans peine l'antécédent de *qui : celui qui vit*, etc.

342. — II. Tout sujet doit avoir un verbe exprimé ou sous-entendu :

> Le jour vient, la nuit cesse et le prestige fuit.
> Garo fouette son chien et son chien de s'enfuir. (LA FONTAINE.)

Dans le premier exemple, il y a trois sujets et trois verbes exprimés ; dans le second, il y a deux sujets, mais il y a un verbe sous-entendu: *Garo* est le sujet de *fouette,* et *son chien* est le sujet du verbe non exprimé *se hâte.*

Il suit de cette règle qu'on ne pourrait pas dire : *Vous fuirez ce perfide Mentor* QUI, *s'il vous conseillait, vous seriez perdu*. Le pronom relatif *qui* est là un sujet sans verbe; il faut donc le supprimer et dire, par exemple : *Vous fuirez ce perfide Mentor ; s'il vous conseillait, vous seriez perdu.*

343.— III. Le sujet d'un verbe ne doit pas être exprimé deux fois.

On ne dira donc pas :

Alexandre ayant appelé Perdiccas, il lui dit, etc.

Le verbe *dit* a pour sujet *Alexandre*, le second sujet *il* est donc inutile; il faut le supprimer et dire : *Alexandre ayant appelé Perdiccas, lui dit, etc.*

Remarque. Si une proposition incidente séparait le sujet d'avec le verbe, en telle sorte que le rapport de l'un à l'autre gagnât à être rappelé, on énoncerait de nouveau le sujet, en plaçant le pronom *il* devant le verbe, et ce pronom, dans ce cas, donnerait à la phrase plus de clarté. Ainsi Massillon a dit :

> Jésus-Christ ayant dépouillé les principautés et les puissances, après les avoir vaincues, *il* les a menées hautement en triomphe, à la face de l'univers.

EMPLOI DES MODES DU VERBE. — DE L'INDICATIF.

344. — I. Le présent de l'indicatif s'emploie quelquefois à la place du passé défini, pour réveiller l'attention et rendre le récit plus animé :

> Cependant sur le dos de la plaine liquide,
> *S'élève* à gros bouillons une montagne humide (RACINE).

Remarque. Dans ce cas, il faut que les verbes qui sont en rapport dans la même phrase soient tous au présent. Ainsi l'on ne dira pas: *tandis que Mazarin* GAGNE *des batailles contre les ennemis de l'État, les siens* COMBATTAIENT *contre lui.* Il faut dire: *gagne, combattent,* ou GAGNAIT, COMBATTAIENT.

345. — II. Lorsque dans une phrase il y a deux verbes dont le premier est au passé, le second peut être mis à l'imparfait, si la correspondance des époques amène ce temps :

J'ai appris que *vous étiez* à Paris.
J'ai su, il y a peu de jours, que *vous étiez* malade.

Quelques grammairiens veulent que l'on mette le présent dans la proposition subordonnée, si le verbe de cette proposition exprime une action qui persiste à l'instant où l'on parle. Suivant leur opinion, il faudrait dire : *J'ai appris que vous êtes à Paris,* si la personne à qui l'on s'adresse est encore dans cette ville. Mais l'Académie préfère l'imparfait dans ces sortes de phrases, parce qu'il suffit que la seconde action corresponde au passé. D'ailleurs, le présent donnerait, avec les mots sous-entendus, ce sens absurde : *J'ai appris* (hier) *que vous êtes* (aujourd'hui) *à Paris.*

Remarques. 1° L'imparfait serait défectueux si la proposition subordonnée renfermait une circonstance appelant l'attention sur un fait actuel ou qui a lieu habituellement. On dira donc avec le présent :

On *savait* bien que vous PRODUISEZ toujours une grande impression dans le conseil quand vous PRENEZ la parole.

2° Si au lieu d'exprimer un fait, la proposition subordonnée renferme une maxime, une vérité générale, le second verbe se met ordinairement au présent, à moins qu'une circonstance particulière ne le rattache à l'imparfait :

Il *tenait* pour maxime qu'un bon général PEUT bien être vaincu, mais qu'il ne lui EST pas permis d'être surpris (BOSSUET).
En voyant ce malheureux déchiré par les remords, je *sentis* combien Dieu ÉTAIT juste.

Dans ce second exemple, cette pensée, *Dieu est juste,* vraie pour tous les temps, reçoit cependant une application particulière au passé, par la circonstance où elle se manifeste, ce qui amène l'imparfait.

346. — III. Le passé défini ne doit s'employer que quand il s'agit d'un temps complétement écoulé :

Je *reçus, l'an passé,* une lettre qui me surprit fort.
Mais on ne dira pas : JE REÇUS *une lettre cette année;* JE VIS, *cette*

semaine, un ami d'enfance; parce qu'il reste encore à s'écouler une partie du temps dont il est question.

347. — IV. Dans les phrases à deux passés correspondants, le second verbe se met au passé indéfini, si l'on veut exprimer le passé d'une manière générale; il se met au plus-que-parfait si l'on veut exprimer une antériorité :

1° J'ai appris que *vous avez* beaucoup *voyagé* en Amérique. — On m'a dit que *vous avez obtenu* un emploi.

2° Il était fort en peine de ce que *vous aviez appris* sa maladie (ACAD.). — J'ai été tranquille sur votre compte dès que j'ai appris que *vous aviez obtenu* un emploi.

348. — V. On peut indifféremment employer *c'est* ou *ce fut*, avant un second verbe au passé défini; — et *c'est* ou *ce sera*, avant un second verbe au futur :

1° C'est moi qui le fis. Ce fut moi qui parlai le premier. — *Ce fut* aux Français qu'il dut la victoire.

2° *C'est* sur vous que le châtiment retombera. — *Ce sera* vous, messieurs, qui le ferez (ACAD.).

DU CONDITIONNEL.

349. — I. Le présent du conditionnel peut s'employer pour le futur de l'indicatif, s'il y a quelque condition exprimée ou sous-entendue, — ou s'il y a quelque doute que l'action s'accomplisse :

1° J'ai juré qu'on ne m'y *reprendrait* plus (ACAD.). — On sous-entend *si le cas se représentait.*

2° On a pu croire que *vous ne réussiriez* pas dans vos démarches. — *(La réussite était incertaine.)*

Mais il serait défectueux de dire : *Jésus-Christ a promis qu'*IL VIENDRAIT *juger les vivants et les morts;* parce qu'il n'y a ici ni condition ni doute possible.

350. — II. Dans les phrases à deux verbes correspondants, si le verbe de la proposition principale est à l'un des passés, le verbe de la proposition subordonnée doit se mettre au présent et non au passé du conditionnel :

Je m'étais promis qu'à ma considération, *vous consentiriez* à le faire (ACAD.);

Et non .....*vous auriez consenti.*

DU SUBJONCTIF.

I.

351. — Dans les phrases à deux verbes correspon-

dants, lorsque la proposition principale exprime le désir, la crainte, l'admiration, la surprise, une idée de doute, d'indécision, le verbe de la proposition subordonnée se met au subjonctif :

Je doute qu'il y *ait* un vice plus détestable que l'avarice.
Je crains que vous ne m'*ayez* pas compris.
Je suis ravi que cela *soit* arrivé.
Je m'étonne qu'il ne *voie* pas le danger où il est.

APPLICATIONS. Cette règle renferme de nombreuses applications ; on peut reconnaître que le verbe de la proposition subordonnée doit être mis au subjonctif dans les cas ci-après :

1° Lorsque le verbe de la proposition principale est affecté d'une négation :

On *ne peut* nier sans blasphème que la puissance de Dieu ne S'ÉTENDE à toutes choses.

2° Lorsque la phrase est interrogative :

Croyez-vous qu'il SOIT plus habile que son concurrent ?

Remarque. Si l'interrogation n'est qu'un tour oratoire, et que le verbe de la proposition principale ait un sens affirmatif, le subjonctif n'a plus lieu, et le verbe de la proposition subordonnée suit les règles ordinaires :

Et sur quoi *jugez-vous* que j'en PERDS la mémoire?
.... Madame, *oubliez-vous*
Que Thésée EST mon père, et qu'il EST votre époux ? (RACINE.)

3° Après les verbes impersonnels : *il importe, il convient, il faut :*

Il importe que VOUS VENIEZ. — *Il faut* que cette chose SE FASSE.

Remarques. 1° On emploie l'indicatif après plusieurs autres verbes impersonnels, tels que, *il paraît, il arrive,* etc.

Il *paraît* que NOUS NOUS SOMMES TROMPÉS de route.

2° *Il me semble,* veut ordinairement l'indicatif : *Il me semble que* VOUS ÊTES *malade.* — Mais *il semble* présente un sens beaucoup plus vague. Si le fait qu'on annonce n'offre rien d'extraordinaire en soi, le second verbe se met à l'indicatif : *Il semble que la présence d'un étranger* RETIENT *le sentiment.* Si le fait n'est pas dans l'ordre ordinaire des choses, on met le subjonctif : *Il semble qu'on* AIT *là* RASSEMBLÉ *l'univers* (BOILEAU). *Il semble que l'on entend le bruit de la végétation* (BUFFON).

Cependant cette distinction n'est pas toujours observée par les auteurs, et l'on met quelquefois le subjonctif après *il semble,* même quand le fait en question est de l'ordre naturel.

Il semblait que ma vue *excitât* son audace (RACINE).
Il semblait que ces déserts n'*eussent* plus rien de sauvage (FÉNELON).

4° Après la conjonction *que*, exprimant un souhait, ou précédée de *si*, de *qui*, de *quel*, de *quoi*, de *quelque*, ou formant enfin avec tout autre mot une locution conjonctive :

Dieu dit : *que* la lumière *soit*, et la lumière fut.
Il n'est pas d'homme *si* instruit, *qu'il* ne *puisse* être embarrassé.
Qui que vous *soyez* n'oubliez pas que vous êtes homme.
Quels que soient les humains, il faut vivre avec eux.
Quoi que vous écriviez, évitez la bassesse (BOILEAU).
Quelque effort que fassent les hommes, leur néant paraît partout (BOSSUET).
Je l'ai connu laquais *avant qu*'il fût commis (BOILEAU).

Remarques. 1° Quelquefois la conjonction *que* est sous-entendue, ainsi que la proposition qui l'amène :

Périsse le lâche qui trahit sa patrie !
Le sens est : IL FAUT QUE *le lâche qui trahit sa patrie périsse*.

2° C'est un tour particulier à la langue française que l'emploi du subjonctif *sache*, à la place de l'indicatif : JE NE SACHE *personne qu'on puisse lui comparer ; il n'y a personne à la maison*, QUE JE SACHE (ACAD.).

5° Après les pronoms *qui*, *que*, *dont*, après la conjonction *que*, et les adverbes *où*, *d'où*, *par où*, lorsque ces mots se rapportent à un superlatif relatif, ou à des expressions qui restreignent le sens, comme, *le dernier*, *l'unique*, etc.

Les mouvements des planètes sont *les plus réguliers que nous connaissions*.
Il y a *peu de rangs où il faille* plus de vertu que dans la royauté.
On enleva à ces malheureux *l'unique ressource qu'ils eussent*.

Remarques. 1° On se sert de l'indicatif, lorsque les mots *qui*, *dont*, *que*, *où*, *d'où*, se rapportent non au superlatif, mais à son complément :

Le soleil est le plus grand *des corps que nous connaissons*.

2° Lorsque *le plus* ne modifie point un adjectif, on peut mettre indistinctement l'indicatif ou le subjonctif : *Le plus que* JE PUIS *faire* ou *que* JE PUISSE *faire* (ACAD.).

3° Après *le seul*, l'Académie emploie aussi l'un ou l'autre mode, sans indiquer lequel est préférable : *C'est la seule fois que* JE L'AI VU ou *que* JE L'AIE VU.

II.

352. — Dans toute phrase à deux verbes correspondants, et où la proposition principale est essentiellement

affirmative, le verbe de la proposition subordonnée se met à l'indicatif ou au subjonctif, selon que les vues de l'esprit portent sur quelque chose de certain, de positif, — ou sur quelque chose de douteux :

1er cas : J'aspire à une place *qui* est lucrative.

Je cherche quelqu'un *qui me rendra* ce service.

2e cas : J'aspire à une place qui *soit* lucrative.

Je cherche quelqu'un qui me *rende* ce service.

Dans ces derniers exemples, j'emploie le subjonctif parce que l'objet est douteux; j'ai le désir d'occuper un emploi lucratif, mais j'ignore quel il est, etc.

Par analogie, on emploiera l'indicatif ou le subjonctif :

1° Après la conjonction *que*, précédée de *tel*, de *tant*, etc. selon que l'idée est positive ou incertaine :

Telle est la force de la vertu *que* nous *l'aimons* même dans nos ennemis.

La libéralité doit être *telle qu*'elle ne *nuise* à personne.

2° Après la plupart des conjonctions qui laissent au sens cette double latitude :

Le sage se conduit avec les hommes *de telle sorte qu'ils n'ont* jamais rien à lui reprocher.

Conduisez-vous *de telle sorte que* vos parents *puissent* se glorifier de vous avoir pour fils.

3° Après *prétendre* et *entendre*, selon que le sens est positif ou impératif :

1. Je prétends que son droit *est* incontestable.

Au son de sa voix j'entends que *c'est* votre frère.

2. De lui seul je prétends qu'on *reçoive* la loi.

J'entends que vous lui *obéissiez*.

4° Après *tout que*, on peut employer l'indicatif aussi bien que le subjonctif :

L'esprit de l'homme, *tout vaste qu'il est*, ne peut tout embrasser.

Tout intéressante que soit cette question, elle demeure presque insoluble (Chateaubriand).

Dans ce cas, l'indicatif est plus souvent employé par les auteurs anciens et le subjonctif par les modernes.

III.

353. — Le temps du subjonctif à employer dans la proposition subordonnée dépend, en général, du sens qu'on veut exprimer, et non du temps où se trouve le verbe de la proposition principale. Ce n'est que dans des cas très-rares qu'il peut être déterminé par ce dernier.

354. — Applications. — I. *Présent du subjonctif.* Ce temps ne doit être employé que pour exprimer le *présent* ou le *futur simples.*

1° Pour le *présent simple* (c'est-à-dire *non conditionnel*):

Je doute qu'il y *ait* une amitié solide entre des personnes aussi ambitieuses.

C'était une des plus belles fêtes qu'on *puisse* voir. (Sévigné.) — Il ne serait pas incorrect de dire avec l'imparfait : *C'était une des plus belles fêtes qu'on pût voir* ; mais alors on rattacherait la proposition subordonnée au passé, tandis qu'on a voulu l'appliquer au présent et lui donner un sens général.

Quelques efforts que vous *fassiez* vous ne réussirez point. (Acad.)

Qui pourrait douter qu'il *soit* homme de bien si ce n'est peut-être ses créanciers ? (la Bruyère.)

Remarque. Ce temps s'emploie aussi pour exprimer un principe, une vérité applicable à toute époque, pour indiquer un état, une action qui persistent encore, quoique ayant commencé antérieurement :

Dieu nous a créés pour que nous *l'aimions* et que nous *pratiquions* sa loi. (Bossuet.)

Quoiqu'il *relève* de maladie et qu'il *soit* encore très-faible, il a voulu se mettre en route. (Acad.)

On observera que, dans ces derniers exemples, le verbe de la proposition principale est au passé indéfini : *Dieu nous a créés ; il a voulu.* Mais lorsque ce verbe est au passé défini, comme ce temps est beaucoup plus précis que l'autre, il exerce, par exception, une sorte d'influence sur celui de la proposition subordonnée qui doit alors être mis à l'imparfait. On dirait donc : *Dieu voulut que les vérités divines entrassent du cœur dans l'esprit ;* ou *Dieu a voulu que les vérités divines entrent du cœur dans l'esprit.*

2° Pour le *futur simple* :

Il se peut que notre projet *réussisse.* (Acad.)

Il faudra qu'ils se *rendent* à la force de la vérité, quand ils auront permis qu'elle *paraisse* dans tout son jour. (Wailly.)

Attendez pour sortir qu'il *fasse* beau. (Acad.)

355. — II. *Imparfait du subjonctif.* Ce temps pourrait être justement appelé *incertain*, car il peut exprimer le *présent*, le *passé* et même le *futur*.

1° On l'emploie pour un *présent conditionnel :*

Je doute que vous *lussiez* ce livre, si vous connaissiez l'espèce de morale qu'il renferme.

Remarque. Quelquefois la condition est sous-entendue, et cela ne change rien à l'emploi de ce temps :

Hélas ! on ne craint pas qu'il venge un jour son père,
On craint qu'il *n'essuyât* les larmes de sa mère. (Racine.)

Le sens est, *on craint qu'il* (*Astyanax*) *n'essuyât les larmes de sa mère* (*si on le laissait auprès d'elle*).

2° Pour un *passé simultané* ; c'est-à-dire pour exprimer un état ou une action qui avait lieu en même temps qu'un autre état, ou une autre action :

Ce n'est pas qu'on *disputât* rien aux rois, ni que personne *eût* le droit de les contraindre (Bossuet).

Il ne se doutait pas qu'on *eût* des preuves contre lui (Acad.).

Sylla, après son abdication, retourna le soir à sa maison, seul, et comme un simple particulier, sans que personne, parmi un si grand nombre d'ennemis qu'il s'était faits, *osât* lui manquer de respect (Vertot).

3° Pour un *passé défini :*

Il n'y a personne qui n'en *fût* très-scandalisé (Racine).

Je ne nierai pas qu'il ne *fallût* faire ce voyage.

4° Pour le *futur modifié par une condition exprimée ou sous-entendue :*

Quand il faut se hâter, elle vole plutôt qu'elle ne marche, et je doute qu'Atalante la *pût* devancer à la course (Boileau).

S'il revenait et qu'il *fît* une réclamation, vous seriez fort embarrassé. (Acad.)

Je voudrais bien voir qu'il *osât* l'entreprendre (Acad.).

Remarque. Le principal écueil à éviter dans l'emploi du subjonctif, c'est de substituer à l'imparfait le présent de ce mode ou l'un des conditionnels. Aussi l'on ne dira pas :

Il fallait que je lui *écrive* ; je craignais que vous ne *viendriez* pas ; *mais* : il fallait que je lui *écrivisse* ; je craignais que vous ne *vinssiez* pas.

356. — III. *Passé du subjonctif.* Ce temps ne peut exprimer qu'un *passé indéfini* ou un *futur antérieur.*

1° On l'emploie pour le *passé indéfini :*

S'il est vrai qu'Homère *ait fait* Virgile, c'est son plus bel ouvrage (Fénelon).

Il a fallu que mes malheurs *m'aient instruit* pour m'apprendre ce que je ne voulais pas croire (Fénelon.)

Je douterai toujours que celui qui ne réussit pas *ait fait* tous ses efforts.

On dirait que le livre des destins *ait été ouvert* à ce prophète (Bossuet).

Qu'il vous suffise que je l'*aie voulu* (Acad.).

2° Pour le *futur antérieur :*

J'attends pour cela qu'on m'*ait accordé* une autorisation (Acad.).

Si vous attendez que Philoclès *ait conquis* l'île de Carpathie, il ne sera plus temps d'arrêter ses desseins (Fénelon).

357. — IV. *Plus-que-parfait du subjonctif.* Ce temps doit

être employé pour exprimer un *passé antérieur*, un *passé conditionnel*, un *futur antérieur conditionnel*.

1° On l'emploie pour le *passé antérieur* :

Je lis que les Carthaginois avaient beaucoup pillé de ces sortes d'ouvrages sur les nations vaincues ; mais je n'apprends nulle part qu'ils en *eussent fait* beaucoup eux-mêmes (Rollin).

Il s'en fallait peu qu'il n'*eût achevé* (Acad.).

Ils trouvèrent mauvais que je n'*eusse* pas *songé* plus sérieusement à les faire rire (Racine).

Ils ont été fâchés que j'*eusse* dans mon malheur *transigé* avec mes adversaires.

On n'avait pas cru d'abord que nous *eussions* si complétement *échoué*.

2° Pour le *passé conditionnel* :

Je doute qu'il *eût été* indisposé le matin, s'il eût suivi les prescriptions du médecin.

Ce n'est pas que j'*eusse* mieux *fait* que vous. (*Dans les mêmes circonstances* : condition sous-entendue.)

Je douterai toujours que vous *eussiez conduit* à bien votre entreprise si votre ami ne fût intervenu.

Je voudrais seulement qu'on vous l'*eût* fait connaître (Racine).

3° Pour un *futur antérieur conditionnel* :

Ne partez point, car il faudrait que vous *fussiez arrivé* à midi pour le trouver encore chez lui.

OBSERVATIONS SUR LES TEMPS DU SUBJONCTIF.

358. — Les nombreux exemples qui précèdent montrent que chacun des temps du subjonctif peut être placé après des temps très-divers de l'indicatif, car ces derniers n'influent nullement sur les autres.

On peut trouver même après une proposition principale plusieurs subordonnées à des temps différents du subjonctif, parce qu'il s'agit d'époques diverses, ou que l'un des derniers verbes est affecté d'une condition :

Soit qu'*elle eût étudié* sa langue et qu'*elle la parlât* par principes, soit que l'usage *supplée* à la connaissance des règles, *elle me semblait* s'exprimer correctement. — Après l'imparfait *semblait* de la proposition principale, voilà trois subordonnées avec des temps différents : *eût étudié, parlât* et *supplée;* c'est qu'en effet on veut exprimer des époques diverses.

Il résulte de là qu'il faut s'attacher surtout à bien se fixer sur le sens qu'on doit exprimer, et alors on pourra employer tel ou tel temps du subjonctif avec assurance. Le résumé suivant servira de guide dans la plupart des cas :

Pour exprimer un *présent simple* ou un *fait général* on emploie	le présent du subjonctif.
— un *présent modifié par une condition exprimée ou sous-entendue*.	l'imparfait.
— *Passé simultané*	l'imparfait.
— *Passé défini*	l'imparfait.
— *Passé indéfini*	le passé.
— *Passé antérieur*	le plus-que-parfait.
— *Passé conditionnel*.	le plus-que-parfait.
— *Futur simple*	le présent.
— *Futur modifié par une condition*	l'imparfait.
— *Futur antérieur*	le passé.
— *Futur antérieur modifié par une condition*.	le plus-que-parfait.

DE L'INFINITIF.

359. — I. Tout infinitif précédé d'une préposition doit se rapporter sans équivoque à un sujet exprimé ou sous-entendu :

Les moments me sont chers *pour les perdre* en paroles (RACINE.)
Tout *sans faire* d'apprêts s'y prépare aisément (BOILEAU).
Pour éviter les surprises, les affaires étaient traitées par écrit (BOSS.).
Il y a ici *pour contenter* tous les goûts. Il n'y a pas *de quoi me remercier*. Il est bien tard *pour commencer* (ACAD.).

Ces exemples sont corrects, parce qu'il n'y a point d'équivoque possible. *Les moments me sont chers pour* QUE JE LES PERDE *en paroles. Tout, sans* QU'ON FASSE *d'apprêts, s'y prépare aisément*, etc.

Mais l'infinitif serait vicieux s'il donnait lieu à quelque ambiguïté :
Qu'ai-je fait *pour m'accuser* ainsi?
Et qu'ont fait tant d'auteurs *pour remuer* leur cendre? (BOILEAU).
Ces phrases sont incorrectes, parce qu'elles peuvent présenter deux sens : *Qu'ai-je fait pour* M'ACCUSER *ainsi* MOI-MÊME? *Qu'ai-je fait pour que l'*ON M'ACCUSE *ainsi? — Et qu'ont fait tant d'auteurs pour que l'*ON REMUE *leur cendre, ou pour* QU'ILS REMUENT *leur cendre.*

360. — II. Après plusieurs infinitifs formant le sujet composé d'une proposition, le verbe peut se mettre indistinctement au singulier ou au pluriel :

Bien *écouter* et bien *répondre* EST une des plus grandes perfections que l'on puisse avoir dans la conversation (LA ROCHEFOUCAULT).
Bien *dire* et bien *penser* ne SONT rien sans bien faire.

361. — III. L'infinitif, quand il ne présente aucun rapport équivoque, doit être préféré à l'indicatif ou au subjonctif formant des propositions subordonnées :

On dira donc : *Mon frère est certain de* RÉUSSIR; *il vous importe de* VOIR *vos juges ;* plutôt que *mon frère est certain* QU'IL RÉUSSIRA ; *il importe que* VOUS VOYIEZ vos juges. — Ces derniers tours rendent la phrase lourde.

EMPLOI DES AUXILIAIRES.

362. — **Un petit nombre de verbes neutres prennent tantôt l'auxiliaire *avoir*, tantôt l'auxiliaire *être*. On peut en former plusieurs subdivisions :**

1° Quelques-uns de ces verbes prennent l'auxiliaire *avoir*, quand le sens de la phrase appelle l'attention sur l'action qu'ils expriment ; — ils prennent *être*, lorsqu'on veut faire ressortir le résultat de cette action ; tels sont : *augmenter, camper, cesser, changer, croître, décamper, déchoir, dégénérer, déménager, décroître, descendre, diminuer, disparaître, échoir, échouer, empirer, grandir, monter, partir, sonner, tomber, vieillir.*

Pour exprimer l'action :	*Pour exprimer le résultat :*
Sa fortune *a augmenté* dans cette opération.	Sa fortune *est augmentée* du double.
Nous *avons campé* près du fleuve.	L'armée *était campée* depuis deux mois.
Sa fièvre *a cessé* hier.	Sa fièvre *est cessée* (ACAD.).
Les vents *ont changé* tout à coup.	Je crois que les vents *sont changés*.
La rivière *a crû* de deux pouces.	La rivière *est crue* (ACAD.).
Depuis ce moment il *a déchu* de jour en jour.	Il *est* bien *déchu* de son crédit.
Les Romains *ont dégénéré* après la conquête de la Grèce.	Cette race *est* bien *dégénérée*.
Il *a déménagé* malgré lui.	Il *est déménagé* depuis huit jours.
Le prix du pain *a diminué* lors de la récolte.	Le prix du pain *est* enfin *diminué*.
Il *a descendu* bien promptement.	Il était monté, mais il *est descendu*.
Il *a disparu* de sa cour.	Sa femme *est disparue* (ACAD.).
Ce billet *a échu* le trente du mois dernier.	Il y a un mois que ce billet *est échu*.
Sa maladie *a* beaucoup *empiré* dans la nuit.	Sa maladie *est empirée*.
Cet enfant *a* bien *grandi* en peu de temps.	Comme *vous êtes grandie*, ma fille !
Le fusil *a parti* tout d'un coup.	Il y a plus de six mois qu'*il est parti*.
Les poëtes disent que Vulcain *a tombé* du ciel pendant un jour entier (ACAD.).	Il a voulu courir et *il est tombé*.

Ces divers exemples peuvent servir pour construire d'une manière analogue les verbes *décamper, décroître, échouer, monter, sonner, vieillir*.

2° Les verbes *accourir, apparaître, résulter*, prennent indifféremment *avoir* ou *être*.

Ses amis *ont accouru* pour le féliciter. — *Je suis accouru* au bruit (Acad.).

Elle croyait qu'un spectre *lui était apparu* ou *lui avait apparu* (Acad.).

Qu'a-t-il résulté de là ou *qu'en est-il résulté?* (Acad.)

3° Les verbes *aborder, convenir, demeurer, échapper, expirer, passer, rester*, prennent tantôt *avoir* et tantôt *être*, selon l'acception dans laquelle ils sont pris :

Aborder, *prendre terre*, prend *avoir* : Nous avons abordé *avec beaucoup de peine*. Quand il prend *être*, il est réfléchi et signifie *se joindre* : Nous nous étions abordés *avec contrainte*.

Convenir signifiant *être sortable*, veut *avoir* : *Votre projet* m'a convenu, *j'y ai donné mon adhésion*. — Signifiant *être d'accord*, il prend l'auxiliaire *être* : Nous étions convenus *que je viendrais*.

Demeurer se construit avec *avoir* pour signifier *habiter, différer* : Il a demeuré *chez moi pendant trois ans* ; *sa plaie* a demeuré *longtemps à se fermer*. — Il se construit avec *être*, lorsqu'il signifie *s'arrêter* : Il est demeuré *en chemin*.

Rester suit la même règle : Il a resté *deux jours à Lyon*; il est resté *stupéfait*.

Echapper, signifiant *avoir oublié*, prend l'auxiliaire *avoir* : *J'ai retenu le chant, les vers* m'ont échappé. — Signifiant *faire une chose involontairement*, il veut *être* : *Ce mot* m'est échappé, *pardonnez ma franchise*.

Expirer prend *avoir*, quand il se dit des personnes : Il a expiré *dans mes bras*. — Quand il se dit des choses, il prend avoir ou être, selon qu'on veut appeler l'attention sur le fait qui prend fin, ou qu'on veut exprimer seulement le résultat : *Son bail* a expiré *à la Saint-Jean*. — *La trêve* est expirée.

Passer prend *avoir*, quand il signifie *être admis* : *Ce mot* a passé *en proverbe*. — Il veut indifféremment *avoir* ou *être*, quand il signifie *mourir* : *Le malade* a passé ou est passé cette nuit. — Dans les autres acceptions il prend *avoir* pour exprimer l'action, et il prend *être* pour exprimer le résultat : *La procession* a passé *sous mes fenêtres*; *les beaux jours* sont passés.

4° *Paraître, comparaître* et *reparaître*, ne prennent que l'auxiliaire *avoir*, ainsi que *périr, contrevenir* et *subvenir* :

Les ennemis ont paru sur la frontière.

Ils ont comparu. Cet homme n'a jamais reparu.

Ils ONT tous PÉRI dans le massacre.
Je n'AI jamais CONTREVENU à vos ordres.
On A SUBVENU à ses besoins (ACAD.).

CHAPITRE VII.

DU PARTICIPE.

I. — DU PARTICIPE PRÉSENT.

363. — I. Le participe présent est toujours invariable ; l'adjectif verbal s'accorde au contraire avec le substantif auquel il est joint.

Il ne faut pas confondre le participe présent avec l'adjectif verbal. Tous les deux sont terminés en *ant*, ils sont joints à un substantif et dérivent d'un verbe ; mais ils diffèrent essentiellement entre eux. Le premier exprime une action, et en cela, il appartient au verbe ; le second exprime un état ou une qualité, et ne peut être regardé que comme un adjectif. L'un admet, comme le verbe, les deux sortes de compléments ; l'autre, de même que l'adjectif, ne comporte que le complément indirect. Celui-là est considéré comme un temps du verbe, toujours le même, et qui ne saurait varier ; celui-ci est considéré comme un véritable adjectif, et, comme tel, prend les inflexions du genre et du nombre.

On écrira donc sans accord : *une mère* CARESSANT *son fils*, etc. parce que *caressant* est ici participe ; ce mot peint l'action, le fait qu'il énonce n'existant pas l'instant d'auparavant, et pouvant cesser l'instant d'après.

Mais on écrirait avec l'accord : *cette mère est* CARESSANTE, parce que ce mot devient adjectif verbal ; il exprime l'état, la qualité qu'il peint est inhérente à la mère, et quoiqu'elle ne se démontre pas dans le moment par des actions, elle n'en existe pas moins dans le cœur ou dans les habitudes.

Par la même raison on écrira :

Sans accord.	*Avec accord.*
Des balles *frappant* le but.	Des raisonnements *frappants.*
Des femmes *riant* à gorge déployée.	Une physionomie riante.
Une épouse *aimant* ses devoirs.	Une épouse *aimante.*
La rosée *dégouttant* des feuilles.	Les feuilles *dégouttantes* de rosée.
Une ville *tremblant* d'être saccagée.	Une ville éplorée et *tremblante.*

Remarques. 1° Le participe présent peut toujours se traduire par un temps du verbe, précédé du pronom relatif *qui*, ou d'une des conjonctions *quand, lorsque, puisque, parce que, comme, quoique*, etc.

On écrira donc sans accord :

Les hommes *prévoyant* ce danger cherchèrent à l'éviter; parce qu'on peut dire : *Les hommes* QUI PRÉVOYAIENT *ce danger cherchèrent à l'éviter.*

Je vous aimais *sauvant* la patrie, je vous abhorre *conspirant* sa ruine;

Je vous aimais *lorsque vous sauviez* la patrie; je vous abhorre *puisque vous conspirez* sa ruine.

Quelquefois il suffit de placer la préposition *en* devant le participe, pour en reconnaître la nature :

Elles s'avançaient *pleurant*, *gémissant*; — c'est-à-dire, *en pleurant, en gémissant.*

On reconnaît qu'il s'agit de l'action de *pleurer*, de *gémir*, et qu'alors ces deux mots sont participes.

2° L'adjectif verbal ne peut généralement se transformer en un temps du verbe; mais il se construit avec l'auxiliaire *être*, précédé du pronom relatif *qui* :

Les hommes *prévoyants* se prémunirent contre ce danger.

C'est-à-dire : les hommes *qui étaient prévoyants*, etc.

364. — II. Le qualificatif en *ant*, quand il a un complément direct, est toujours participe présent :

Et c'est là que *fuyant* l'orgueil du diadème,
Lasse de vains honneurs et me *cherchant* moi-même,
Aux pieds de l'Eternel je viens m'humilier (RACINE).

365. — III. Le qualificatif en *ant*, quand il a un complément indirect, est participe présent ou adjectif verbal : participe présent, quand le sens indique une action, adjectif verbal quand le sens indique un état :

Voyez-vous ces débris *flottant* vers la côte?
La sueur *ruisselant* de leurs membres affaiblis.

Dans ces deux cas, on a voulu peindre l'action, les débris *qui flottent* vers la côte, la sueur qui *ruissèle* des membres. Conséquemment les mots *flottant*, *ruisselant* sont des participes, et restent invariables.

Mais dans ces exemples :

Calypso aperçut un gouvernail, un mât, des cordages *flottants* sur la côte.

Leurs membres affaiblis, *ruisselants* de sueur;

flottants, *ruisselants* sont autant d'adjectifs verbaux. Les cordages *sont flottants,* sans direction ; les membres *sont ruisselants,* c'est l'état de faiblesse qu'on a voulu peindre.

366. — IV. Le participe présent, construit avec la proposition *en*, exprime une action qui doit être opérée par le sujet principal de la phrase :

L'harmonie, en naissant, produisit ces miracles.

C'est l'harmonie *qui naît* et *qui produit ces miracles,* la phrase est correcte.

Si l'on dit au contraire :

Songez-vous qu'en naissant mes bras vous ont reçue (Racine).

le participe *naissant* et le verbe *ont reçu* n'ont pas le même sujet, et la phrase est irrégulière.

Toutefois lorsque l'ambiguïté ne peut exister dans la pensée, on peut tolérer ces formes, et nous en trouvons de nombreux exemples :

La grâce, en s'exprimant, vaut mieux que ce qu'on dit.

367. — V. Les mots *approchant, appartenant, attenant, séant, tendant, dépendant, résultant,* sont devenus par l'usage des adjectifs verbaux, quoique suivis de compléments :

C'est une affaire dépendante de telle autre (Acad.).

Les cas résultants du procès (Acad.).

Ces mots ne sont participes, que quand l'action est bien caractérisée : *Cette femme* APPROCHANT DE SON FILS *l'éveilla* (Dessiaux).

368. — VI. Lorsque le participe présent est précédé de la préposition *en*, on doit s'abstenir d'y placer également le pronom *en* :

On s'abuse sur les dangers du monde, *en en suivant* le tourbillon.

Pour éviter cette répétition, on intervertira les deux membres de la phrase et l'on emploiera l'adjectif possessif : *En suivant le tourbillon du monde, on s'abuse sur ses dangers.*

Remarque. Quelques participes présents ont pour correspondants des adjectifs dont l'orthographe est différente, il faut donc éviter de les confondre :

Participes : Adhérant, affluant, coïncidant, différant, équivalant, excellant, extravaguant, fatiguant, intriguant, négligeant, précédant, présidant, vaquant, violant.

Adjectifs verbaux : Adhérent, affluent, coïncident, différent, équivalent, excellent, extravagant, fatigant, intrigant, négligent, précédent, président, vacant, violent.

Ainsi l'on écrira :

Tous les petits ruisseaux *affluant* dans la Seine ne peuvent que la grossir. — Le Rhin et les rivières *affluentes* roulent plus d'eau que le Rhône.

En *extravaguant* du matin au soir on n'apprend rien. — Tous ses discours sont *extravagants.*

II. — DU PARTICIPE PASSÉ.

369. — Le participe passé a diverses terminaisons; il peut être seul, ou joint à l'auxiliaire *être*, ou joint à l'auxiliaire *avoir*.

RÈGLES GÉNÉRALES POUR L'ACCORD DU PARTICIPE PASSÉ.

370. — I. Le participe passé employé sans auxiliaire s'accorde en genre et en nombre avec le nom auquel il se rapporte :

Que *de* remparts *détruits*, que de villes *forcées*,
Que de moissons de gloire en courant *amassées*.

Exception. Les participes *attendu, excepté, ouï, passé, supposé, vu, compris,* sont invariables quand ils sont placés sans auxiliaires devant les noms, parce qu'ils forment dans ce cas des prépositions accidentelles :

Je ne suis pas venu *attendu* la fête.
Passé trois mois je ne vous attends plus.

Le sens est : *Je ne suis pas venu* A CAUSE DE *la fête; je ne vous attends plus* APRÈS *trois mois.*

371. — II. Le participe passé joint à l'auxiliaire *être* s'accorde en genre et en nombre avec le sujet du verbe :

La vertu timide est souvent *opprimée.*
Ils furent *forcés* de se rendre.

372. — III Quand le participe passé est joint à l'auxiliaire *avoir*, il ne s'accorde jamais avec son sujet :

La discorde *a* toujours *régné* dans l'univers (LA FONTAINE).
Les sommets du Liban *ont entendu* sa voix.

373. — IV. Le participe passé des verbes actifs, joint à l'auxiliaire *avoir*, s'accorde avec son complément direct (1), quand il en est précédé ; mais s'il en est suivi, il reste invariable :

La lettre *que* j'ai *reçue.*
Il *les* a *récompensés.*
On *nous* a faussement *accusés.*

Accord au participe *reçue,* parce qu'il est précédé de son complément direct *que* (*que* représentant *laquelle lettre*) ; — accord au participe *récompensés*, parce qu'il est précédé du complément direct *les.*

Mais dans ces exemples :

(1) A proprement parler, le complément est sous la dépendance du verbe à un temps composé de l'auxiliaire et du participe ; c'est pour plus de brièveté qu'on dit que le participe a un complément soit direct, soit indirect.

J'ai *reçu* la *lettre* de votre frère;
Il a *récompensé* ses *élèves;*
On a faussement *accusé* ces *hommes ;*
point d'accord aux participes *reçu, récompensé,* etc., parce que les compléments directs *lettres, élèves,* sont placés après.

Remarque. Le complément direct, lorsqu'il est avant le participe, est toujours un des pronoms *me, nous, te, vous, se, que, le, la, les,* comme dans les exemples ci-dessus. — Quelquefois c'est un nom précédé de *quel,* de *que de,* ou d'un adverbe de quantité, *combien de, autant de, plus de, moins de,* etc. :

Quels ennemis il a *vaincus.*
Que de désagréments il a *éprouvés.*
Combien de services il a *rendus* à la patrie.
Autant de fautes il a *faites,* autant de reproches il a *encourus.*
Plus de discours il a *prononcés,* plus de critiques il a *essuyées.*
Moins d'honneurs il a *acceptés,* plus de considération il a *obtenue.*

Accord aux participes *vaincus, éprouvés, rendus,* etc., parce qu'ils sont précédés de leurs compléments directs, *quels ennemis, que de désagréments, combien de services,* etc.

RÈGLES PARTICULIÈRES. DU PARTICIPE DES VERBES NEUTRES.

374. — I. Le participe des verbes neutres est invariable, parce que le complément apparent qu'ils ont quelquefois est plutôt sous la dépendance d'une préposition sous-entendue :

Que n'a-t-elle pas fait pendant le peu de jours qu'elle *a régné?* (FLÉCHIER).

Oui, c'est moi qui voudrais effacer de ma vie
Les jours que *j'ai vécu* sans vous avoir servie (CORNEILLE).

Toutes les années qu'elle *a langui, gémi, pleuré, soupiré,* lui ont paru des siècles (BESCHER).

Le pronom relatif *que,* dans ces derniers exemples, est régime de la préposition *pendant* sous-entendue. Le sens est : ..... *les jours pendant lesquels j'ai vécu*; *toutes les années pendant lesquelles elle a langui, gémi,* etc. Cela tient à ce que le verbe neutre ne peut avoir de complément direct.

Dormir, errer, marcher, et une foule d'autres verbes sont dans le même cas.

375. — II. Il y a des verbes qui, neutres en général, deviennent actifs dans une acception particulière. Le participe s'accorde dans ce dernier cas, et reste invariable dans le premier :

On dira donc :

Avec accord.	*Sans accord.*
La langue *que* Fénelon *a parlée.*	Les deux heures qu'il *a parlé* ont passé bien rapidement.
Les deux enfants *qu'il a tant pleurés.*	Sait-on les jours qu'il *a pleuré* en secret?
Les dangers *qu'il a courus.*	Les deux heures que *j'ai couru* m'ont paru bien longues.
Les métaux *qu'on a travaillés.*	Il fait grand bruit pour dix heures qu'il *a travaillé.*
Les ballets *qu'on a dansés* devant la cour.	Les deux nuits qu'*elle a dansé* sans discontinuer.
Les maux *que j'ai soufferts.*	Les années que j'*ai* tant *souffert.*

C'est toujours la préposition *pendant* qui est sous-entendue dans les exemples de la seconde colonne, ce qui rend le participe invariable.

376. — II. L'usage le plus général assimile aux verbes actifs, les verbes neutres *coûter* et *valoir*, dans le sens de *causer*, *procurer*, parce que en effet ils ont alors un sens actif. On fait donc accorder le participe de ces verbes avec le complément :

Après tous les ennuis *que* ce jour m'*a coûtés* (Racine).

Je n'ai qu'à me louer des égards *que* votre lettre m'*a valus.*

On a étendu aussi l'accord de ces participes ainsi que de *pesé*, aux cas où ils retiennent leur sens propre, c'est-à-dire où ils signifient *équivaloir à un prix, à un poids :*

Les millions *que* Versailles *a coûtés* à Louis XIV.

Ce cheval ne vaut plus la somme *qu'il a value.*

Les cent livres *que* ce ballot a *pesées.*

Toutefois l'Académie repousse l'accord dans tous ces cas. Elle considère ces verbes comme absolument neutres, et comme ne pouvant avoir de complément direct; elle écrit spécialement avec le verbe *coûter : les vingt mille francs que cette maison m'*a coûté*; les efforts, la peine que ce travail m'*a coûté. La question semble donc douteuse, et le goût de chacun peut incliner vers l'accord ou l'invariabilité, jusqu'à ce que l'Académie ait changé sa doctrine ou que l'usage ait fléchi devant sa décision.

DU PARTICIPE DES VERBES RÉFLÉCHIS.

377. — Le participe passé des verbes qui se conjuguent avec deux pronoms de la même personne, suit la même règle que celui qui est joint à l'auxiliaire *avoir*. Il s'ac-

corde donc avec son complément direct s'il en est précédé, et il reste invariable si le complément vient après :

Elle s'est *blessée* à la main.

La blessure *qu'*elle s'est *faite*.

Ces deux hommes *se* sont *comblés* d'éloges.

Les éloges *que* ces deux hommes se sont *donnés*.

Dans ces exemples et dans tous ceux de même nature, l'auxiliaire *être* tient la place de *avoir* : *Elle a blessé soi à la main; la blessure qu'elle a faite à soi; ces deux hommes ont comblé soi (l'un l'autre) d'éloges*; etc. On accordera donc les participes *blessée, faite, comblés*, etc.

Remarques. 1° S'il n'y a pas de complément direct, le participe reste invariable, aucun mot n'en déterminant l'accord.

Dix rois se sont *succédé*. — Nous nous sommes *nui*. — Ils se sont *plu* à la première vue.

Succédé, invariable : les rois n'ont pas *succédé soi* (*les uns les autres*), mais *succédé à soi* (*les uns aux autres*). Complément indirect. — *On nuit à quelqu'un ; on plaît à quelqu'un* ; conséquemment les régimes de ces verbes sont toujours indirects et le participe est invariable.

Observez que *se plaire, se complaire, se rire, se sourire, se parler, se nuire, se succéder*, sont les seuls verbes réfléchis dont le participe soit toujours invariable.

2° Quand les verbes qui se conjuguent avec deux pronoms de la même personne réclament rigoureusement ces deux pronoms, le participe s'accorde toujours avec le second pronom, qui est considéré comme son complément direct :

Nous *nous* sommes *emparés*. — Ils *se* sont *abstenus*.

Il est évident que *s'emparer, s'abstenir*, réclament toujours deux pronoms; car on ne peut dire *j'empare, tu abstiens*. D'ailleurs, dans ces cas, l'auxiliaire *être* ne peut, comme dans ceux qui précèdent, être remplacé par *avoir*.

Il faut excepter de cette classe, le verbe *s'arroger*, qui n'a jamais pour complément direct le pronom *se*; il doit donc s'accorder ou rester invariable, selon qu'il est ou non précédé de son véritable régime direct :

La part *qu'*ils se sont *arrogée*.

Ils se sont *arrogé cette part*.

DU PARTICIPE DES VERBES IMPERSONNELS.

378. — III. Le participe passé des verbes impersonnels est constamment invariable :

La constance qu'il *a fallu* pour renverser ces obstacles.

Les fortes chaleurs qu'il *a fait* cet été.

Dans ces sortes de phrases, le pronom qui précède le participe n'en est que le complément apparent. Car on ne dit pas *falloir une chose, on ne fait pas de fortes chaleurs.*

DU PARTICIPE SUIVI D'UN INFINITIF.

379. — I. Quand le participe passé est immédiatement suivi d'un verbe à l'infinitif, il faut distinguer si le pronom qui précède est le complément du participe ou de l'infinitif. Dans le premier cas, le participe prend l'accord; dans le second, il est invariable :

Vos serins ont repris leur voix : je *les* ai *entendus* chanter.

Il *nous* a *vus* naître et grandir.

J'ai entendu *quoi? — Les*, c'est-à-dire, *eux chanter.* Il a vu *qui? — Nous, naître et grandir : les* et *nous* compléments directs des participes, les précèdent et en déterminent l'accord.

Mais dans ces phrases :

Ces airs ne sont pas nouveaux ; je les ai *entendu chanter.*

Il nous a *vu dépouiller* de nos *biens ;*

J'ai entendu *quoi? — chanter eux (les airs).* Il a vu *quoi? — dépouiller nous de nos biens. Les* et *nous* sont compléments directs des infinitifs *chanter, dépouiller ;* ils ne peuvent donc décider l'accord du participe, auquel ils sont étrangers.

Remarque. On reconnaît que le participe est précédé de son complément direct, quand ce complément peut être placé immédiatement après sans changer le sens de la phrase. Si ce déplacement ne peut avoir lieu, le complément est sous la dépendance de l'infinitif et non du participe:

Il *nous* a *vus* attaquer l'ennemi.

On *les* a *laissés* partir sans obstacle.

On peut dire : *Il a vu nous attaquer l'ennemi; on a laissé eux (les) partir sans obstacle.* — Accord avec les pronoms *nous, les,* qui sont les compléments directs du participe et qui le précèdent.

Mais dans ces phrases :

Il nous a *vu attaquer* par l'ennemi.

On les a *laissé écraser* par des forces supérieures ;

on ne peut pas dire : *il a vu nous attaquer par l'ennemi; on a laissé eux (les) écraser par des forces supérieures.* — Ces pronoms sont alors compléments de l'infinitif et ne peuvent influer sur les participes.

380. — II. Le participe passé *fait*, suivi d'un infinitif, est constamment invariable :

Une effroyable voix alors s'est *fait* entendre (RACINE).

Ces femmes entravaient ses desseins; il les a *fait* inhumainement égorger.

Le participe *fait* et l'infinitif qui le suit présentent un sens indivisible, et ne forment pour ainsi dire qu'un seul verbe; de sorte que le pronom complément n'appartient ni au participe, ni à l'infinitif, mais aux deux mots réunis. Ce participe reste donc invariable.

381. — III. Quelquefois l'infinitif est sous-entendu à la suite du participe des verbes *devoir, pouvoir, vouloir,* etc.; et alors le pronom qui précède le participe est régime de ce verbe sous-entendu, et ne détermine point l'accord :

Il a tort de se plaindre, je lui ai rendu tous les services que j'ai *dû.... (lui rendre).*

Je lui ai donné tous les conseils que j'ai *pu.... (lui donner).*

Ils ont eu assez de crédit pour lui ménager toutes les faveurs qu'ils ont *voulu.... (lui ménager).*

Dans tous ces exemples, le pronom qui précède les deux verbes est complément de l'infinitif. Le participe reste donc invariable.

Il faut observer que les participes *dû* et *voulu* prennent l'accord dans les phrases suivantes : *Il m'a toujours payé les sommes qu'il m'a* DUES; *il veut fortement les choses qu'il a une fois* VOULUES; parce que ici il n'y a point d'infinitif sous-entendu, et que le participe a pour complément direct le pronom relatif qui le précède.

382. — IV. Quand le participe passé est joint à un infinitif précédé d'une préposition, il faut examiner si le mot placé avant les deux verbes est complément du participe ou de l'infinitif qui le suit. Dans le premier cas il y a accord, dans le second le participe est invariable :

Son père *l'a contrainte* de partir.

Les hommes *que* Dieu a *chargés* de nous conduire.

Accord aux participes *contrainte, chargés,* parce qu'ils ont pour complément le pronom qui les précède, et que l'interrogation place immédiatement après eux : *son père a contraint.... qui? —* réponse : *elle,* etc.

La démarche qu'on lui a *conseillé* de faire;

Les devoirs que Dieu nous a *ordonné* de pratiquer;

Ici les participes *conseillé, ordonné,* sont invariables; le mot qui précède est complément de l'infinitif et demeure étranger au participe : *on lui a conseillé.... quoi? — de faire; — de faire.... quoi? — laquelle démarche* (QUE).

Remarque. Si le pronom qui précède le participe et le verbe à l'infinitif peut indifféremment se ramener après l'un ou après l'autre, l'usage le plus répandu est de faire accorder le participe.

On écrira donc : *Les devoirs* QUE J'AI EUS *à remplir*; *les livres* QU'*on lui* A DONNÉS *à imprimer*; quoiqu'il ne soit pas incorrect dans ce cas de faire le participe invariable.

383. — V. Si le participe est précédé de deux régimes directs apparents, l'un de ces régimes appartient au participe, l'autre à l'infinitif. Il faut alors démêler les rapports divers par les questions ordinaires :

Voilà, mon fils, le sujet de ces larmes que tu M'AS VUE verser (FLORIAN).

L'analyse donne : *tu as vu* MOI *verser que* (*ou lesquelles larmes*). C'est *moi* (*la mère*) qui est régime du participe et qui détermine l'accord au féminin.

DU PARTICIPE PLACÉ ENTRE DEUX *que*. DU PARTICIPE PRÉCÉDÉ DE *le*, DE *en*, DE *le peu*, ETC.

384. — I. Quand le participe passé se trouve placé entre deux *que*, il reste invariable :

La lettre *que* j'avais *présumé que* vous recevriez.

Les embarras *que* j'avais *prévu que* vous éprouveriez.

Tout participe placé entre le *que* relatif et la conjonction *que*, a pour complément la proposition subordonnée. *J'avais présumé....* *quoi? — que vous recevriez*, etc. Dans ce cas, c'est au verbe de cette proposition qu'appartient le *que* relatif; ce pronom ne peut donc influer sur le participe.

385. — II. Quand le participe passé est précédé du mot *le*, représentant une proposition entière, il reste invariable :

Cette ville est plus grande que je ne *l'avais cru*.

Ces affaires sont moins sérieuses que je ne *l'avais pensé*.

Dans ces exemples, le pronom *le* ne représente pas les substantifs *ville, affaires*; il représente une proposition tout entière. *Cette ville est plus grande que je n'avais cru* (*qu'elle est grande*), etc.

386. — III. Quand le participe passé est précédé du pronom *en*, il reste invariable, — à moins qu'il n'y ait aussi un autre pronom qui le précède, et qui en soit le complément direct :

On dira donc sans accord :

Hélas ! j'étais aveugle en mes vœux aujourd'hui.
J'*en* ai *fait* contre toi, quand j'*en* ai *fait* pour lui (CORNEILLE).

et avec accord :

Cassius cherchait dans la mort de César la vengeance de quelques affronts *qu*'il *en* avait *reçus* (VERTOT).

Le motif de cette régle est facile à saisir : le pronom *en* est toujours complément *indirect*. Lorsqu'il est seul, l'esprit sous-entend facilement après le participe, les mots *quelques-uns*, etc. qui forment un régime direct, et alors le participe est invariable : *J'étais aveugle en mes vœux; j'en ai fait* (*quelques-uns*), etc. — S'il y a un autre pronom, c'est ce dernier qui est régime direct, et qui détermine l'accord parce qu'il précède le participe : ....*la vengeance de quelques affronts que* (*lesquels*) *il en avait* REÇUS.

387. — IV. Le participe est invariable lorsque le pronom *en*, placé avant lui, est joint à une expression marquant la quantité, comme *plus*, *beaucoup*, *combien*, etc. :

Descartes a fait faire plus de progrès à la géométrie qu'elle n'en avait *fait* depuis la création de l'homme (THOMAS).

Autant ses parents lui ont laissé de fortune, autant il en a *dissipé*.

Remarque. Plusieurs grammairiens modernes veulent que le participe s'accorde avec le substantif représenté par *plus*, *combien*, etc. s'il s'agit de personnes ou d'objets individualisés. Ils écrivent donc : *Quant aux sottes gens, plus j'en ai connus, moins j'en ai estimés.* Mais l'Académie n'est pas favorable à cette distinction, et dans ces cas elle fait toujours le participe invariable.

388. — V. Lorsque le participe passé est précédé de *le peu* suivi d'un substantif, il s'accorde avec ce substantif, si *le peu* signifie *une petite quantité*; mais il s'accorde avec *le peu*, si ce mot signifie *le manque*, *l'absence* :

Le peu d'activité que vous avez *mise* dans cette affaire, a suffi pour la faire réussir.

Le peu d'activité que vous avez *mis* dans cette affaire, l'a fait manquer.

Dans le premier cas, c'est l'activité qui a fait réussir l'affaire. Il y en a eu peu, il est vrai, mais elle a amené le succès. L'attention se porte donc sur ce substantif, comme idée principale; il doit déterminer l'accord.

Dans le second cas, l'affaire a échoué, faute d'activité. Or *le peu* qui exprime ce défaut, occupant la pensée, doit évidemment rendre le participe invariable.

389. — VI. Lorsqu'un participe passé est précédé de plusieurs substantifs, qu'il paraît avoir pour compléments directs, il s'accorde avec celui d'entre eux qui est le plus en rapport avec lui :

C'est bien plus son *intérêt* que vos besoins qu'il a *consulté*.

C'est moins les faveurs du prince que son *amitié* qu'il a *recherchée*.

Accord du participe avec le substantif *intérêt*, parce que dans la pensée l'autre nom est exclu ; le sens étant, *il a consulté son intérêt et non vos besoins*.

Il en est de même pour le second exemple.

390. — VII. Il y a des verbes qui prennent tantôt un complément direct, tantôt un complément indirect; alors c'est au sens de déterminer l'accord ou l'invariabilité du participe.

Avec l'accord :	*Sans accord :*
Il *nous a aidés* de ses conseils.	Il *nous* a *aidé* à charger ce fardeau.
On vous a *commandés* pour demain.	On vous a *commandé* de vous rendre.
Accord aux participes *aidés*, *commandés* : ils sont précédés de leurs compléments directs *nous* et *vous*.	Les participes *aidé*, *commandé* demeurent invariables, leur complément étant indirect : *il a aidé à nous; on a commandé à vous.*

OBSERVATION GÉNÉRALE SUR LES DEUX PARTICIPES.

391. — Lorsque les participes forment une proposition *implicite* (*page* 92), avec une conjonction sous-entendue, il faut éviter l'emploi multiplié des substantifs qui ont une forme semblable.

On ne dira point :

César ayant défait Pompée, Caton se retira en Afrique.

Cette accumulation de trois substantifs semblables, *César, Pompée, Caton,* oblige l'esprit à un certain travail pour démêler leur rapport dans la phrase, ce qui nuit à la clarté de l'expression.

Les exemples précédant les règles, les applications sont beaucoup plus faciles (Boniface).

Même défaut dans cet exemple, qui offre le rapprochement de trois pluriels. — Il sera mieux de dire avec une conjonction : *Lorsque César eut défait Pompée,* etc.; *lorsque les exemples précèdent les règles,* etc.

Il ne faut pas non plus imiter cette forme de phrase :

Je suis venu, *les cieux d'un crêpe noir couverts.*

On dirait que ces mots, *les cieux,* etc., se rapportent étroitement à celui qui dit *je suis venu,* comme s'il y avait : *je suis venu, les yeux couverts d'un bandeau épais; je suis venu, chargé d'un fardeau pesant.*

On ne peut admettre ces propositions, qu'à la condition qu'elles soient parfaitement claires. Ainsi ce n'est pas le tour lui-même qui est vicieux, c'est l'abus qu'on en fait; et il faut reconnaître qu'il a permis d'introduire dans la langue les formes dites *absolues* des anciens.

Aux exemples que nous avons déjà cités (*page* 92), nous ajouterons les suivants, qui nous paraissent irréprochables :

Gatés par les louanges, on n'ose plus leur parler le langage de la vérité (MASSILLON).

La nuit venue et le signal donné, chacun se rejoint aux siens (ROLLIN).

L'orage cessant, on remit à la voile (LAHARPE).

Nos besoins satisfaits, le reste de nos biens n'est plus à nous (MARMONTEL).

La ville ayant été prise et abandonnée au pillage, le soldat y fit un butin immense (WAILLY).

CHAPITRE VIII.

DE LA PRÉPOSITION.

EMPLOI DES PRÉPOSITIONS AVEC LES VERBES.

392. — I. Le choix des prépositions à employer après les verbes ne peut être soumis à des règles absolues. Toutefois, les observations suivantes peuvent servir de guide dans une foule de cas :

1° On ne doit pas mettre de préposition devant un infinitif complément des verbes *aller*, *compter*, *croire*, *daigner*, *devoir*, *entendre*, *faire*, *falloir*, *s'imaginer*, *laisser*, *oser*, *penser*, *pouvoir*, *prétendre*, *savoir*, *sembler*, *sentir*, *valoir mieux*, *venir*, *voir*, *vouloir*.

2° *Espérer*, *désirer*, *souhaiter* peuvent être suivis de la préposition *de*, surtout s'ils sont séparés par d'autres mots de l'infinitif qui en est le complément : JE DÉSIRE *plus que personne* DE *vous voir* (SÉVIGNÉ). *Voyez le n°* 466.

3° Certains verbes veulent exclusivement la préposition *à* avant leur complément; tels sont : *aboutir*, *aspirer*, *consentir*, *contribuer* *concourir*, *prétendre*, *renoncer*, *répugner*, *songer*, *tendre*, etc.

J'aspire à vous sauver. — Il tend à vous perdre.

4° On emploie la préposition *de* devant un infinitif complément des verbes *dédaigner*, *désespérer*, *détester*, *se hâter*, *regretter*, etc.

Je désespère de le persuader. — Il se hâta de partir.

5° Les verbes *commencer*, *continuer*, *contraindre*, *demander*, *forcer*, *obliger*, *oublier*, *s'empresser*, *s'engager*, *souffrir*, etc. peuvent prendre *à* ou *de* selon que le goût ou l'euphonie appelle l'une ou l'autre de ces prépositions :

Laissez faire et continuez d'agir.

Pensez-vous que Calchas continue à se taire? (RACINE.)

Il y a cependant des nuances à observer : la force, la violence contraint, oblige *à....*; la persuasion, la nécessité contraignent, obligent *de....* *Emprunter à* et *emprunter de*; *oublier à* et *oublier de* se prennent quelquefois dans des acceptions fort différentes. (*Voir ci-après les remarques particulières, page* 191 *et suiv.*)

393. — II. Les verbes passifs veulent en général la préposition *de* avant leur complément, lorsque l'action marquée par ces verbes exprime un sentiment moral :

L'honnête homme *est estimé* même *de* ceux qui n'ont pas de probité.
Heureux celui qui *est éclairé de* vos sages conseils.

394. — III. Les verbes passifs veulent en général la préposition *par* avant leur complément, lorsque l'action qu'ils expriment à rapport à une opération de l'esprit ou du corps :

La poudre à canon *fut inventée par* le cordelier Schwarts.
La victime *a été frappée par* un inconnu.

Remarques. 1° On peut employer *de* au lieu de *par*, pour ne point répéter cette dernière préposition, lorsqu'il se trouve deux locutions passives dans la même phrase :

Qu'Enée et ses vaisseaux *par* le vent écartés
Soient aux bords africains *d'*un orage emportés (DELILLE).

2° S'il est question d'objets matériels qui agissent l'un sur l'autre, le choix de la préposition dépend du goût ou de l'euphonie. On dirait également bien : *Cette maison a été abattue* D'*un coup de vent* ou PAR *un coup de vent.*

RAPPORT DES PRÉPOSITIONS AVEC LEUR COMPLÉMENT.

395. — I. A. La préposition *à* ne peut s'employer entre deux adjectifs numéraux, que lorsqu'il y a une division possible à opérer.

On dira donc bien :
Le bataillon est composé de sept *à* huit cents hommes;
Le commissionnaire viendra de sept *à* huit heures ;

parce que l'expression *de sept à huit cents hommes* présente une division possible entre les individus en question, et que *de sept à huit heures* offre un intervalle, une heure divisible en fractions de temps moins considérables.

Mais on ne pourrait pas dire : *il y avait de sept à huit personnes dans cette assemblée*; car une personne n'étant pas divisible en plusieurs, il n'y a pas d'intermédiaire entre *sept* et *huit*. Pour être correct, il faut dire, en substituant à la préposition *à* la conjonction *ou : il y avait sept* ou *huit personnes.*

396. — II. *à* peut se sous-entendre après *jusque*, mais seulement devant *aujourd'hui :*

Jusqu'aujourd'hui. Jusqu'à ce soir. Jusqu'à demain.

Jusqu'à aujourd'hui peut se dire ; mais on doit éviter cette locution à cause de l'hiatus qu'elle présente.

397. — III. *De* peut se supprimer dans la date du mois :

Le trois avril, le dix septembre ; *ou* le trois d'avril, le dix de septembre.

Mais on ne peut dire : *le cinq, le six courant* ; l'emploi de l'article composé est nécessaire dans cette locution : *le cinq, le six* DU *courant.*

398. — IV. En, dans. *En*, marque un sens vague et général ; *dans*, un sens précis, particulier.

Ainsi, on l'écrira avec *en :*

J'ai vécu *en pays étranger* ; — *en Amérique.*

Et avec *dans :*

J'ai vécu *dans l'Amérique septentrionale.*

Remarque. On peut employer *en* au lieu de *dans*, lorsque l'article est élidé :

*En l'*absence d'un tel. — *En l'*horrible situation où je me trouve.

399. — V. Il est des cas où le goût et l'usage s'accordent à permettre que *en* et *dans* s'emploient indifféremment l'un pour l'autre ; ce serait alors une vaine délicatesse que d'en vouloir gêner le choix :

Socrate passa un jour et une nuit *en* une méditation si profonde, qu'il se tint toujours *dans* une même place.

... vain *dans* ses discours, volage *en* ses désirs (BOILEAU).

400. — VI. Sans. La préposition *sans* reçoit également après elle *ni* ou *et*, entre deux compléments ; mais dans le premier cas on ne l'exprime qu'une fois ; dans le second, on la répète devant chaque partie du complément :

Sans crainte *ni* pudeur, *sans* force et *sans* vertu.

Remarquez que *sans* répété, dit plus que *sans* suivi de *ni : sans crainte et sans pudeur* aurait donc plus de force que *sans crainte ni pudeur.*

401. — VII. Vis-a-vis, hors, près, a côté, veulent la préposition *de* avant leur complément :

Il loge *vis-à-vis de* mes fenêtres.

Le camp est *hors des* murs.

Près du déluge se range le décroissement de la race humaine (BOSSUET).

Racine marche *à côté de* Sophocle et *d'*Euripide.

Remarque. Dans la conversation et dans le style familier, les trois premières de ces prépositions peuvent n'être pas suivies de la préposition *de*, devant un substantif :

Vis-à-vis le grand théâtre ; — *près* le tribunal ; — *hors* la porte Saint-Martin.

Mais on ne dirait pas avec un pronom : *vis-à-vis moi* ; *près vous*. Il faudrait dire *en face de moi* ; *près de vous*.

RÉPÉTITION DES PRÉPOSITIONS.

402. — I. Les prépositions se répètent lorsque les diverses parties d'un complément composé présentent une signification diverse. — Elles ne se répètent point si les substantifs sont à peu près synonymes.

1er cas. Il s'est également illustré *dans la paix et dans la guerre*.
L'homme est *sous les yeux et sous la main* de la Providence.
2e cas. Il passe sa vie *dans la mollesse et l'oisiveté*.
Chaque citoyen est *sous la garde et la protection* des lois.

Le goût permet quelquefois de ne point répéter la préposition dans le premier cas, s'il n'y a pas une opposition absolue entre les diverses parties du complément :

Avec une femme aimable, des enfants bien nés, de bons livres, on peut vieillir doucement à la campagne.

Remarque. Les prépositions *à*, *de*, *en*, se répètent, en général, devant les diverses parties du complément :

Il dut sa vie *à* la *clémence* et *à* la *générosité* du vainqueur.
Il est doux *de servir* la patrie et *de contribuer* à sa gloire.
On trouve les mêmes préjugés *en* Europe, *en* Asie, *en* Afrique et jusqu'*en* Amérique.

Toutefois il y a de certaines formules où cette répétition n'est pas de rigueur :

On divise l'ancien continent *en Europe, Asie, Afrique*.
Il a perdu son temps *en allées et venues* (ACAD.).

403. — II. On ne doit pas, dans une phrase, répéter la même préposition avec des rapports différents.

On ne dira donc pas :
Caton, *sur le point* de mourir, médita longtemps *sur l'immortalité* de l'âme.
Commencez *par me prouver*, *par de bonnes raisons*, etc.

Il faut dire, en prenant un autre tour : *Caton, près de mourir, médita*, etc. ; *prouvez-moi d'abord par de bonnes raisons*, etc.

404. — III. Les prépositions ne se répètent point devant les noms, lorsque ceux-ci sont étroitement liés pour ne former qu'une locution composée :

De tous les romans, c'est *à Théagène et Chariclée* que je donne la préférence.

405. — IV. Lorsqu'une préposition régit deux participes liés par la conjonction *et*, avec différents régimes, cette préposition doit se répéter ; — on ne la répète pas, si les deux participes ont un complément commun :

1° Notre loi ne juge personne *sans* l'avoir entendu, et *sans* avoir examiné ses actions.

2° Notre loi ne juge personne *sans l'avoir entendu et examiné*.

Sans l'avoir entendu et examiné ses actions, offrirait un complément disparate, ce qui est une incorrection.

SYNONYMIE DE QUELQUES PRÉPOSITIONS.

406. — EN et DANS, énonçant des rapports de temps, expriment, l'un la durée, l'autre le moment ; le premier répond à la question, *en combien de temps?* le second, à la question, *dans quel temps?*

Ainsi : Il ira *en* une heure de Paris à Saint-Cloud, *signifie* : il emploiera une heure en route.

Il ira *dans* une heure de Paris à Saint-Cloud, *signifie* : il partira pour Saint-Cloud, au bout d'une heure.

Remarque. De ce qui précède, on peut conclure que *dans* ne saurait s'appliquer à une chose faite dans le passé ou dans le présent, comme dans ces exemples :

J'ai fait cet ouvrage en trois jours ;

On a peint ce portrait en trois heures ;

où l'on veut évidemment faire entendre que trois jours ont été employés à faire tel ouvrage, trois heures à faire tel portrait. *Dans* serait ici une faute.

407. — DURANT et PENDANT comportent à peu près les mêmes différences que nous venons de remarquer entre les prépositions précédentes. On emploiera donc *durant* pour exprimer une idée de continuité, la durée ; et *pendant*, pour exprimer une idée de simultanéité, le moment :

Les ennemis se sont cantonnés *durant* l'hiver, *c'est-à-dire*, sont restés cantonnés tant que l'hiver a duré.

Les ennemis se sont cantonnés *pendant* l'hiver, *c'est-à-dire*, leurs cantonnements ont eu lieu dans cette saison.

Ces deux nuances sont parfaitement rendues dans ce passage de *Vert-Vert* :

Pendant ces jours, *durant* ces tristes scènes,
Que faisiez-vous dans ces cloîtres déserts? (GRESSET.)

On conçoit qu'il s'agit d'une partie des jours en question, et du temps entier, au contraire, que duraient ces scènes.

Remarque. L'Académie cependant ne fait pas cette distinction, et elle écrit *pendant l'hiver* ou *durant l'hiver*. Cela se conçoit pour l'usage ordinaire ; mais comme il n'y a point dans les langues de mots absolument synonymes, on peut penser que, dans le style soutenu, la différence indiquée par la règle doit être observée.

408. — AVANT, DEVANT. Ces deux prépositions marquent le premier ordre dans la situation ; mais *avant* a rapport au temps et au lieu, *devant* n'a rapport qu'au lieu :

Henri IV régna *avant* Louis XIII.

Il faut mettre ce chapitre *avant* l'autre.

Deux licteurs marchaient *devant* le consul.

On ne dira donc point comme Racine :

... Ah ! devant qu'elle expire.

Quoique *avant* et *devant* s'emploient bien l'un et l'autre pour marquer *l'ordre des places*, on ne doit pas néanmoins les confondre. *Avant* marque un rapport plus vague, et *devant* un rapport plus immédiat :

Dans le mot *vent*, le *v* est placé *avant le n*, *et le n devant* le *t*.

409. — A TRAVERS, AU TRAVERS. *A travers* marque simplement l'action de passer dans un milieu ; *au travers* exprime l'action de passer d'outre en outre, de part en part.

Le fil passe à *travers* l'aiguille.

L'aiguille passe *au travers* de la peau qu'elle perce.

Remarque. S'il s'agit d'un terme abstrait, tel que *péril*, *respect*, etc., *à travers* doit s'employer de préférence, à moins que l'on n'ait en vue de peindre fortement l'idée d'un obstacle à vaincre :

A travers sa feinte candeur, on démêlait je ne sais quoi d'insidieux.

Au travers des périls un grand cœur se fait jour.

410. — VOICI, VOILA. Lorsqu'on oppose ces deux mots, *voilà* a rapport à ce qui précède, *voici* a rapport à ce qui suit. Ils servent encore à désigner, l'un l'objet le plus éloigné, l'autre l'objet le plus proche :

Juger les autres en toute rigueur, se pardonner tout à soi-même : *voilà deux mortelles maladies* qui affligent le genre humain (BOSSUET).

Voici le fait : depuis quinze ou vingt ans en ça,
Au travers (1) d'un mien pré certain ânon passa (RACINE).

De ces deux parts *voilà* la vôtre et *voici* la mienne.

Remarques. 1° *Le voici, la voilà*, etc., est pour *voici lui*, *voilà elle*, etc. On dira donc, avec un simple pronom relatif :

(1) D'après ce qu'on vient de lire sur les locutions *à travers* et *au travers*, c'est la première des deux que Racine aurait dû employer. Mais il ne faut pas oublier que ce morceau est écrit en style marotique, témoin ces mots : *un mien pré*, etc.

Le voici, la voilà *qui vient* ;
et non : Le voici *qu'il* vient, la voilà *qu'elle* vient.

2° Lorsqu'on ne veut pas marquer l'opposition, *voilà* est presque toujours le mot qu'on doit préférer :

Voilà un bel homme ; — *voilà* une bibliothèque bien composée.

Du côté du levant bientôt Bourbon s'avance ;
Le voilà qui s'approche, et la mort le devance.

Dans ce dernier cas, *voici* manquerait de grâce ; il ôterait au tableau le mouvement, et la force à la pensée.

411. — Vis-a-vis, envers. Ces deux locutions, si souvent confondues, ne doivent pas s'employer l'une pour l'autre. *Vis-à-vis* ne s'emploie que dans le sens propre ; il signifie *à l'opposition*, et exprime un rapport de lieu ; *envers* et ses synonymes (*pour, à l'égard de, en faveur de*), expriment un rapport moral :

Il loge *vis-à-vis* des Tuileries.

La royauté est un ministère de religion *envers* Dieu, de justice *envers* les peuples (Fléchier).

Remarque. Malgré l'exemple des auteurs du siècle de Louis XIV, et du XVIIIe siècle, les écrivains contemporains ont donné à la première de ces expressions une extension telle qu'ils l'emploient souvent pour la seconde. La grammaire toutefois doit improuver ces tentatives, au moins jusqu'à ce que l'usage les ait manifestement sanctionnées.

412. — Près de, prêt a. Ces deux locutions diffèrent par le sens et par le régime. *Près* veut *de* avant son complément ; c'est une préposition composée, qui signifie *au moment* ou *sur le point de* ; — *prêt* veut *à* avant son complément ; c'est un adjectif qui signifie *disposé à* :

Un vieillard *près d'aller* où la mort l'appelait (la Fontaine).

On ne connaît bien l'importance d'une action, que quand on est *près de* l'exécuter.

On voit qu'il s'agit là d'un fait qui va s'accomplir, mais non de la disposition où l'on est de l'accomplir.

La mort ne surprend point le sage :
Il est toujours *prêt à* partir (la Fontaine).

Je définis la cour un pays où les gens
Tristes, gais, *prêts à* tout, à tout indifférents, etc. (Le même).

Ici il s'agit de la disposition à faire une chose, mais rien n'indique que cette chose soit sur le point de se faire.

413. — Près de, auprès de. Ces deux locutions expriment chacune une idée de proximité ; mais *près de* marque une proximité plus vague, *auprès de* une proximité plus déterminée :

Le palais Bourbon est *près de la Seine*.

L'arc de triomphe du Carrousel est *auprès du palais des Tuileries.*

Remarque. Auprès de, au figuré, réveille une idée d'assiduité, de sentiment :

Cet enfant n'est heureux *qu'auprès de* sa mère.

414. — Auprès de, au prix de. Ces deux locutions emportent chacune une idée de comparaison ; mais elles servent à exprimer différentes vues de l'esprit : *auprès de* marque en général la différence ; *au prix de* marque le prix, la valeur, le mérite particulier des objets comparés :

La terre n'est qu'un point *auprès* du reste de l'univers (Acad.).

L'intérêt est vil *au prix* du devoir (Marmontel).

Remarque. Auprès de peut quelquefois s'employer pour *au prix de* ; mais *au prix de* ne peut jamais remplacer *auprès de*. C'est ainsi que Destouches a dit :

Mais un gueux qui n'aura que l'esprit pour son lot,
*Auprès d'*un homme riche à mes yeux n'est qu'un sot.

et Vaugelas :

Il y a des gens *auprès de* lui qui ne valent rien.

mais on ne pourrait dire : *la terre n'est qu'un point* au prix *du reste de l'univers,* etc.

CHAPITRE IX.

DE L'ADVERBE.

COMPLÉMENT DES ADVERBES DE QUANTITÉ.

415. — Les adverbes *si* et *aussi* veulent pour complément un adjectif ou un adverbe. — *Tant* et *autant* veulent pour complément un substantif ou un verbe :

1° Cet homme est *si fier* qu'il est impossible de l'aborder.

Le plaisir de l'étude est *aussi pur* que celui des passions l'est peu.

Si modestement. — Aussi éloquemment.

2° *Tant d'éloquence* a dû entraîner les juges.

Il a *autant de modestie* que *de talent.*

Il *travaille tant.* — Il *a travaillé autant* que vous.

Remarques. 1° *Si* ne peut modifier les locutions adverbiales ; on ne dira donc pas : *Il était si en peine, si en colère* ; mais *il était* si fort *en peine,* si fort *en colère.*

2° *Aussi,* accompagne les adjectifs ; cependant on peut se servir de *autant* dans les comparaisons où deux adjectifs sont séparés seulement par *que* : *Il est modeste autant qu'instruit.* — *Cette qualité est aimable autant que rare.*

La seule différence est, comme on voit, dans la place de l'adverbe; *aussi* se met avant les deux qualificatifs, *autant* doit les séparer.

RÉPÉTITION DES ADVERBES.

416.—I. Les adverbes de comparaison *si*, *aussi*, *autant*, *plus*, doivent se répéter devant chaque adjectif, chaque verbe ou chaque adverbe qu'ils modifient :

Il est *si sage, si bon* qu'il n'a pas son pareil (ACAD.).

L'âne est de son naturel *aussi humble, aussi patient, aussi tranquille*, que le cheval est fier, ardent, impétueux (BUFFON).

Plus je vais avant, *plus je trouve* que rien n'est si doux que le repos de la conscience (RACINE).

Remarques. 1° Dans ces sortes de phrases, *plus je vais avant, plus je trouve*, etc., la seconde proposition ne doit point être précédée de la conjonction *et*, quoique en pareil cas de bons auteurs l'aient employée. C'est qu'ici il s'agit, non d'unir l'une à l'autre les deux propositions, mais d'exprimer le rapport qu'elles ont entre elles, d'indiquer que l'une est à l'autre ce que la cause est à l'effet. Or, c'est ce qu'on fait au moyen des adverbes comparatifs *plus, moins*, qui figurent en tête de chaque proposition. On dira donc bien :

Plus on lit Racine, plus on l'admire;

mais on ne dira pas : *Plus on lit Racine* ET *plus on l'admire.*

2° Si plusieurs propositions influent collectivement les unes sur les autres, comme dans l'exemple suivant, où les deux premières motivent les deux dernières, on place alors la conjonction *et* entre celles-là et on la répète entre celles-ci :

Plus on est aimable *et* plus on néglige de le paraître, plus on est aimé *et* plus on est sûr de l'être longtemps.

417. — II. Après *d'autant plus*, *d'autant moins*, on doit ou l'on ne doit pas répéter *plus*, *moins*, *davantage*, etc., selon que les propositions liées par la conjonction *que* expriment ou non une comparaison.

On dira donc, en répétant l'adverbe :

On admire d'autant *plus* Racine, qu'on l'étudie *davantage.*

On est d'autant plus surpris d'un événement, qu'on s'y attendait *moins.*

et sans répéter l'adverbe :

Le vrai talent brille d'autant *plus* qu'il est modeste.

Le vice devrait d'autant *moins* nous séduire, qu'il nous dégrade.

Dans les deux premiers exemples, il y a évidemment comparaison; l'admiration qu'on a pour Racine est en raison de l'étude qu'on en fait. — Dans les deux derniers, point de comparaison : *Le vrai talent brille d'autant plus qu'il est modeste*; c'est-à-dire, le vrai talent est modeste, et c'est pour cela qu'il brille, et qu'il brille beaucoup.

EMPLOI DES ADVERBES DE NÉGATION.

Ne, ne pas, ne point.

Emploi de la négation ne, *dans ses rapports avec quelques conjonctions composées.*

418. — I. Après *à moins que*, on emploie toujours *ne* dans la proposition subordonnée ; on le supprime, au contraire, après *sans que :*

Je ne puis réussir *à moins que vous ne* m'aidiez.
Je ne puis réussir *sans que vous* m'aidiez.

419. — II. Après *avant que*, on emploie ou l'on supprime *ne*, dans la proposition subordonnée, selon que le verbe de cette proposition exprime l'affirmation, la certitude, — ou le doute, la possibilité :

Avant que le soleil te ferme la paupière,
Sur tes œuvres du jour jette un regard sévère.

Le tigre suce à longs traits le sang de sa victime, qui tarit presque toujours *avant que sa soif ne* s'éteigne.

La proposition qui suit *avant que*, a d'ordinaire un sens positif. Mais il est des cas où ce sens est douteux, et pour que le doute passât de la pensée dans l'expression, on a dû chercher à modifier celle-ci. C'est ce qu'on a fait au moyen de l'adverbe *ne*, placé dans la propotion subordonnée.

Ainsi, l'on dit sans négation :

Rentrez avant qu'il soit nuit ;

parce qu'on annonce pour l'avenir un fait certain, la nuit devant avoir nécessairement lieu.

Mais on dira avec la négation :

Rentrez avant qu'il *ne* pleuve ;

parce qu'on présente comme douteuse l'action exprimée par le verbe *pleuvoir*. Que si l'on disait *rentrez avant qu'il pleuve,* on ferait entendre qu'il pleuvra nécessairement ; on donnerait comme certain un fait essentiellement douteux.

Des cas où pas *est préférable à* point, *et réciproquement ; — des cas où l'on doit les supprimer l'un et l'autre.*

420. — I. *Pas* nie faiblement, *point* nie avec force ; l'un ne nie le plus souvent qu'en partie ou avec quelque modification ; l'autre nie toujours absolument et sans réserve. De ce principe il suit que :

1° *Pas* est préférable à *point*, devant les mots qui servent à marquer le degré de qualité ou de quantité, comme les comparatifs et les adjectifs numéraux :

Cicéron n'est *pas moins* éloquent que Démosthène.
Il n'y avait *pas dix* personnes à cette cérémonie.

2° *Point* est préférable à *pas*, dans les phrases elliptiques où la négative *ne* est supprimée :

Point de bonheur sans la vertu.
En voulez-vous? — *Point.*

3° *Pas* convient mieux à quelque chose de passager, d'accidentel; *point* à quelque chose d'habituel, de permanent.

On dira donc : *Il ne lit pas*, en parlant d'un homme qui ne lit pas actuellement. — *Il ne lit point*, en parlant d'un homme qui ne lit jamais, en aucun temps.

421. — II. On emploie simplement *ne*, et l'on supprime *pas* et *point* :

1° Lorsque la proposition renferme une expression dont le sens est négatif, comme *nul*, *personne*, *rien*, *jamais*, etc.

Nul presque de ceux qui m'écoutent *n'est* content de sa destinée (MASSILLON).
Le pénible fardeau de *n'*avoir *rien* à faire (BOILEAU).

2° Quand deux ou plusieurs propositions sont jointes par la disjonctive *ni*, soit qu'elle figure avant chacune des propositions, soit qu'elle ne figure qu'après la première.

Ni l'or ni la grandeur *ne* nous rendent heureux.
Je *ne* veux, ni *ne* puis, ni *ne* dois obéir.

3° Après *depuis que*, *il y a... que*, suivis d'un passé :

Depuis que je *ne* vous ai vu; — il y a dix ans qu'il *ne* m'a écrit.

Des cas où la proposition subordonnée prend la négative ne, *dans les phrases comparatives.*

422. — I. Après *si*, *aussi*, *tant*, *autant*, *tel*, *le même*, la proposition subordonnée ne prend jamais la négation *ne*, quelle que soit la forme de la proposition principale :

Il est *ou* il n'est pas *aussi* riche qu'il *l'était.*
La vie la plus heureuse n'a pas *autant* de plaisir qu'elle *a* de peines.

Dans les comparatifs d'égalité, le second membre de la comparaison offre toujours un sens affirmatif : *il était riche*, *il l'est* ou *il ne l'est pas autant*, etc. La négation *ne* est donc inutile dans le second membre de la phrase.

423. — II. Après *plus*, *moins*, *mieux*, *pire*, et autres termes énonçant un comparatif d'inégalité, si la proposition principale est affirmative, la subordonnée prend la négation *ne :*

Il est *plus* ou *moins* riche qu'il *ne l'était.*

On se voit d'un *autre* œil qu'on *ne voit* son prochain.

Remarque. Quelle que soit la forme de la proposition principale, si le sens est affirmatif, la règle est la même et la proposition subordonnée prend *ne* :

Ne pourrais-je pas être plus heureux que je *ne* le *suis*?

Ne peut-on pas mieux faire que nos ancêtres *n'ont* fait?

Ici la proposition principale, malgré la négation qu'elle renferme, a évidemment un sens affirmatif : *Je pourrais être plus heureux que je ne le suis;* etc. On rentre donc dans le cas de la règle.

424. — III. Si la proposition principale est négative, le verbe de la subordonnée rejette ou prend la négative *ne*, selon que le sens de cette dernière proposition est affirmatif ou négatif :

Je *ne puis* être plus malheureux que *je* le *suis.*

L'existence de Scipion *ne sera* pas plus douteuse dans dix siècles qu'elle *ne l'est* aujourd'hui.

La première phrase signifie, *je suis malheureux, je ne puis l'être davantage.* — La proposition subordonnée est affirmative : point de négation.

La seconde phrase signifie : *l'existence de Scipion n'est pas douteuse aujourd'hui, elle ne le sera pas davantage dans dix siècles;* — la proposition subordonnée est négative ; emploi de la négation.

Conséquemment à ce qui précède, on dira en supprimant ou en employant la négation :

Il ne sait pas plus le grec que *je sais* le latin ;

Il ne sait pas plus le grec que *je ne sais* le latin ;

pour signifier, dans le premier cas : *je sais le latin autant qu'il sait le grec;* et dans le second, *je ne sais pas le latin, ni lui le grec.*

Remarque. Si la proposition principale est interrogative ou dubitative, et que la subordonnée ait un sens affirmatif, celle-ci rejette la négation *ne* :

Peut-on vous aimer plus tendrement que je *vous aime*?

Je doute que l'on puisse être plus occupé que nous *le sommes.*

Les deux subordonnées signifient *je vous aime tendrement....; nous sommes occupés....;* le sens est affirmatif, point de négation.

Des cas où la proposition subordonnée prend ou rejette la négation après les verbes craindre, trembler, etc.

425. — I. Après les verbes *craindre*, *trembler*, etc., énonçant un sens affirmatif, la proposition qui suit prend la négation *ne ;* — elle la rejette, au contraire, si ces mêmes verbes ont un sens négatif ou interrogatif :

1° Je *crains* que sa méchanceté *ne* vous nuise.
2° Je *ne crains pas* que sa méchanceté vous *nuise*.
Ai-je tremblé qu'il *luttât* contre moi ?

Remarques. 1° Si l'on désire l'accomplissement de l'action énoncée par le premier verbe, ce n'est plus *ne*, mais *ne... pas* qu'on emploie :

Je crains que vous *ne* réussissiez *pas*.

Observez que les locutions *de peur que, de crainte que,* prennent aussi *ne* ou *ne... pas,* suivant les distinctions ci-dessus établies :

Je le ménage de peur qu'il *ne* se fâche.
Je le flattais, de crainte qu'il *ne* m'écoutât *pas*.

2° Quelle que soit la forme de la proposition où figure l'un des verbes *craindre*, etc., si le sens qu'elle énonce est affirmatif, le verbe suivant prend *ne* comme le prescrit la règle :

Ne craignez-vous pas que votre conduite *ne* vous attire la haine publique?
Je l'aurais fait si je *n'avais craint* qu'on *ne* me vît.

Ces phrases signifient :

Vous devez craindre que votre conduite, etc. — Je l'aurais fait, mais j'ai craint, etc.

On voit que le sens est affirmatif, malgré la négation qui affecte le verbe.

426. — II. Après les verbes *nier, douter,* etc., la proposition subordonnée rejette *ne*, si la principale est affirmative ; — elle le prend, au contraire, si la principale est négative ou interrogative :

1° Je *nie* que cela soit.
Je *doute* que vous réussissiez.
2° Je *ne nie pas* que cela *ne* soit.
Je *ne doute pas* que vous *ne* réussissiez.

Remarque. La règle s'applique à l'impersonnel *il s'en faut*, et à *tenir*, pris comme impersonnel ; c'est-à-dire qu'après ces verbes, la proposition subordonnée rejette *ne* si la principale est affirmative, et elle le réclame si la principale est négative ou interrogative :

1° Il s'en faut bien que cela *soit*.
Il tient à vous que cela se *fasse*.
2° Il ne s'en faut pas de beaucoup que la somme *n'y* soit.
A quoi a-t-il tenu que vous *n'ayez* réussi ?

Observez, à propos de ces derniers exemples, que, quoique la proposition principale ne soit pas négative quant à la forme, si d'ailleurs elle renferme quelque terme négatif, comme *peu, guère*, etc., la subordonnée prend encore la négation :

Peu s'en est fallu, il a tenu à peu que nous *n'*ayons eu un procès.

427. — III. Après les verbes *empêcher*, *prendre garde*, et *garder* mis pour *prendre garde*, la proposition subordonnée prend toujours *ne*, quelle que soit la forme de la proposition principale :

J'empêcherai *ou* je n'empêcherai pas qu'il *ne* sorte.
A-t-il pris, n'a-t-il pas pris garde que cela *ne* se fît?
Gardez qu'avant le coup votre dessein *n'*éclate (RACINE).

Remarque. C'est à tort que quelques auteurs ont employé *ne* dans la proposition subordonnée, lorsque la principale renferme le verbe *défendre*. Ce dernier verbe a beaucoup de rapports avec *empêcher*, mais il ne peut lui être assimilé, car il n'offre pas l'idée d'un obstacle efficace. Si je défends *que vous sortiez*, il est probable que vous ne sortirez pas, mais il est possible que ma défense soit sans effet. Les motifs qui justifient l'emploi de *ne* après *empêcher* ne s'étendent donc pas à *défendre*.

EMPLOI DES AUTRES ADVERBES.

Des difficultés relatives à leur syntaxe.

428. — I. PEU. Quand *peu* est précédé de *c'est* et suivi d'un *infinitif*, on ne met entre *peu* et l'infinitif que la préposition *de* :

C'est peu *de* charmer l'œil, il faut parler au cœur.
C'est peu *de* reconnaître la nécessité de mourir, si l'on n'en tire des motifs pour bien vivre (FLÉCHIER).

429. — II. AUSSI, NON PLUS. Dans les phrases négatives, au lieu de *aussi*, c'est *non plus* qu'il faut employer :

Vous ne le voulez pas, *je ne le veux pas non plus.*

Aussi et *non plus* ajoutent à la pensée, mais l'un ajoute affirmativement, et l'autre négativement. *Aussi* doit donc figurer dans les propositions affirmatives; *non plus*, dans les négatives. — Il suit de là que cette phrase n'est pas correcte : *L'âme de Mazarin, qui n'avait pas la barbarie de Cromwell, n'en avait pas* AUSSI *la grandeur.* — Il fallait... *non plus*, etc.

430. — III. BEAUCOUP, joint à IL S'EN FAUT, veut avant lui la préposition *de*, s'il s'agit de noter un défaut remarquable de *quantité*; il la rejette, au contraire, si l'on ne veut que spécifier une *distinction* :

1° Le pays n'est pas peuplé à proportion de son étendue, il s'en faut de *beaucoup*.
Il s'en faut *de beaucoup* que vous ayez payé la somme entière.
2° Il s'en fallait *beaucoup*, avant Pierre le Grand, que la Russie fût aussi puissante.
Il s'en faut *beaucoup* que l'un soit du mérite de l'autre.

431. — IV. Aussi, AUTANT, s'emploient pour marquer la comparaison ; *si, tant*, expriment simplement l'extension :

Il est *aussi* sage qu'instruit.

Le mauvais exemple nuit *autant* à la santé de l'âme, que l'air contagieux à la santé du corps.

Les gens riches sont-ils *si* heureux !

Cette tragédie offre *tant* de beautés, que je l'aurais crue de Racine.

Remarques. 1° Après les adverbes de comparaison *aussi, autant*, on emploie toujours *que* et jamais *comme* :

Il est aussi sage *que* vaillant ; — et non, *comme* vaillant.

2° Si la proposition est négative, les deux termes de la comparaison se lient par *si* ou par *aussi* :

Personne *ne* vous a servi *si* utilement, — ou *aussi* utilement qu'il l'a fait.

C'est à l'oreille et au goût de décider.

3° Après les adverbes de comparaison ou d'extension, *aussi, autant, si, tant*, si la conjonction *que* est suivie d'un verbe, il faut placer avant ce verbe le pronom invariable *le* :

Il est aussi instruit qu'il *le* peut être.

Ils ne sont pas aussi aimables qu'ils *le* paraissent.

Si, après la proposition subordonnée, on sous-entend une seconde proposition du même genre, c'est au goût de déterminer l'adoption ou le rejet du pronom *le* :

Il est plus riche qu'on *ne pense*.

Il est moins généreux qu'on *ne le suppose*.

Dans les exemples précédents, c'est un adjectif qui est sous-entendu : *il est aussi instruit qu'il peut être (instruit)* ; l'emploi du pronom *le* est de rigueur. — Dans les derniers on sous-entend une proposition tout entière : *il est plus riche qu'on ne pense (qu'il est riche)*. Le pronom *le* peut être supprimé.

SYNONYMIE DE QUELQUES ADVERBES.

432. — PLUS, DAVANTAGE. *Plus* veut toujours après lui un complément exprimé ou sous-entendu ; *davantage* ne comporte jamais après lui de complément exprimé. Il y a donc une faute dans cette phrase :

J'aime *davantage la campagne* que la ville ;

il fallait : *j'aime plus*, etc.

Davantage, au contraire, trouve très-bien sa place dans les phrases suivantes :

La langue paraît s'altérer tous les jours ; mais le style se corrompt bien *davantage*.

Il est attaché à la nature, qu'à mesure que nous sommes heureux, nous voulons l'être *davantage* (Montesquieu).

On remarquera que, dans ces exemples, *plus* trouverait aussi sa place, mais il offrirait une chute désagréable, au lieu que *davantage* flatte l'oreille en arrondissant la phrase ; il doit être préféré.

Remarque. Davantage ne peut s'employer pour *le plus*. Ainsi au lieu de dire : *De tous les poëtes, Racine est celui qui me plaît davantage*; il faut dire : *Racine est celui qui me plaît le plus.*

433. — De suite, tout de suite. *De suite* signifie *l'un après l'autre, sans interruption*; il se dit aussi de l'ordre dans lequel les choses doivent être rangées. — *Tout de suite* signifie *sur-le-champ, sur l'heure, instantanément* :

Il ne sait pas dire deux mots *de suite.*
Il avait marché trois jours *de suite.*
Envoyez *tout de suite* chez le médecin, autrement il serait trop tard.

434. — Avant, auparavant. Le dernier de ces adverbes rejette tout complément, et s'emploie, à la fin des phrases et des périodes :

On ne dira donc pas : *auparavant lui, auparavant que j'écrive, auparavant de partir* ; mais *avant lui, avant que j'écrive, avant de partir.*

Au contraire, on dira bien sans complément : *Alexandre donna à Porus un royaume plus grand que celui qu'il avait* auparavant.

435. — Autour, alentour. Ces deux mots présentent le même rapport que les précédents : *autour* s'emploie ordinairement avec un régime, *alentour* rejette tout complément :

On dira donc : *le loup rôde* autour *de la bergerie,* et non alentour *de la bergerie.*

Remarque. Autour s'emploie quelquefois adverbialement et alors il n'a pas de régime :

Il regardait *tout autour* si on le voyait.
On dit encore *ici autour* pour *ici près* (Acad.).

436. — Tout a coup, tout d'un coup. Ces deux locutions ont cela de commun, qu'elles servent l'une et l'autre à écarter toute idée d'une où de plusieurs reprises; mais *tout à coup* remplit cet objet d'une manière plus vague ; *tout d'un coup*, d'une manière plus précise. L'un a rapport *à un instant précis,* l'autre dit qu'une chose a eu lieu *tout en une fois* :

Sa conversation avait été jusque-là douce et mesurée; *tout à coup* son visage s'enflamma de colère, etc.
Il a gagné mille écus *tout d'un coup* (Acad.).

437. — Dessus, dessous, dehors, dedans. Ces adverbes ne comportent point de régime. On ne dira donc pas :

Dessus la terre, dessous le ciel, — *mais :* sur la terre; sous le ciel, etc.

Ces mots s'emploient très-bien à la fin d'une phrase :

Il n'est ni dessus, ni dessous. — On le cherchait sous le lit et il était dessus. — Il est allé dehors (Acad.).

438. — Rien moins, rien de moins. De ces deux locutions, la première sert à exprimer la négation, la seconde l'affirmation. On les emploie donc, l'une dans les phrases dont le sens est négatif, l'autre dans celles dont le sens est affirmatif :

Il n'est *rien moins* que sage. — (Il n'est point sage).

Il ne vise à *rien de moins* qu'à vous supplanter. — (Il vise à vous supplanter).

Remarque. On trouve, même dans les bons auteurs, quelques exemples où *rien moins* est pris dans le sens affirmatif; mais on observera qu'alors ce sens ressort parfaitement des circonstances de la phrase.

CHAPITRE X.

DE LA CONJONCTION.

EMPLOI DES CONJONCTIONS.

439. — I. La conjonction *et*, quand elle est précédée d'un régime direct, ne doit point être immédiatement suivie d'un sujet éloigné de son verbe :

On ne dira donc pas :

Je condamne sa paresse, *et les fautes* qu'elle lui a fait si souvent commettre m'ont toujours paru inexcusables.

Il semble en effet que *paresse* et *fautes* forment un complément composé et qu'on veuille dire : *Je condamne sa paresse ainsi que les fautes*, etc., de sorte que le membre de phrase *m'ont toujours paru*, etc., demeure suspendu et sans rapport suffisant avec ce qui précède. Pour la clarté du sens, on emploiera un autre tour; on dira, par exemple : *Je condamne sa paresse, et j'ai toujours regardé comme inexcusables les fautes*, etc.

440. — II. *Et* exprime une idée d'addition ; *ni*, une idée contraire. On emploie donc l'une de ces conjonctions

pour unir les propositions affirmatives, l'autre pour unir les propositions négatives :

Il cultive les lettres *et* les sciences.

Il croit que la terre est une planète *et* qu'elle tourne autour du soleil.

Il ne cultive pas les lettres *ni* les sciences.

Et mieux en supprimant *pas* et en répétant *ni* : *il ne cultive* NI *les lettres* NI *les sciences; — il ne croit pas que la terre soit une planète,* NI *qu'elle tourne autour du soleil.*

D'après cela, il y a une faute dans ce passage :

......Apollon.....
Défendit qu'un vers faible y pût jamais entrer,
Ni qu'un mot déjà mis osât s'y remontrer (BOILEAU).

Dans ces vers, le sens est affirmatif, comme l'indique le rétablissement du verbe en ellipse : *Apollon défendit qu'un vers faible, etc...* ET *(défendit) qu'un mot,* etc... On voit donc qu'il faut *et* au lieu de *ni*.

Remarques. 1° Quoique le sens soit négatif, on emploie *et* au lieu de *ni*, quand la négation tombe sur deux choses, non pas séparément, mais sur leur réunion ; aussi l'on dira :

Je n'aime pas la richesse *et* une stricte économie ;

car le sens n'est pas *qu'on n'aime pas la richesse, et qu'on n'aime pas non plus une stricte économie;* mais *qu'on n'aime pas l'une* AVEC *l'autre.*

2° Dans les phrases suivantes, quoique le caractère conditionnel de la négation soit moins saillant que dans l'exemple qui précède, il n'en faut pas moins employer la conjonction *et* :

Je n'ai pas vu d'homme si savant *et* si modeste.

Il n'est pas de mémoire d'un hiver si long *et* si rude.

Car le sens n'est pas : qu'on n'a pas vu d'homme aussi savant que celui dont il s'agit, et qu'on n'a pas vu non plus d'homme qui fût aussi modeste; mais évidemment qu'on n'a pas vu un homme *qui fût à la fois aussi modeste et aussi savant.* De même dans le second exemple, il ne s'agit que d'un seul hiver *long et rude tout à la fois.* — C'est donc la conjonction *et* qu'il faut employer.

441. — III. Lorsqu'il s'agit de lier plusieurs mots pour en former un terme composé, il suffit de placer *et* devant le dernier ; mais *ni* se place devant chacun d'eux :

1° La science *et* la vertu sont les véritables biens de l'homme.

2° *Ni* l'or *ni* la grandeur ne nous rendent heureux (LA FONTAINE).

RÉPÉTITION DES CONJONCTIONS.

442. — I. Lorsque plusieurs propositions subordonnées sont liées à la même proposition principale, au moyen de a conjonction *que*, cette conjonction doit figurer devant chacune des propositions subordonnées :

N'attendez pas, Messieurs, *que* j'ouvre ici une scène tragique ; *que* je représente ce grand homme sur ses propres trophées ; *que* je découvre ce corps pâle et sanglant, etc. (FLÉCHIER).

Remarques. 1° On peut ne pas répéter la conjonction *que*, lorsqu'il y a seulement deux propositions subordonnées dont la marche est semblable et le sens à peu près le même.

2° Quoique ces propositions soient en plus grand nombre, la répétition de la conjonction n'a pas lieu lorsque le verbe substantif *être*, employé dans la première, se sous-entend dans chacune des autres, pour unir à de nouveaux substantifs de nouveaux qualificatifs :

Je crois que le ministre vous recevra, et vous accordera votre grâce.
Les anciens supposaient que Jupiter était le souverain des cieux, Pluton le roi des enfers, Mars l'arbitre de la guerre et Apollon le dieu des beaux-arts.

La répétition de la conjonction *que*, dans ces deux exemples, n'ajouterait rien à la clarté du sens ; dans le dernier, elle rendrait la diction traînante, embarrassée.

443. — II. Les conjonctions, *soit que* et *soit* tenant lieu de *soit que*, se répètent devant chacune des propositions subordonnées, surtout lorsqu'on veut marquer fortement quelque idée d'opposition, de contraste, etc. :

Celui qui règne dans les cieux.... *soit qu*'il élève les trônes, *soit qu*'il les abaisse, *soit qu*'il communique sa puissance aux princes, *soit qu*'il la retire (BOSSUET).

N'en doutez pas, Seigneur, *soit* raison, *soit* caprice,
Rome ne l'attend pas pour son impératrice (RACINE).

Remarque. Quoiqu'il s'agisse de marquer une opposition entre les propositions subordonnées, si l'on veut l'exprimer simplement, sans viser à l'effet oratoire, on remplace alors, pour la répétition, *soit que* par *ou que*, et *soit* par *ou* :

L'heure de la mort arrive inévitablement, *soit que* nous pressions notre marche, *ou que* nous la ralentissions.

SYNONYMIE.

444. — PENDANT QUE, TANDIS QUE. *Pendant que* s'emploie pour désigner la simultanéité de deux faits, c'est-à-dire pour indiquer qu'ils ont lieu dans le même temps;

tandis que marque moins la simultanéité de deux faits qu'une opposition entre eux; il sert proprement à mettre en saillie des contrastes :

Pendant que Rome était affligée d'une peste épouvantable, saint Grégoire le Grand fut élevé malgré lui sur le siége de saint Pierre (BOSSUET).

Et que me servira que la Grèce m'admire,
Tandis que je serai la fable de l'Epire ! (RACINE.)

Remarque. Tandis que s'emploie aussi pour indiquer la simultanéité de deux faits; mais *pendant que* ne peut s'employer pour exprimer une opposition entre eux. On dira donc bien avec *tandis que* :

Faites des heureux *tandis que* vous êtes riche : vous ne le serez peut-être pas toujours.

Mais on ne dira pas, avec *pendant que* :

*Pendant qu'*un philosophe assure
Que toujours par leurs sens les hommes sont dupés;
Un autre philosophe jure
Qu'ils ne nous ont jamais trompés (LA FONTAINE).

C'est *tandis que* qu'il fallait employer; car il s'agit, non de la simultanéité de deux faits, mais d'une opposition entre eux.

CHAPITRE XI.

DE L'INTERJECTION.

445. — I. Lorsqu'un substantif est placé en interjection, il prend le nombre qu'indique la pensée.

Un chrétien, par exemple, ne reconnaissant qu'un Dieu, écrira toujours *Grand Dieu !* au singulier; mais dans la bouche d'un personnage du paganisme, on devra écrire *grands dieux !*

446. — II. Le sens de certaines interjections varie selon que l'on place l'aspiration avant la voyelle ou après; il n'est donc pas indifférent d'écrire *ah !* et *ha !* — *oh !* et *ho !* — *eh !* et *hé !*

Ah ! exprime la joie, la douleur, l'admiration, la commisération, l'impatience : *Ah ! quel plaisir ! Ah ! quelle pitié !* — *Ha !* est employé pour peindre la surprise et l'étonnement : *ha ! vous voilà !*

Oh ! s'emploie dans l'exclamation et pour affirmer : *oh ! que cela est cruel ! oh ! pour le coup j'avais tort !* — *Ho !* marque l'étonnement et

sert pour appeler : *ho ! que me dites-vous là ! ho ! venez donc ici !*
Eh ! exprime le reproche, la surprise : *Eh ! quoi ! vous me trahissez !*
— *Hé !* sert principalement pour appeler : *hé ! qu'allez-vous faire !*

REMARQUES PARTICULIÈRES.

SYNONYMIE.

I.

447. — AIDER. *Aider quelqu'un*, c'est l'assister, lui prêter secours, sans partager personnellement sa peine ou son travail : *Aider quelqu'un de sa bourse, de ses conseils, de son crédit.*

Aider à quelqu'un, c'est le soulager, en partageant ses efforts, sa fatigue : *J'aidai au Rhodien à se relever* (Fénelon).

Avec un nom de choses, on se sert de *aider à* : *Il faut que votre mémoire aide un peu à la mienne.*

448. — AIMER A, AIMER MIEUX. *Aimer*, prend la préposition *à* devant un infinitif, et alors ce verbe signifie prendre plaisir à une chose : *Aimer à jouer, à chasser, à se promener ; il aime à être flatté, caressé.*

Aimer mieux, *aimer autant*, *aimer moins*, s'emploient sans préposition : *J'aimerais mieux mourir que de commettre une action si criminelle ; j'aime autant vous le rendre de suite ; j'aime moins pêcher que chasser.*

449. — ALLER ; ÊTRE. Employés dans leurs temps composés, ces deux verbes expriment, l'un un fait qui s'accomplit, l'autre un fait accompli. *Être allé* ne suppose pas le retour ; *avoir été* suppose que la personne dont on parle est revenue. On dira donc : *il est allé à l'audience*, en parlant de quelqu'un qui y est ou qui est censé y être encore ; *il a été à l'audience*, en parlant de quelqu'un qui en est revenu.

Dans les temps simples, l'emploi de *être* est incorrect au sens que nous venons d'indiquer ; il ne faut donc point imiter ce tour :

Il fut jusques à Rome implorer le sénat (Corneille).

450. — ANOBLIR ; ENNOBLIR. *Anoblir* signifie conférer la noblesse : *Cette famille fut anoblie par Henri IV.*

Ennoblir, signifie donner de la considération, de l'éclat : *Ces sentiments vous ennoblissent à mes yeux ; les sciences, les beaux-arts ennoblissent une langue.*

451. — APPLAUDIR. Ce verbe prend un complément direct, lorsqu'il signifie battre des mains, pour témoigner son approbation :

On a applaudi l'orateur; on a beaucoup applaudi les allusions de son discours.

Applaudir, prend un complément indirect, lorsqu'il signifie féliciter, adhérer à : *Vous lui applaudissez quand il a tort; ses ennemis même applaudissent à son courage.*

452. — ASSURER. On dit *assurer quelqu'un de quelque chose,* dans le sens de témoigner, manifester : *Celui qui assure un bienfaiteur de sa reconnaissance, n'est pas toujours le plus reconnaissant.*

Assurer une chose à quelqu'un, signifie certifier, donner pour sûr : *Il assure à tous ses amis que le succès de cette entreprise dépend des démarches que vous ferez.*

453. — ATTEINDRE. *Atteindre une chose,* ne suppose point d'obstacle à vaincre : *Atteindre un certain âge.* — *Atteindre à une chose* suppose des efforts, de la difficulté : *Atteindre à la perfection.*

Appliqué aux personnes, le verbe *atteindre* signifie égaler, et veut un régime direct : *Il est difficile d'atteindre Racine.*

454. — AVOIR AFFAIRE. *Avoir affaire avec quelqu'un,* suppose concours d'affaires, différend, discussion. Un associé *a affaire* avec son associé, lorsqu'ils traitent ensemble de leurs affaires communes : *Il faut éviter d'avoir affaire avec des fripons.*

Avoir affaire à quelqu'un, suppose pouvoir, supériorité de celui à qui on a affaire : *Un plaideur a affaire à ses juges.*

Enfin, *avoir affaire de,* signifie avoir besoin de : *J'ai affaire de vous, ne sortez pas.*

Ce n'est pas *de* vos cris que nous *avons affaire* (LA FONTAINE).

455. — AVOIR RAPPORT. *Avoir rapport à,* exprime une idée de relation, de dépendance : *Les effets ont rapport aux causes.*

Avoir rapport avec, exprime une idée de conformité, de ressemblance: *Sa déposition d'aujourd'hui a-t-elle rapport avec celle d'hier?*

456. — CAPABLE; SUSCEPTIBLE. Selon le sentiment de l'Académie, *capable* peut se dire des choses, 1° pour exprimer une idée de contenance : *Cette salle est capable de contenir tant de personnes;* 2° pour signifier ce qui peut amener tout effet : *Cette digue n'est pas capable de résister à la violence des flots.* — Cet adjectif se dit aussi des personnes : *C'est un homme très-capable; il n'est pas capable de manquer à sa parole.*

Susceptible, signifie capable de recevoir certaine qualité, certaine modification : *Cette terre est susceptible d'améliorations; l'esprit de l'homme est susceptible de bonnes, de mauvaises impressions.* — Appliqué sans complément, cet adjectif signifie qui s'offense aisément : *Il est fort susceptible; un caractère susceptible.*

457. — C'EST A MOI, A TOI, etc. *C'est à moi à,* etc., exprime une idée d'ordre; *c'est à moi de,* exprime une idée de droit à exercer, de devoir à remplir : *Comme troisième orateur inscrit, c'est à vous à prendre la parole; c'est à moi de commander ici.*

458. — CE QUI PLAIT ; CE QU'IL PLAIT. *Ce qui plaît,* s'entend de ce qui est agréable, et cette locution n'a rien de sous-entendu. *Ce qu'il plaît,* sert à exprimer la volonté, et la locution est elliptique : *Je ferai ce qui vous plaira,* c'est-à-dire *ce qui vous sera agréable; je ferai ce qu'il vous plaira,* c'est-à-dire *ce qu'il vous plaira* QUE JE FASSE, *ce que vous voudrez.*

459. — COMPARER. *Comparer à* suppose une analogie, un rapport de ressemblance entre les choses que l'on compare ; *comparer avec* écarte l'idée de ce rapport, et s'emploie pour marquer la différence : *Comparons les œuvres de la nature aux ouvrages de l'homme* (BUFFON) ; *Que l'on compare la docilité, la soumission du chien, avec la fierté, la férocité du tigre* (*Le même*).

460. — CONFIER ; SE CONFIER ; SE FIER. *Confier,* prend la préposition *à* : *Confier sa cause à un défenseur éclairé.*

Se confier, prend ordinairement la préposition *en* : *Se confier en Dieu, en ses propres forces.* — Mais souvent on remplace, devant l'article, *en* par *dans* ou par *à* : *Se confier dans la justice de ses réclamations ; se confier au hasard.*

Se fier, prend aussi *à* ou *en,* suivant que l'harmonie de la phrase exige l'une ou l'autre de ces prépositions : *Se fier à quelqu'un ; en son bon droit.* — Quand ce verbe signifie compter, il se construit avec *sur* : *Sur l'avenir bien fou qui se fiera* (RACINE).

461. — CONNAITRE. *Connaître une chose,* c'est la savoir : *Il connaît son métier.* — *Connaître d'une chose,* c'est avoir autorité pour donner une décision à cet égard : *Les tribunaux de commerce ne connaissent pas des affaires civiles.*

462. — CONSOMMER ; CONSUMER. *Consommer* suppose une destruction utile : *Cette famille consomme tant de blé.* — *Consumer* exprime la destruction pure et simple : *L'incendie a consumé dix maisons ; la rouille consume le fer.*

Consommer et *consumer* présentent aussi le sens d'*achever,* mais l'un indique que la chose achevée est portée à son entier accomplissement, l'autre qu'elle est successivement détruite : *On consomme une affaire, un traité, un sacrifice.* — *On consume sa jeunesse ; les ennuis, les regrets nous consument.*

463. — CROIRE. *Croire à quelqu'un, à quelque chose,* c'est donner sa croyance, bien ou mal placée : *Croire aux astrologues, aux médecins ; croire au rapport, au témoignage de quelqu'un.* — Cependant on n'emploie plus guère la préposition s'il s'agit des personnes ; on dit plutôt *croire quelqu'un.*

Croire en Dieu, en la divinité de Jésus-Christ, sont des expressions consacrées pour témoigner de notre foi.

En croire quelqu'un, en croire quelque chose, c'est s'en rapporter à quelqu'un, à quelque chose : *Je vous en croirai sur parole ; s'il faut en croire les apparences.*

464. — DÉCIDER. *Décider une chose,* c'est donner la solution d'une difficulté relative à cette chose : *Décider une question, un point de droit.* Ce verbe signifie aussi terminer : *Décider une querelle par un combat.*

Décider de signifie ordonner, disposer : *Cet événement décida de mon sort.*

465. — DÉJEUNER ; DINER ; SOUPER. Ces trois verbes veulent la préposition *avec* avant un nom de personne, et la préposition *de* avant le nom de la chose dont on déjeune, etc. On dira donc : *Nous avons déjeuné, dîné de volailles, de poisson, de gibier.*

466. — DÉSIRER. Ce verbe, avec un infinitif, prend la préposition *de*, s'il exprime un vœu subordonné à quelque condition : *Je désire de réussir.*

Désirer s'emploie sans préposition, si l'on exprime un dessein dépendant plus ou moins de notre volonté : *Je désire partir ce soir.*

467. — EMPRUNTER. Ce verbe prend la préposition *à*, pour exprimer une chose transférée : *J'ai emprunté mille francs à mon frère; empruntez ce livre à la bibliothèque de la ville.*

Emprunter se construit avec *de*, s'il n'y a point privation dans la source où l'on puise : *Virgile a emprunté d'Homère quelques comparaisons ; la lune emprunte sa lumière du soleil.*

468. — ENTENDRE RAILLERIE. Cette locution employée sans l'article signifie, bien prendre ce qu'on nous dit, ne pas s'en fâcher : *Peu de gens entendent raillerie sur leurs défauts.*

Entendre la raillerie, c'est entendre l'art de railler, c'est savoir railler avec grâce, avec finesse, de manière à piquer l'amour-propre, sans le blesser : *Peu de gens entendent la fine et innocente raillerie* (Bouhours).

469. — ENVIER, PORTER ENVIE. *Envier* se dit des choses; *porter envie* des personnes : *Il ne faut point envier le bien d'autrui; je porte envie à mon ami de ce qu'il a le plaisir d'être avec vous.*

470. — ESPÉRER ; COMPTER ; PROMETTRE. Ces verbes emportent l'idée d'une chose future; ils ne doivent donc pas être suivis d'un verbe au passé ou au présent, comme dans ces exemples : *J'espère que vous avez été satisfait; je compte que vous vous occupez de mon affaire; je vous promets qu'il n'a pas envie d'en rire.* — On se sert alors de l'un des verbes *croire, penser, supposer, se flatter*, etc. : *Je pense que vous avez été satisfait; je suppose que vous vous occupez de mon affaire; je vous assure qu'il n'a pas envie d'en rire.*

471. — FAIRE. *Faire*, suivi d'un infinitif, veut un régime direct, quand l'infinitif n'a pas de régime de cette nature; et un régime indirect, quand l'infinitif a un régime direct : *On le fit renoncer à ses prétentions; on lui fit obtenir un emploi.*

Ne faire que exprime une action fréquemment répétée ; *ne faire que de*, une action qui vient d'avoir lieu : *Cet homme ne fait qu'entrer et sortir* (c'est-à-dire entre et sort sans cesse) ; — *cet homme ne fait que de sortir* (c'est-à-dire vient de sortir). (Acad.).

472. — IL EST ; IL Y A. *Il est*, exprime quelque chose de gé-

néral; *il y a*, quelque chose de spécial, d'applicable à une circonstance particulière : *Il est des dangers auxquels l'homme le plus sage ne saurait échapper*; ici l'on exprime en général l'existence des dangers dont on parle; — *il y a dans cette affaire des dangers auxquels vous ne pouvez échapper*; ici il s'agit des dangers existant dans une circonstance déterminée.

Dans la conversation et dans le style familier, *il y a* peut remplacer *il est*, quoique le sens soit général; les poëtes, au contraire, préfèrent toujours *il est* à *il y a*, quoique le sens soit particularisé, à cause de l'hiatus qui se trouve dans *il y a*:

.... Il est donc des forfaits,
Que le courroux des dieux ne pardonne jamais.

473. — IMAGINER. *Imaginer*, c'est créer, inventer : *Celui qui imagina les caractères de l'alphabet, a bien des droits à la reconnaissance des hommes.*

S'imaginer, c'est se figurer quelque chose sans fondement, ou simplement croire, se persuader : *On s'imagine toujours qu'on a plus de mérite que les autres.*

474. — IMPOSER. *Imposer* se prend en bonne part, et emporte une idée de respect, d'ascendant ou d'admiration : *Notre bonne contenance imposa à l'ennemi.*

Sa fermeté *m'impose*, et je l'excuse même.

En imposer se prend en mauvaise part, et signifie mentir, faire accroire, tromper, abuser : *L'air composé de l'hypocrite en impose* (Laveaux).

475. — INDUIRE A ERREUR; EN ERREUR. On emploie la première de ces locutions, pour exprimer une cause d'erreur volontaire ou involontaire : *Il fut induit à erreur par une fausse citation.* — La seconde ne signifie jamais que tromper à dessein : *Ce fourbe vous induira en erreur.*

476. — INFECTER; INFESTER. *Infecter* signifie gâter, corrompre, répandre une mauvaise odeur, et au figuré, corrompre l'esprit, les mœurs : *Il nous a infectés de son haleine* (Acad.); *l'égoïsme, cette lèpre des sociétés modernes, ne tardera pas à infecter tous les cœurs.*

Infester signifie piller, ravager, et aussi incommoder, tourmenter : *Les pirates ont infesté cette côte* (Acad.). — *Autrefois on pensait que les malins esprits se faisaient un plaisir d'infester les châteaux inhabités.*

477. — INSULTER. *Insulter*, avec un régime direct, ne se dit que des personnes, et signifie maltraiter, faire insulte : *Cet ivrogne a insulté son hôte* (Acad.).

Insulter, avec un régime indirect, se dit des personnes et des choses, et signifie, quant aux personnes, manquer aux égards que réclame leur malheur ou leur faiblesse; quant aux choses (figurément), les maltraiter, leur faire violence : *Il ne faut pas insulter aux malheureux.* — *Il insulte à la raison, au bon sens, au bon goût* (Acad.).

478. — MÊLER. *Mêler*, faire un mélange, brouiller ensemble plusieurs choses, veut la préposition *avec* : *Mêler de l'eau avec du vin.*

Mêler, joindre, unir une chose à une autre, veut la préposition *à* : *Dieu mêle sagement aux douceurs de ce monde, des amertumes salutaires* (Fléchier).

479. — OBSERVER ; FAIRE OBSERVER. *Observer*, signifie remarquer, et veut, comme ce dernier mot, être précédé du verbe *faire*, avec un régime indirect. On dira donc : *je vous fais observer*, etc. *Je fais observer à l'assemblée*, etc. comme on dirait : *je vous fais remarquer*, etc. — *Je vous observe que*, etc. n'est pas plus français que *je vous remarque que*, etc.

480. — OUBLIER. *Oublier*, qui prend *de*, quand il signifie omettre par défaut de mémoire, veut *à*, dans le sens de devenir incapable par défaut d'habitude : *A force d'oublier d'écrire, vous finirez par oublier à écrire.*

481. — PARTICIPER. *Participer à* une chose, c'est y avoir part : *Participer à une conjuration ; aux faveurs des grands* (Acad.).

Participer de signifie tenir de la nature d'une chose : *L'éloquence des orateurs du christianisme participe de la grandeur des sujets qu'ils traitent.*

482. — PLAINDRE. *Se plaindre que*, ne suppose point de sujet réel de plainte : *Ne vous plaignez point qu'on vous ait offensé, on ne s'adressait pas à vous.* — *Se plaindre de ce que* suppose une plainte fondée : *On se plaint de ce que vous ne travaillez pas.*

483. — PLIER ; PLOYER. *Plier*, se dit des choses qui n'offrent point de résistance, et qui gardent le pli qu'on leur donne ; *ployer*, se dit des choses qui, fléchies ou courbées, tendent à reprendre leur premier état : *On plie de la mousseline ; on ploye une branche d'arbre.*

Au figuré, ces deux verbes s'emploient dans le sens de vaincre, soumettre, assujettir :

> Tu dois à ton état *plier* ton caractère.
> Déjà Dôle et Salins sous le joug *ont ployé.*

484. — SE RANGER. *Se ranger à* une opinion, c'est déclarer qu'on l'adopte : *Tous les opinants se rangèrent à son avis* (Acad.). — *Se ranger du* parti de quelqu'un, c'est s'unir avec lui contre ceux qui leur sont opposés : *Cicéron se rangea du parti de Pompée.*

485. — SE RAPPELER. Ce verbe réclame un régime direct : *rappeler à soi une chose*. On s'exprimera donc ainsi : *je me rappelle cette anecdote ; je me la rappelle ;* et non *je me rappelle de cette anecdote ; je m'en rappelle.* — Mais on dit *se rappeler de* avec un infinitif : *je me rappelle d'être sorti* (Acad.).

Se souvenir prend au contraire la préposition *de* : *Vous souvenez-vous de ce beau passage ? — Je m'en souviens.*

486. — RENOMMÉ PAR, POUR. *Renommé* prend la préposition *par* quand la cause du renom est fondée sur quelque chose de constant :

Plombières et Baréges sont des lieux renommés par leurs eaux minérales. — On emploie la préposition *pour*, si le renom ne tient qu'à une vogue ou au caprice de l'usage : *Verdun est renommé pour ses bonnes dragées; Reims pour le pain d'épice.*

487. — RÉUNIR. Ce verbe, quand il signifie posséder en même temps, veut la conjonction *et* et non la préposition *à* entre ses deux compléments. On dira donc : *Caton réunissait la vaillance et la sagesse.* — Pour se servir de la préposition *à*, il faudrait remplacer *réunir* par *unir* ou par *joindre* : *Caton unissait ou joignait la vaillance à la sagesse.*

Quand *réunir* signifie ajouter ou adjoindre, on met la préposition *à* entre ses compléments : *Ce fut Louis XIV qui réunit l'Alsace à la couronne.*

488. — SAIGNER. Au propre comme au figuré, dans le sens de perdre du sang par le nez, comme dans manquer de résolution, de courage, on dit : *saigner du nez.*

Saigner, tirer du sang en ouvrant une veine, prend indifféremment *à* ou *de* : *saigner quelqu'un à la gorge, à la nuque, du pied, du bras.*

489. — SERVIR. *Servir de rien* exprime une nullité absolue de service ; — *servir à rien*, une nullité momentanée : *il nourrit un vieux cheval qui ne lui sert de rien; vous pouvez prendre mon cheval, il ne me sert à rien aujourd'hui.*

490. — SUCCOMBER. *Succomber sous*, suppose un poids sous lequel on ploie : *succomber sous le faix, sous la charge;* et au figuré : *succomber sous le travail, sous le faix des affaires.* — *Succomber à* signifie se laisser aller à, céder à : *succomber à la douleur, à la tentation.*

491. — SUPPLÉER. *Suppléer une chose*, c'est fournir en objets de même nature ce qui manque à cette chose, ce qu'il faut de surplus pour qu'elle soit complète : *Il manque cent francs à cette somme, je les suppléerai.* — *Suppléer à une chose*, c'est remplacer cette chose par une autre qui en est l'équivalent, mais qui est de nature différente, et alors *suppléer à* signifie tenir lieu de : *suppléer au nombre par le courage.*

492. — TOMBER. *Tomber par terre* se dit de ce qui touche à la terre, au plancher, etc. ; — *Tomber à terre*, de ce qui n'y touche pas : *un homme bronche en marchant dans la rue et tombe par terre; un couvreur glisse sur le bord d'un toit et tombe à terre.*

II.

493. — Nous joindrons à la nomenclature qui précède, mais avec moins de détails, les mots suivants qui ne réclament qu'un peu d'attention pour être bien employés :

AFFILER signifie donner le fil à un tranchant ; — EFFILER signifie défaire un tissu fil à fil.

APURER se dit d'un compte dont on vérifie toutes les parties ; — EPURER, c'est rendre une substance plus pure.

BOSSELER, c'est travailler artistement un objet en bosse; — BOSSUER, c'est faire maladroitement des bosses à la vaisselle, etc.

CAMPAGNE. *Être à la campagne* se dit quand on habite hors de la ville; — *être en campagne, se mettre en campagne* se disent des troupes qui font une expédition, et, au figuré, quand on s'emploie avec activité pour une affaire.

COLORER signifie donner de la couleur : *l'indigo colore l'eau*; — COLORIER signifie employer de la couleur pour enluminer une carte, une estampe.

ÉMINENT se dit d'un péril très-grand, mais douteux : *l'homme qui conspire est dans un péril éminent*; — IMMINENT se dit d'un danger présent : *l'homme qui est surpris par des voleurs est dans un péril imminent.*

ÉRUPTION, sortie prompte et avec effort du feu d'un volcan, des taches, des boutons, etc. qui paraissent à la peau; — IRRUPTION, brusque invasion de l'ennemi, des eaux, etc.

MATINAL s'applique à une personne qui s'est levée matin, sans en avoir l'habitude; — MATINEUX donne l'idée de l'habitude; — MATINIER signifie qui appartient au matin : *l'étoile matinière.*

PIRE est un comparatif et signifie *plus méchant, plus mauvais*; il modifie toujours un substantif ou un pronom. — PIS est un adverbe qui signifie *plus mal*; il modifie ordinairement un verbe, mais quelquefois on l'emploie substantivement : *cela est encore pis; le pis qui puisse arriver.*

VENIMEUX se dit des animaux : *le scorpion est venimeux*; — VÉNÉNEUX se dit des végétaux : *cette plante est vénéneuse.*

Un tableau complet des synonymes, soit réels, soit apparents, dépasserait le cadre que nous nous sommes prescrit. D'ailleurs tous les dictionnaires donnent les acceptions précises des mots, et il suffira de les consulter pour connaître les sens divers que présentent par exemple : colère, colérique; continu, continuel; différend, différent; discuter, disputer; ennuyant, ennuyeux; exprès, expressément; flairer, fleurer; fond, fonds, fonts; habileté, habilité; martyr, martyre; membré, membru; mousseux, moussu; passager, passant; tacher, tacheter, etc.

LOCUTIONS DIVERSES.

494. — ACHETER. On dit : *acheter à bon marché, vendre à bon marché, vivre à bon marché*, et non *acheter bon marché*, etc. — Mais on dit bien *avoir bon marché de quelqu'un, faire bon marché d'une chose*, pour exprimer que la personne a cédé facilement dans un différend, ou qu'on fait peu de cas de l'objet.

495. — ALLUMER. L'Académie emploie ces expressions : *allumer le feu, allumer du feu*, quoique le feu soit l'objet qui embrase et non celui qui est embrasé. On peut dire aussi *allumer une lampe, une lanterne*, etc., bien qu'il s'agisse d'allumer la matière contenue dans ces objets et non ces objets eux-mêmes.

496. — APPRENDRE. Ce verbe peut s'appliquer soit à celui qui enseigne, soit à celui qui étudie : *Ce maître apprend à écrire en peu de temps; cet enfant apprend tout ce qu'il veut.*

497. — DEMAIN; HIER. On peut dire également : *demain matin, demain au matin; hier soir, hier au soir,* etc., quoique plusieurs grammairiens aient cru voir des nuances de sens différentes dans ces expressions.

498. — ÉCLAIRER. On disait autrefois : *éclairer à quelqu'un,* pour éclairer le lieu où cette personne passe. Mais aujourd'hui l'Académie supprime la préposition dans toutes les acceptions de ce verbe : *éclairer une personne qui descend l'escalier ; éclairez-moi de vos avis.*

499. — EXCUSE. *Demander excuse* est un tour incorrect. *Excuse* se dit des motifs d'indulgence que le coupable peut faire valoir : *on présente, on fait agréer ses excuses; on demande pardon.*

500. — EXEMPLE. Malgré l'autorité de quelques grammairiens, l'Académie dit *imiter l'exemple* aussi bien que *suivre l'exemple,* pour signifier prendre quelqu'un pour modèle de conduite.

501. — FAILLIR. Ce verbe prend indifféremment l'une ou l'autre des prépositions *à, de* : *j'ai failli à tomber, j'ai failli de tomber.* Il s'emploie même sans préposition : *j'ai failli tomber.*

502. — LAISSER. On dit indifféremment *ne pas laisser de* ou *ne pas laisser que de* : *Cette proposition ne laisse pas d'être vraie,* ou *que d'être vraie.*

503. — MONTER. Les expressions *monter en haut, descendre en bas* ne sont pas vicieuses si la personne qui parle a en vue un lieu, un appartement auquel elle fait allusion. L'Académie a accueilli ce tour : *monter en haut; ne laissez monter personne là-haut.* Mais hors de là, les mots *haut* et *bas* seraient superflus, et par conséquent incorrects.

504. — MOUCHER; FATIGUER, etc. Ces verbes peuvent s'employer dans un sens réfléchi, même sans le pronom qui les accompagne ordinairement : *ce cheval fatigue beaucoup; si cet enfant pouvait moucher, il serait soulagé.*

Il n'en est pas de même des verbes *baigner, coucher, promener.* La suppression du pronom serait vicieuse dans le sens réfléchi. Il faut dire : *je vais me baigner; elles vont se promener,* et non *je vais baigner; elles vont promener.*

505. — TOUS DEUX, TOUS LES DEUX. D'après quelques grammairiens, l'expression *tous deux* marque l'union, la simultanéité : *On les attacha l'un à l'autre, et tous deux furent conduits au supplice.* — Mais si l'on emploie l'article, la locution *tous les deux* n'exprimera qu'une simple idée de pluralité : *Boileau et Racine ont tous les deux été de grands poëtes.* — En général, cette distinction n'est pas observée par les auteurs, et l'on emploie indifféremment l'une ou l'autre expression.

On dit également *tous trois, tous les trois;* au delà du nombre *quatre*, il est mieux de ne point supprimer l'article.

TERMES ET TOURS VICIEUX.

506. — SUBSTANTIF. Certains substantifs qui appartiennent à la langue deviennent incorrects lorsqu'ils sont joints irrégulièrement à d'autres mots.

Ne dites point :	*Dites :*
C'est une faute d'*inattention.*	C'est une faute d'*attention.*
Il me ressemble comme une *goutte d'eau.*	Nous nous ressemblons comme deux *gouttes d'eau.*
Il me prit à *brasse-corps.*	Il me prit à *bras-le-corps.*
Cela est rangé par *lettre* alphabétique.	Cela est rangé par *ordre* alphabétique.
J'ai fait quatre *plis* à la première partie; mon adversaire a fait la *volte* à la seconde.	J'ai fait quatre *levées* à la première partie, mon adversaire a fait la *vole* à la seconde.
Il est venu en une *heure de temps.*	Il est venu en *une heure.*
La troupe a rétabli *le désordre.*	La troupe a rétabli *l'ordre.*
J'ai eu des *raisons* avec cet homme.	J'ai eu une *querelle* avec cet homme.
Il a eu une *hémorragie de sang.*	Il a eu une *hémorragie.*

Il y a aussi une foule de noms qu'un mauvais usage a défigurés; ainsi ne dites pas : *angoises* pour *angoisses; angola* pour *angora; apprentisse* pour *apprentie, aréostat* pour *aérostat; contrevention* pour *contravention; corporence* pour *corpulence; cou-du-pied* pour *cou-de-pied; jeu d'eau* pour *jet d'eau; palefermier* pour *palefrenier; quintail* pour *quintal; revenge* pour *revanche;* et quelques autres plus barbares : *cacaphonie, colaphane, ormoire, espadron, colidor, gigier, culier, darte.*

507. — ADJECTIF. Il faut rejeter *airé* pour *aéré; célébral* pour *cérébral; éduqué* pour *élevé; ferlaté* pour *frelaté; massacrant* pour *insupportable; minable* pour *misérable; rancuneux* ou *rancuneur* pour *rancunier; perclue,* au fém. pour *percluse; pointilleur* pour *pointilleux; rébarbaratif* pour *rébarbatif; tentatif* pour *tentant* ou *séduisant.*

Ne dites point :	*Dites :*
De la toile *crue.*	De la toile *écrue.*
Je n'aime pas les rues *passagères.*	Je n'aime pas les rues *fréquentées* ou *passantes.*
C'est une affaire *conséquente;* Lyon est une ville *conséquente;* la récolte a été *très-conséquente.*	C'est une affaire *importante;* Lyon est une ville *considérable;* la récolte a été *très-bonne.*
Ne venez pas un jour *ouvrier.*	Ne venez pas un jour *ouvrable.*

Ne dites pas :	*Dites :*
Votre ami était pauvre ; aujourd'hui il est *fortuné.*	Votre ami était pauvre ; aujourd'hui il est *riche.*
Ces enfants ont perdu *sa* mère.	Ces enfants ont perdu *leur* mère.

508. — PRONOM. Le mauvais emploi des pronoms est manifeste dans les phrases suivantes.

Ne dites pas :	*Dites :*
On me dit heureux et pourtant je n'*en* suis pas.	On me dit heureux et pourtant je ne *le* suis pas.
C'est dangereux de se mesurer avec lui.	*Il est* dangereux de se mesurer avec lui.
Un quelqu'un l'a dit.	*Quelqu'un* l'a dit.
Un chacun doit être content de son sort.	*Chacun* doit être content de son sort.
Vaille *qui* vaille.	Vaille *que* vaille.
Coûte *qui* coûte.	Coûte *que* coûte.
Je ne m'inquiète pas du sort de cet homme ; il *a de quoi.*	Je ne m'inquiète pas du sort de cet homme ; *il est riche.*
Je *lui* défie de me regarder en face.	Je *le* défie de me regarder en face.

509. — VERBE. Voici les principales incorrections qui résultent du choix des verbes ou de la manière de les employer.

Ne dites pas :	*Dites :*
Cet homme *jouit* d'une mauvaise santé, d'une mauvaise réputation.	Cet homme *a* une mauvaise santé, une mauvaise réputation.
Je n'*ai pas que cela* à vous reprocher.	*J'ai autre chose* encore à vous reprocher.
Il *en a bien agi* avec moi.	Il *a bien agi* avec moi.
Je n'ai pas *rempli* mon but.	Je n'ai pas *atteint* mon but.
Il m'a *procuré* des désagréments.	Il m'a *causé* des désagréments.
Prenez garde de *couper* ce verre.	Prenez garde de *casser* ce verre.
Le vent *coupe* le visage.	Le vent *cingle* le visage.
Il ne *décesse* pas de parler.	Il ne *cesse* pas de parler.
L'idée *lui a pris* de....	L'idée *lui est venue* de....
Vous êtes bien malheureux ! que je vous *regrette.*	Vous êtes bien malheureux ! que je vous *plains.*
Ne *fixez* pas ainsi cet objet.	Ne *fixez* pas ainsi *les yeux* sur cet objet.
Il y a deux ans qu'il *manque* du pays.	Il y a deux ans qu'il *est absent* du pays.
Ces chicaneurs *se sont* longtemps *disputés.*	Ces chicaneurs *ont* longtemps *disputé.*

Il est encore plus choquant de dire : *agoniser d'injures*, pour *accabler d'injures; balier*, pour *balayer ; désagraffer*, pour *dégraffer; désenterrer*, pour *déterrer ; rafroidir*, pour *refroidir; ridiculariser*, pour *ridiculiser ; moriginer*, pour *morigéner ; surlouer*, pour *sous-louer*, etc.

Il faut donner exactement à chaque verbe l'auxiliaire qui lui convient. Ne dites donc pas : *il s'a cassé un bras; je me suis acheté une maison; nous avons convenu que nous partirions; il s'est emmené le chien ; il s'est emporté la clef*, etc. On doit dire : *il s'est cassé un bras; j'ai acheté une maison; nous sommes convenus que nous partirions;* ou mieux, *nous sommes convenus de partir; il a emmené le chien; il a emporté la clef.*

510. — PRÉPOSITION. C'est une faute grossière que de placer une préposition devant un complément direct; ainsi ces phrases : *je vous salue à tous; on demande après vous ; il a invectivé contre son ennemi*, doivent être rectifiées ainsi : *je vous salue tous; on vous demande; il a invectivé son ennemi.*

Le choix des prépositions demande aussi quelque attention; on ne dira pas : *la clef est après la porte; il est parti à Versailles ; je suis fâché avec vous; j'ai lu cela sur un journal; le fils à un tel; on ne l'aime point rapport à sa méchanceté.* Il faut dans ces cas : *la clef est à la porte; il est parti pour Versailles; je suis fâché contre vous; j'ai lu cela dans un journal; le fils d'un tel; on ne l'aime point par rapport à sa méchanceté.*

511. — ADVERBE. Il faut s'abstenir d'employer comme adverbes certains mots que l'usage n'a pas adoptés; tels sont :

Tout de même, pour *certes, cependant, il est vrai; au parfait*, pour *parfaitement; à pure perte*, pour *en pure perte; un petit peu*, pour *un peu; au jour d'aujourd'hui*, pour *aujourd'hui.*

Ne dites pas :	*Dites :*
Il est heureux *comme tout.*	Il est *parfaitement heureux.*
Vous êtes satisfait; je le suis *la même chose.*	Vous êtes satisfait; je le suis *également.*
Il a fait cela *par exprès.*	Il a fait cela *tout exprès.*
On doit payer ses dettes *comme de raison, comme de juste.*	On doit payer ses dettes *comme il est juste.*

502. — CONJONCTION. L'emploi ou le choix des conjonctions est irrégulier dans les phrases suivantes.

Ne dites pas :	*Dites :*
Je consens *qu'il* vienne vous voir.	Je consens *à ce qu'il* vienne vous voir.
Je souffre; *quoique* cela, je veux partir.	Je souffre; *malgré* cela je veux partir.
Or donc, j'ai raison; *ainsi donc*, vous avez tort.	*Or* j'ai raison, *ainsi* vous avez tort.

Ne dites pas :	*Dites :*
Pour si peu qu'il fasse d'efforts, il arrivera.	*Pour peu* ou *si peu* qu'il fasse d'efforts, il arrivera.
L'armée ennemie peut être battue, *malgré qu'elle* soit nombreuse.	L'armée ennemie peut être battue *quoiqu'elle* soit nombreuse.
Tout ira bien *moyennant que* vous veniez.	Tout ira bien *pourvu* que vous veniez.

DE LA PONCTUATION.

513. — La ponctuation est l'art de distinguer, par des signes reçus, les phrases entre elles, et les sens partiels qui constituent ces phrases.

Les caractères usuels de la ponctuation sont : le point (.); le point-virgule (;); les deux points (:); la virgule (,); le point interrogatif (?); le point exclamatif (!), les points suspensifs (.....), et le tiret (—).

DU POINT.

514. — Le *point* se met à la fin de toutes les phrases qui offrent un sens complet, et où le débit doit s'arrêter par un léger repos :

Le travail est souvent le père du plaisir.
Je plains l'homme accablé du poids de son loisir.

Ces deux propositions présentant des idées distinctes doivent être séparées par un point. Il serait vicieux de les lier par une conjonction quelconque, et de n'en former qu'une seule phrase.

On doit placer un point après les mots qu'on abrège, mais ce point ne compte pas pour le repos de la voix, ni pour donner une majuscule au mot suivant : *Avez-vous parlé de mon affaire à M. votre Père?*

DU POINT-VIRGULE.

515. — Le *point-virgule* sert pour distinguer les membres de phrases, formant des propositions liées entre elles par le sens :

La douceur est une vertu ; mais il ne faut pas qu'elle dégénère en faiblesse.

Lorsqu'une phrase est divisée en plusieurs parties principales, dont chacune est subdivisée en parties secondaires, on place le point-virgule entre les parties principales, et la virgule entre les parties secondaires :

Vante-t-on dans un poëte la vigueur de l'âme, les sentiments sublimes, c'est Corneille; la sensibilité du cœur, le style tendre et harmonieux, c'est Racine; la molle facilité, la négligence aimable, c'est la Fontaine.

DES DEUX POINTS.

516. — On se sert des *deux points* :

1° Pour indiquer une citation, ou pour annoncer que le discours va devenir direct :

Le Chêne un jour dit au Roseau :
Vous avez bien raison d'accuser la nature.

2° Après une proposition qui annonce une énumération, ou avant la déduction, c'est-à-dire la conséquence qu'on veut tirer d'une énumération :

Voici trois médecins qui ne nous trompent pas :
Gaieté, doux exercice et modeste repas.

Du lait, du pain, des fruits, de l'herbe, une onde pure :
C'était de nos aïeux la simple nourriture.

3° Entre deux propositions, dont la seconde éclaircit ou développe l'idée contenue dans la première :

Il faut autant qu'on peut obliger tout le monde :
On peut avoir besoin d'un plus petit que soi.

4° Dans toute phrase coupée en de grandes divisions, dont chaque partie se subdivise en divisions secondaires, et celles-ci en membres plus petits :

Le *Système de la Nature*, qui détruit tout ; le livre *de l'Esprit*, qui fait tout haïr, ne sont pas de mon goût : faible, j'ai besoin d'appui ; sensible, j'ai besoin d'aimer.

5° Enfin on se sert de ce signe entre deux membres de phrase qui marquent opposition :

Un avare est un malade qui meurt étouffé dans son sang : un prodigue est un mauvais malade qui meurt à force de saignées.

DE LA VIRGULE.

517. — La virgule s'emploie :

1° Pour distinguer les termes qui composent une énumération :

Les plaisirs de l'esprit, la tranquillité de l'âme, la joie, la satisfaction intérieure, se trouvent aussi souvent à la suite d'une médiocre fortune, que dans le cortége des rois.

2° Pour séparer les propositions de peu d'étendue, ou qui ont le même sujet :

Le sort fait les parents, le choix fait les amis.

Il alla dans cette caverne, trouva des instruments, abattit des peupliers, et mit en un seul jour un vaisseau en état de voguer.

Remarque. Lorsque deux membres de phrase ou deux propositions sont liées par une des conjonctions *et, ni, ou,* l'on n'emploie pas la virgule, à moins que ces deux membres ou ces propositions n'excèdent la portée de la respiration :

Il parle de ce qu'il sait *et* de ce qu'il ne sait pas.

Ni l'or, *ni* la grandeur ne nous rendent heureux.
Le roi, l'âne *ou* moi nous mourrons.

Mais s'il est besoin de faire une pause, la conjonction ne suffit pas pour marquer la diversité des deux parties ; on doit alors employer la virgule :

Nul n'est content de sa fortune,
Ni mécontent de son esprit.

Quel chemin le plus droit au vrai bonheur nous guide,
Ou la vaste science, *ou* la vertu solide ?

La conjonction *et* remplace aussi la virgule avant le dernier terme d'une énumération, à moins que ce dernier terme ne renferme quelque modification qu'on ne veuille point appliquer aux autres :

Ce petit perroquet chante, siffle *et* parle.
Ce petit perroquet chante, siffle, *et* parle fort bien.

3° Dans les propositions dont l'étendue excède la portée de la respiration, on peut, par des virgules, distinguer ce qui se rapporte au sujet, ou les parties diverses de l'attribut, ou enfin tel autre groupe de mots jetés incidemment dans la phrase :

Le plaisir de soulager un infortuné, est un remède sûr contre la peine que nous fait éprouver sa présence.

Heureuse l'âme chrétienne qui sait se réjouir sans dissipation, *s'attrister sans abattement, désirer sans inquiétude,* etc.

Le Bosphore m'a vu, *par de nouveaux apprêts,*
Ramener la terreur du fond de ses marais.

4° Lorsque la phrase présente quelque inversion, la partie transposée doit être terminée par une virgule, si elle commence la proposition ; elle doit être placée entre deux virgules, si elle est jetée parmi d'autres termes :

De tous les plaisirs, il n'en est guère de plus délicieux que celui qu'on goûte après une bonne action.

Heureux qui, *dans le sein de ses dieux domestiques,*
Se dérobe au fracas des tempêtes publiques.

Mais si la partie transposée est de petite étendue, ou si elle forme le complément d'un substantif, on ne met pas de virgule :

Celui qui met un frein à la fureur des flots,
Sait aussi *des méchants* arrêter les complots.

Je ne sentis point *devant lui* le désordre où la présence des grands hommes nous jette ordinairement (Montesquieu).

5° On met entre deux virgules toute proposition incidente explicative, mais on écrit de suite, et sans virgule, toute proposition incidente déterminative.

1er Cas : Les passions, *qui sont les maladies de l'âme,* ne viennent que de notre révolte contre la raison.

2e Cas : Ne vous fiez pas aux hommes *qui outragent la vérité dans leurs discours.*

Cette différence d'emploi de la virgule provient de la nature même de ces propositions, dont l'une peut se détacher de la proposition principale, et dont l'autre est liée d'une manière inséparable à l'un des termes de cette proposition.

Cependant la virgule se place après la proposition incidente déterminative, si cette proposition affecte un sujet séparé de son verbe :

L'homme *qui est insensible au malheur de ses semblables*, est un égoïste.

6° On met entre deux virgules tout mot placé en apostrophe, et toute portion de phrase qui peut se détacher sans que le sens soit altéré :

Sont-ce là, *ô Télémaque*, les pensées qui doivent occuper le cœur du fils d'Ulysse ?

On dirait que, *pour plaire, instruit par la nature,*
Homère ait à Vénus dérobé sa ceinture.

7° L'ellipse d'un verbe et de tout terme principal, se marque par une virgule :

L'éloge de Démosthène revient sous la plume de Cicéron, comme l'éloge de Racine, *sous la plume de Voltaire.*

Le mot *revient* est évidemment sous-entendu après *Racine* et conséquemment suppléé par une virgule.

8° Enfin la virgule s'emploie à la place des deux points, pour annoncer une citation de peu d'étendue :

J'ai lu cette phrase dans le bel ouvrage de Châteaubriand, *le Génie du Christianisme.*

DU POINT D'INTERROGATION.

518. — Le *point d'interrogation* se met à la fin de toute proposition renfermant une question directe :

Contre tant de dangers que vous reste-t-il ? — Moi.
Ne vous souvient-il plus, Seigneur, quel fut Hector?

On met encore le point d'interrogation dans quelques phrases dont la forme est négative, mais dont la pensée renferme une question :

On vous attend, Monsieur, vous ne viendrez donc pas?

C'est comme s'il y avait : *est-ce que vous ne viendrez pas?*

Mais si la question est sous forme impérative, ou rapportée dans le récit, on ne met pas le point d'interrogation :

S'il fallait condamner tous les ingrats qui sont au monde, dites-moi à qui il faudrait pardonner.

Mentor demanda ensuite à Idoménée quelle était la conduite de Protésilas dans le changement des affaires.

On ne met point le signe d'interrogation, si la phrase est conditionnelle, quoiqu'elle présente la forme d'une question :

Lui fait-on quelque reproche, aussitôt il s'emporte ;

C'est comme s'il y avait : Si on lui fait quelque reproche.

DU POINT D'EXCLAMATION.

519. — Le *point d'exclamation* termine toutes les phrases qui expriment la surprise, la terreur, la pitié, la tendresse, ou tout autre sentiment :

Que le Seigneur est bon ! que son joug est aimable !
Heureux qui dès l'enfance en connaît la douceur !

L'interjection ô est la seule qui ne prenne point le signe de l'exclamation. Quand elle se trouve dans le discours, on place le signe après le mot, ou après les mots suivants :

O disgrâce ! ô fortune ennemie !

Mais on affecte du point exclamatif les autres interjections, à moins qu'elles ne soient répétées ; dans ce cas c'est la dernière qui doit seule être marquée :

Hélas ! quel est le prix des vertus ? la souffrance.
Ho, ho ! que me dites-vous là ?

DES POINTS SUSPENSIFS.

520. — On se sert des *points suspensifs* pour figurer les grands mouvements des passions, les sentiments qui oppressent l'âme, et qui ne peuvent se manifester que par des phrases interrompues.

Où porté-je mes pas ?... d'où vient que je frissonne ?
Moi !.... des remords ?.... qui ?.... moi !.... le crime seul les donne.

Cette ponctuation peut également être observée dans le genre plaisant :

J'ai vu.... sans mourir de douleur,
J'ai vu (siècles futurs, vous ne le pourrez croire !)
Ah ! j'en frémis encor de dépit et d'horreur ;
J'ai vu... mon verre plein et je n'ai pu le boire.

On emploie enfin les points suspensifs, lorsqu'on ne veut pas achever une pensée à moitié exprimée :

J'appelai de l'armée,
Et ce même Sénèque et ce même Burrhus
Qui depuis... Rome alors estimait leurs vertus (RACINE).

DU TIRET.

521. — Le *tiret*, appelé aussi *trait de séparation*, se met pour éviter dans le dialogue les mots *dit-il*, *repondit-il*, dont l'emploi trop fréquent

rendrait le style traînant. C'est ainsi qu'on annonce les alternatives du discours.

La Fontaine nous fournit une application de ce signe, dans la fable de la Grenouille qui veut s'égaler au Bœuf :

Est-ce assez, dites-moi, n'y suis-je point encore?
— Nenni. — M'y voici donc? — Point du tout. — M'y voilà?
— Vous n'en approchez point. La chétive pécore
S'enfla si bien, qu'elle creva.

On emploie aussi le trait de séparation dans quelques phrases coupées et sentencieuses, pour éviter la répétition de quelque terme :

Qu'y a-t-il de plus beau? l'univers — de plus fort? la nécessité — de plus difficile? de se connaître soi-même — de plus facile? de donner des avis.

DE LA PRONONCIATION.

Pour rendre aussi complètes que possible, les observations relatives à la prononciation, il y a lieu de traiter successivement :

1° Des difficultés relatives à la prononciation de certaines lettres, soit voyelles, soit consonnes, dans le corps des mots et au commencement.

2° De la liaison des mots entre eux.

3° De la prosodie.

DE LA PRONONCIATION DES VOYELLES.

A

521. — *A* est nul dans *août, aoûteron, aoriste, Saône, taon.* Ainsi prononcez *oût, oriste, Sône, ton.*

Ai a le son de *a,* dans *douairière,* qu'on prononce *douarière.*

de *i* dans *daine* (femelle du daim), que les chasseurs prononcent *dine.*

de *e* faible au participe présent et dans les divers temps de *faire* et de ses nombreux dérivés. Ainsi l'on dira *fesant, nous défesons, vous défesiez,* comme au futur *je ferai.*

Faisan et ses dérivés suivent la même prononciation.

Dans *aye,* finale des noms géographiques *Andaye, Blaye, Biscaye,* etc., l'*a* se détache de l'*y.* Lisez donc *Anda-ye, Bla-ye,* etc. — Mais *abbaye* se prononce *abbai-ie.*

E

522. — *E,* sans accent, est généralement muet devant une voyelle : *Jean, sceau, geôle, esturgeon,* etc. Il l'est aussi dans les noms propres *Caen* et *Staël.* — *Goëthe* se prononce *Guenthe.*

E précédé de *r,* au commencement des mots composés *ressaisir, ressentir, resserrer,* etc., n'a qu'un son faible, quoiqu'il soit appuyé sur deux *s*.

E a le son de *a* au commencement des mots *enivrer, ennoblir, ennui,* auxquels il faut joindre *hennir, hennissement, nenni, solennel, indemnité, indemniser.*

Quelques grammairiens veulent que l'on prononce de même *enorgueillir*, mais ce mot se dit plus généralement *é-norgueillir.*

En, qui prend le son de *an* lorsqu'il est suivi d'une consonne, conserve celui qui lui est propre dans *agenda, appendice, compendium, spencer, pensum* et dans les noms propres *Camoëns, Penthièvre, Puffendorf, Rubens, Amiens, Appenzel, Marienbourg*, et quelques autres moins importants à connaître.

I

523. — *I* est nul dans *oignon, moignon, poignard, poignée,* et dans *Michel Montaigne,* qu'on prononce *Michel Montagne.*

Hi, dans l'adverbe *hier*, forme une syllabe, de sorte que ce mot en a deux. Mais dans *avant-hier*, l'*i* et l'*e* qui suit forment une diphthongue.

O

524. — *O* est muet dans *faon, paon, Craon, Craone, Laon,* et les dérivés *faonner, paonne, paonneau,* etc. Ainsi prononcez : *fan, pan,* etc.

Oe offre un son double, qui répond dans les mots suivants à la diphthongue oi : *moelle, moellon, Noël. — Poële, poésie, Bohême, Bohémien,* ont à peu près la même prononciation.

Oi, dans *roide*, se prononce comme *ai, raide*; excepté dans le discours soutenu, où cette diphthongue garde le son qu'elle a dans *roi.*

Oy, suivi d'une voyelle, forme une diphthongue surchargée d'un *i* (*oi-i*). On ne doit pas dire : *ro-yaume, cito-yen, netto-yer, impitoyable,* mais *roi-iaume, citoi-ien,* etc.

Enfin *ou*, voyelle composée, se détache de l'*i* qui suit, dans les temps des verbes qui ont l'une des finales *ouïons, ouïez.* On dira donc : *nous lou-ïons, que vous avou-ïez.*

U

525. — *U* se fait entendre dans : *aiguille, aiguillon, aiguiser, sanguinaire, consanguinité, équiangle, équilatéral, équitation, inextinguible, linguiste, liquéfaction* (mais non *liquéfier*), *questeur, questure, quinquennal, quinquerème, quintetti, Quirinus, quirinal, à quia.*

U sonne aussi dans *équestre*, que l'on commence à prononcer *ékestre;* il sonne encore dans le nom propre *Guise.*

U sonnait autrefois, mais il est nul aujourd'hui, dans *Quinte-Curce, Quintilien, quiétiste, quiétisme, quiétude.*

U se détache de l'*i* qui suit, dans les temps des verbes qui ont l'une des finales *uïons, uïez.* Lisez donc : *nous attribu-ïons, que vous distribu-ïez.*

Enfin *u*, dans *punch*, se prononce comme *o*.

DE LA PRONONCIATION DES CONSONNES.

Pour la prononciation des consonnes finales, voyez ci-après le passage relatif à *la liaison des mots* (*page* 216 et *suiv.*).

C

526. — *C* a le son de *g* dans *second* et ses dérivés, ainsi que dans les mots *czar* et *czarine*.

Quelques grammairiens autorisent cette prononciation du *c* dans *secret, secrétaire, Claude, Claudine;* mais on ne l'emploie aujourd'hui que dans *prune de Reine-Claude.* Dans les autres mots, *c* prend l'articulation forte du *k*.

Ch a le son de *k* :

1° Dans les mots *archange, archéologue, archétype, archiépiscopal, archonte, catéchumène, chaos, écho, eucharistie, inchoatif, lichen, orchestre, psychologie, trochée, batrachomyomachie* (lisez *batrakomyomachie*), *tétrarchat* (mais non *tétrarchie*), et les dérivés.

2° Dans la syllabe *chor*, quelque place qu'elle occupe dans les mots, *choriste, chorus, anachorète*, etc.

3° Dans la terminaison *chus : Antiochus, Gracchus, Bacchus*, et les dérivés, *bacchante, bacchanale*, excepté *bachique*.

4° Dans *chir*, seulement initial : *chiromancie, chirographie*, etc., excepté *Chiron, chirurgie* et les dérivés.

5° Dans les noms propres suivants : *Achab, Achate, Chabrias, Chaldée, Chaldéen, Chalcidius, Chalcis, Cham, Chanaan, Chéronée, Chersonèse, Colchos, Jéchonias, Lachésis, Machabée, Melchior, Melchisedech, Nabuchodonosor, Orchomène, Sanchoniaton, Ticho-Brahé.*

Ajoutez tous ceux où figure la syllabe *char : Anacharsis, Charondas, Bucharis, Epicharis*, etc.

Remarque. Depuis longtemps *Ezéchias, Ezéchiel, Zachée*, les *Achéens, Archimède, Achéron, Machiavel, chérubin, tachygraphie*, ont pris place parmi les mots qui se prononcent avec le *ch* de *chef, choisir*, etc. Il en est de même de *Michel* et *Joachim* (noms de baptême); mais *Michel-Ange* et *Joachim* (roi de Juda) se prononcent *Mikel-Ange, Joakim.*

G

527. — *G* a le son de *c* fort, au commencement du mot *gangrène*, que l'on prononce *kangrène*.

G est nul dans *legs, signet, Regnaud, Regnard;* lisez donc *lé, sinet*, etc On dit aussi *Compiène* pour *Compiègne*.

G se prononce avec l'articulation forte du mot *guérir* dans les noms étrangers *Gessner, Bergen.*

Gn se prononce *gue-ne* : 1° au commencement des mots : *Gnide, gnome*, etc. 2° dans *agnus, igné, imprégnation* (mais non *imprégner*), *inexpugnable, magnificat, stagnant, stagnation, Progné.* — Il faut y joindre *agnat*, et les analogues *diagnostic*, *regnicole*, *ignicole*, *magnat*, *récognitif*, *récognition*, *géognoste*, *géognosie*.

Gn dans *incognito* prend le son qu'il a dans *magnifique*; ne dites donc pas *incog-nito*.

L

528. — *ILL mouillé* se prononce de deux manières, l'une propre au discours soutenu, l'autre à la conversation.

1° Dans le discours soutenu, on fait entendre un *i* après *l*, indépendamment de celui qui existe réellement devant cette consonne. Ainsi lisez *billard*, *billet*, *babiller*, comme s'il y avait : *biliard*, *biliet*, etc.

Dans les mots où l'*i* est précédé d'une autre voyelle, comme la syllabe se trouve suffisamment sonore, on ne prononce l'*i* qu'après *l*, et seulement pour le mouiller. Tels sont *ailleurs*, *meilleur*, etc. qu'il faut lire : *alieurs*, *mélieur*, etc.

Dans le ton ordinaire de la conversation, *l mouillé* disparaît entre les deux voyelles où il se trouve, et plus les mots seront communs ou ordinaires, plus il y aura nécessité de ne pas faire sentir ce *l*.

Remarquez que lorsque l'*i*, qui se trouve quelquefois sous-entendu après *l*, se trouve représenté, en effet, et placé devant une autre voyelle avec laquelle il forme une diphthongue, le son mouillé doit avoir pleinement lieu, même dans le ton ordinaire de la conversation; tels sont les mots *millier*, *million*; *milliard*.

Mais il faut distinguer des mots précédents, les verbes qui font *illions*, *illiez*, à l'imparfait de l'indicatif et au présent du subjonctif, tels que *nous travaillions*, *que vous travailliez*, etc. L'*i* n'est ajouté ici que comme désignation de temps, et d'un autre côté ces verbes appartiennent pour la plupart au langage usuel. On les prononcera donc comme s'il n'y avait pas de *l*, en ayant soin d'ailleurs d'appuyer fortement sur l'*i*.

Remarques. 1° Ne confondez pas *ill* avec *yll*, qui ne se mouille pas, sauf dans *Amaryllis*.

2° Parmi les mots où *ill* médial ne se mouille pas, contre la règle ordinaire, les plus importants à connaître sont : les verbes *distiller*, *osciller*, *scintiller* et leurs dérivés; — *Cyrille*, *Gille*, *Priscille*, *Séville*; — *pupille* et *ville*, ainsi que les composés *Abbeville*, *Joinville*, *Préville*, etc.

3° Enfin les cinq noms suivants ont la terminaison mouillée : *avril*, *fénil*, *grésil*, *mil* (millet) et *péril*, ainsi que leurs dérivés.

P

529. — *P* est nul dans *baptême*, *baptistaire* (mais non *baptismal*), *compte* et ses composés, *exempt* (mais non *exemption*), *prompt*, *promptitude*, *sculpteur*, *sculpture*, *sept*, *septième*, et les dérivés.

Quelques grammairiens veulent que l'on prononce *donter*, *indontable*, pour *dompter*, *indomptable*; mais ces mots exigent une prononciation qui réponde à l'énergie du sens qu'ils expriment; il est donc mieux de dire, en faisant sonner le *p*, *dompter*, *indomptable*, etc.

P sonne également dans *rédempteur*, *rédemption* et dans *présomptif*.

QU

530. — *Qua* se prononce *quoua* dans tous les mots où *quadr* est appuyé sur une voyelle : *quadrupède*, *quadragésime*, *quadrangulaire*, *quadrilataire*, excepté *quadrille*.

La syllabe *qua* a encore le son de *quoua* dans *aquarelle*, *aqua-tinta*, *aquatique*, *équateur*, *in-quarto*, *quaker* (prononcez *kouakre*), *quatuor*, *quaternaire*, *loquacité*, *quinquagésime* et *quinquagénaire*.

S

521. — *S* est nul : 1° dans les noms propres français formés des noms communs qui avaient autrefois cette lettre : *Duchesne*, *Dufresne*, *l'Hospital*, *le Nostre*, *la Forest*, *S. Genest*.

2° Dans les noms propres français où se trouve l'une des trois liquides *l*, *m*, *n* : *Nesle*, *Belesme*, *Duquesne*, etc.

3° Dans l'article pluriel des mots servant à former des noms propres dérivés de noms communs : *Descartes*, *Desforges*, *Destouches*, etc.

Ajoutez encore les mots composés *lesquels*, *lesquelles*, *desquels*, *desquelles*, *dès que*, *tandis que*, et les noms propres *d'Estrées*, *du Guesclin*, *les Vosges*.

Remarque. 1° *S*, qui se prononce comme *ce*, avant ou après une consonne (*absence*, *esclave*), s'adoucit et prend le son de *z* : 1° dans *balsamum* et ses dérivés, que l'on prononce *balzamum*, etc ; — 2° dans le mot *trans*, avant une voyelle : *transaction*, *transalpin*, *transit*, etc. excepté *Transylvanie*, *transir*, *transissement*.

2° *S*, entre deux voyelles, prend le son de *z* : *base*, *oser*, *résipiscence*, etc. — excepté dans *monosyllabe* et les analogues, *préséance*, *présupposer* et les analogues ; *entresol*, *parasol*, *désuétude*, *vraisemblance*; et les temps qui nous restent du verbe *gésir* : *gisant*, *nous gisons*, etc.

Enfin *sh*, dans les mots anglais, se prononce comme le *ch* français. Ainsi *Shéridan*, *Cavendish* se prononcent *Chéridan*, *Cavendich*; *Shakespeare* se prononce *Chekspire*.

T

534. — *Ti* se prononce *ci* :

1° Dans *tia*, quelque place que cette syllabe occupe dans les mots, *Martial*, *nuptial*, *initiation*, *initiative*, *Miltiade*, *Spartiate*, etc. Excepté *tiare*, *centiare*, *éléphantiasis*, il *châtia*.

2° Dans les substantifs en *atie*, *étie*, *itie* : *aristocratie*, *péripétie*, *Nigritie*, etc. Ajoutez *ineptie*, *inertie*, *minutie*, *argutie* et *Béotie*.

3° Dans les deux terminaisons *tium*, *tius* : — *Actium*, *Latium*, *Grotius*, *Tatius*, etc.

T conserve son articulation propre dans *Critias,* nom grec, et dans *épizootie* (toute maladie qui règne sur les bestiaux).

W

535. — *W*, qui ne se rencontre que dans quelques noms étrangers, a la valeur d'un *v* simple dans les mots tirés de l'allemand. Ainsi *Waux-hall, Brunswick, Westphalie,* etc. se prononcent *Vaux-hall, Brunsvick,* etc. — Mais ce signe a la valeur de *ou* dans la plupart des mots reçus de l'anglais; ainsi *wisth, wiski, whig, Windsor,* se prononcent : *ouist, ouiski,* etc.

Aw et *ow*, à la fin des mots, se rendent généralement par *au* : — *Lau, Breslau, Glogau* pour *Law, Breslaw, Glogow.* — *Newton* se prononce *Neuton.*

X

536. — *X*, articulation composée, se rend par *gz* ou par *ks* ; par *gz*, au commencement des mots les plus connus, et par *ks*, dans ceux dont l'usage est moins fréquent. — Prononcez donc, avec *gz*, *Xantippe, Xavier, Xénophon,* etc.; et avec *ks* : *xiphias, xiphoïde, xiste,* etc.

Ex, initial, s'adoucit toujours devant une voyelle : *examen, exigu,* etc.

Inex, dans les composés, suit la même prononciation, *inexact, inexorable,* etc.

Mais *ex* et *inex*, suivis d'une consonne, se prononcent comme *ks* : *excès, expansif, inexpérience,* etc.

Dans les dérivés de *deux, six, dix, x* prend le son de *z* : *deuxième, sixain,* etc.; lisez : *deuzième,* etc.

Enfin, *x* équivaut à *ce* ou à deux *s*, dans *soixante, Bruxelles, Auxerre, Auxonne, Auxerrois, Tixier, rue de la Tixeranderie* ; ainsi lisez : *soissante, Brusselles, Ausserre,* etc. — Mais dans *Saint-Germain l'Auxerrois*, *x* conserve l'articulation forte de *ks*.

DE LA RÉDUPLICATION DES CONSONNES.

537. — *L, m, n, r*, sont, à proprement parler, les seules consonnes dont le double son se fasse sentir dans la prononciation. C'est ce qui a lieu :

1° Dans *ill, imm, inn, irr,* au commencement des mots, tels que *illustre, immense, innovation, irrégulier,* etc.

Excepté : *innocent, irriter,* et leurs dérivés.

2° Dans les deux terminaisons *llaire, llation,* pour tous les mots qui sortent du langage ordinaire : *armillaire, collation* (d'un bénéfice), *corollaire, oscillation, scintillation,* et leurs dérivés *collationner, osciller, scintiller,* etc.

Excepté *collation* (léger repas), *décollation, distillation, instillation.*

3° Dans *colla, colli, collo, collu,* au commencement des mots :

collatéral, collationner (conférer un écrit avec l'original), *collision, colloque, collusion.*

Excepté *collationner* (faire un léger repas), et *colline.*

4° Dans les mots d'un usage peu fréquent, où deux *n* sont suivis d'un *a*, et dans les noms propres : *annales, décennal,* etc.; *Porsenna, Annibal,* etc.; — mais *Cincinnatus* se prononce plus communément *Cincinatus.*

5° Enfin, dans les noms propres grecs ou latins : *Pallas, Marcellus,* etc.

Remarque. On ne prononce ordinairement qu'un *r* dans les noms propres. Cependant, selon quelques autorités, on doit faire sentir la réduplication dans *Burrhus, Pyrrha, Pyrrhus, Pyrrhique*; mais non dans *Pyrrhon, Pyrrhonien.*

Il serait à souhaiter que l'on rendît à la prononciation ordinaire, les *mots isolés,* c'est-à-dire ceux qui s'écartent des catégories ou des groupes précédents. Voici les principaux de ces mots qui sont soumis à la double consonne.

Pour *l* :

Allaiter,	Belliqueux,	Hallucination,	Palladium,
Allécher,	Chambellan,	Illyrie,	Pulluler,
Allégorie,	Collégial,	Intelligence,	Pusillanime,
Allégresse,	Collocation,	Magellan,	Solliciter,
Alléguer,	Ellébore,	Malléable,	Syllabe,
Allocation,	Fallacieux,	Métallique,	Velléité,
Allusion,	Folliculaire,	Nullité,	
Apollon,	Gallican,	Othello,	

et les dérivés ou analogues : *allégorique, gallicisme,* etc.; mais non *annuller,* ni *collége.*

Pour *m* : *commensurable, commotion, commuer, commémoration, grammaire*; et les analogues : *incommensurable, commutation,* etc.

Pour *n* : *annuel, annexer, annihiler, annoter, Apennins, connexion, connivence, Linnée*; et les analogues, *annuaire, annexe,* etc.

Il faut observer toutefois que les deux *n* commencent à s'effacer dans la plupart de ces mots.

Pour *r* : 1° les futurs des verbes *courir, mourir, acquérir, requérir, choir* et *déchoir*; *je courrai,* etc.

2° Les mots : *aberration, erreur, occurrence, concurrence, erroné, narration, corroder, horreur, terrible, corrosion, horrible, torrent, errement, interrègne,* et les analogues : *errer, abhorrer,* etc.

On observera toutefois que quelques-uns de ces mots, tels que *concurrence, horreur, terreur, terrible, torrent* et *narration,* n'admettent le son double que dans le discours soutenu ; et que dans les verbes *errer, abhorrer,* les deux *r* ne se font bien sentir qu'à l'infinitif et aux deux participes.

DE LA LIAISON DES MOTS ENTRE EUX.

538. — Parmi les diverses questions qui ont pour objet de déterminer dans quels cas les mots doivent se lier entre eux, et dans quels cas ils doivent rester dans une indépendance mutuelle, une seule offre des difficultés sérieuses, celle qui est relative *à l'emploi des consonnes finales des mots devant les voyelles initiales des mots suivants.*

Voici cependant, sur les autres, quelques observations qui ne sont pas sans importance.

DES VOYELLES FINALES DEVANT D'AUTRES VOYELLES.

539. — Toutes les voyelles, sans exception, sont susceptibles de se prononcer devant d'autres voyelles : *il le manda à ses amis; il a renoncé au jeu; je suis sorti à onze heures,* etc.

L'*e* muet lui-même, destiné à de si fréquentes élisions, se prononce quelquefois devant les voyelles. C'est ce qui a lieu pour le pronom *le,* quand il suit un verbe à l'impératif, dont il est le régime : *Dites-le à vos amis, informez-le en mon nom,* etc.

On remarque toutefois que, même dans ce dernier cas, il peut arriver que l'élision de l'*e* doive nécessairement avoir lieu, comme dans ces vers :

> Retournez vers le peuple, instruisez-*le* en mon nom.
> Condamnez-*le* à l'amende, ou, s'il le casse, au fouet (Racine).

On voit dans ces exemples que, si l'*e* ne s'élidait pas, la mesure du vers serait irrégulière, puisqu'il offrirait un pied de trop.

L'*e* muet est encore susceptible de se prononcer devant les voyelles, dans quelques circonstances. On dit par exemple : *le | oui et le non ; — Grégoire | onze; — le | onzième du mois.*

On dit pourtant, dans la conversation, *je dis qu'oui,* et, dans tous les cas, *entr'onze heures et midi.*

Quant à l'élision des voyelles devant d'autres voyelles, elle est d'un usage si fréquent et si facile, qu'elle semble dispenser de toute observation. On remarquera toutefois qu'il est des élisions qui demandent à être conduites avec le plus grand soin. Ce sont celles des finales en *ée, ie, ue, oue* et *oie : une armée invincible, une vie obscure,* etc. On évite les hiatus que ces liaisons sembleraient devoir produire, en donnant à ces voyelles une prononciation mixte. Il se fait alors un prolongement de son qui va se perdre en s'affaiblissant dans la voyelle suivante, et qui devient en même temps le lien de leur réunion. L'élision se fait sans effort, sans rudesse, et l'on échappe à l'inconvénient de l'hiatus qu'offrirait la prononciation suivante : *armé | invincible, — vi | obscure;* ce qui serait désagréable, du moins en poésie et dans le discours soutenu.

DES VOYELLES FINALES DEVANT LES CONSONNES.

540. — La prononciation des voyelles finales des mots devant les

consonnes initiales des mots suivants, ne peut donner lieu qu'à une observation importante, qui a pour objet le faux emploi de ces voyelles, quand elles sont suivies d'un mot commençant par un *h* aspiré.

Le *H* aspiré (1) a pour effet d'interdire toute espèce de liaison ou d'élision, entre le mot où il est initial et la voyelle finale du mot précédent. Or, *h* est aspiré dans :

Ha, interjection ou initiale des mots (excepté 1° ceux qui commencent par *habi*, comme *habile*, etc.; 2° *haleine*, *hameçon*, *harmonie*, et les dérivés; 3° enfin *hamadryade*).

Dans :

Hennir,	**Hocher,**	**Houille,**	**Huée,**
Héraut d'armes,	**Hochet,**	**Houlette,**	**Huit,**
Hère,	**Holà,**	**Houle,**	**Humer,**
Hérisser,	**Homard,**	**Houppe,**	**Huppe,**
Hernie,	**Hormis,**	**Houppelande,**	**Hure,**
Héros,	**Honte,**	**Houri,**	**Hutte,**
Hêtre,	**Hoquet.**	**Houspiller,**	**Huguenot,**
Heurt,	**Hors,**	**Houssine,**	**Hurler,**
Hibou,	**Horde,**	**Houx,**	**Hussard.**
Hideux,	**Hotte,**	**Hoyau,**	
Hiérarchie,	**Houblon,**	**Huche,**	

H conserve l'aspiration dans les mots dérivés des précédents : *aheurtement*, *déharnacher*, *enhardir*, etc. Relativement à ces deux derniers, on observera que les mots dont ils sont formés, *harnais*, *hardiesse*, sont aspirés comme la plupart de ceux commençant par *ha*. — Toutefois *exhausser*, *exhaussement*, se prononcent sans aspiration, quoique dans le mot *haut*, *h* soit aspiré, pour le discours soutenu.

H est aspiré dans la plupart des noms propres de pays et de villes : *Le Hainaut*, *la Hollande* (2), *la Hongrie*, *la Havane*, *Hambourg*, *le Havre*, etc., ainsi que dans *la Henriade*. L'usage varie pour *Henri*; toutefois on dit, en général, dans le style soutenu : *les grandes pensées* DE HENRI IV et, dans la conversation, ...D'HENRI IV.

DES CONSONNES FINALES DEVANT D'AUTRES CONSONNES.

541. — Les consonnes finales sont en général muettes devant les mots qui commencent aussi par une consonne; c'est-à-dire que les mots où elles figurent se prononcent comme si elles n'existaient pas.

(1) On remarquera, à propos de *h* aspiré, que nous avons deux sortes d'aspirations; l'une s'exécute avec effort, et empreint les mots destinés à peindre un sentiment énergique, à marquer le mépris, à offrir une image : *je le hais; couvert de haillons; le hennissement des chevaux;* l'autre aspiration est douce, s'exécute sans effort, et convient aux mots que ne caractérisent ni l'énergie, ni le mépris, ni l'onomatopée. On dira donc sans liaison et sans effort : *la hiérarchie des pouvoirs; le huit de pique.*

Dans le discours soutenu, l'aspiration forte convient indistinctement à tous les mots.

(2) On dit, sans aspiration, selon quelques grammairiens, *toile ou fromage d'Hollande; eau de la reine d'Hongrie.* Mais, dit M. Charles Nodier, cet usage est celui des blanchisseuses et de l'office ; il ne doit point faire loi au salon.

Cependant il en est quelques-unes qui veulent être articulées. Les difficultés que peut présenter l'un ou l'autre cas sont résolues dans ce qui suit :

542. — *B* final ne figure que dans un très-petit nombre de mots. Il s'articule dans : *radoub*, *rob*, et dans les noms propres : *Achab*, *Raab*, *Jacob*, *Job*, etc.

543. — *C* final, ordinairement sonore, est muet dans *broc*, *croc*, *accroc*, *racroc*, *escroc*, *estomac*, *lacs* (prononcez *lâs*), *tabac*, *cric*, *arsenic*, *échecs* (jeu), *porc*, *clerc*, *marc* (poids), *Saint-Marc* (pour *lion de Saint-Marc* ou *place de Saint-Marc*). — Mais *c* s'articule dans *échec* (perte), et dans *Marc* (nom d'homme).

544. — *D* final, presque toujours muet, sonne dans les noms étrangers : *Joad*, *Obed*, *David*, *Ephod*, *Talmud*; excepté *Madrid*. Il s'articule encore dans *nord-est*, *sud-est*, *nord-ouest*, etc.

545. — *F* final, ordinairement sonore, est muet dans *cerf*, *cerf-volant*, *clef*, *nerf*, et dans *bœuf* et *œuf*, mais seulement quand ils font partie des composés *bœuf-gras*, *bœuf-salé*, *œuf-dur*, *œuf-frais*, etc.

Remarquez 1° Que *F* sonne dans le mot *nerf*, pris dans le sens de mobile : *l'argent est le nerf de la guerre.*

546. — *G*, final dans un très-petit nombre de mots, ne s'articule que dans : *joug*, *bourg*. — Il est muet dans les composés : *faubourg*, *Strasbourg*, et dans *Wurtemberg*, etc.

547. — *L* final est sonore, excepté dans : *babil*, *baril*, *chenil*, *coutil*, *fusil*, *gril*, *nombril*, *outil*, *persil*, *soûl*, *cul-de-lampe*, etc., *sourcil*. — *L* est encore muet dans *gentil* synonyme de *joli*, et dans le pluriel, *gentils-hommes*.

Remarquez que, dans les mots terminés en *auld* et en *ault*, *l* est toujours muet, ainsi que les consonnes qui suivent : *Arnau*, *Quinau*, pour *Arnauld*, *Quinault*, etc. — Par analogie *Arnould* et *Sainte-Menehould*, se disent, *Arnou*, *Sainte-Menou.*

548. — *M* final sonne toujours et prend le son de *n*. Ainsi *faim*, *nom*, *parfum*, se prononcent *fain*, *non*, *parfun*. — Cependant il est des mots où *m* conserve son articulation naturelle ; ce sont les noms propres : *Abraham*, *Priam*, *Amsterdam*, *Stockholm*, *Sem*, *Cham*, *Ibrahim*, *Sélim*, etc.; pareillement *intérim* et tous ceux en *im*; *album*, *pensum*, et les autres mots tirés de la langue latine, excepté *factum.*

549. — *N* final s'articule toujours, et ne perd sa nasalité, pour prendre son articulation naturelle, que dans *Béarn*, *Tarn*, *amen*, *Eden*, *gramen*, *hymen* et *dictamen*; *examen* est aussi susceptible de se prononcer avec l'articulation propre de *n*, mais seulement dans le discours soutenu.

550. — *P* final ne sonne que dans un très-petit nombre de mots, *cap*, *Gap*, *hanap*, *julep*, *salep* et *cep*; mais il est muet dans *cep de vigne.*

551. — *Q* final sonne dans le peu de mots où il se trouve, sauf quelquefois dans le mot *cinq*, qui suit la règle des autres adjectifs de nombre.

Quelques grammairiens veulent que l'on dise *co-d'Inde*; mais dans l'usage le plus général, on fait sentir le *q*, comme dans *coq de bruyère*.

552. — *R* final s'articule toujours, excepté 1° dans les polysyllabes terminés en *cher, ger, ier, yer*, tels que : *clocher, berger, chevalier, foyer*, etc.; 2° dans les infinitifs en *er*.

Les noms propres français suivent la prononciation des mots en *cher, ger*, etc; *Boucher, Roger, Dacier, Boyer*, etc.

Dans *monsieur* et *messieurs*, *r* ne s'articule point.

Remarque. Quelques grammairiens autorisent la suppression de *r* dans la prononciation des infinitifs en *ir*, lorsqu'ils terminent la phrase. Cette manière est aujourd'hui abandonnée, et *r* s'articule toujours, quelle que soit la place de l'infinitif.

553. — *S* final, généralement muet, s'articule néanmoins :

1° Dans les mots suivants : *aloès, angelus, atlas, bibus, bis, blocus, calus, choléra-morbus, fils, gratis, hélas*, et *las!* (interjection) *jadis, kermès, laps, Madras, maïs, mars, mœurs, omnibus, orémus, prospectus, rébus, rhinocéros.*

2° Dans les noms propres étrangers : *Agésilas, Epaminondas, Eurotas, Ménélas, Phidias, Cérès, Périclès, Hermès, Xercès, Ximénès* (qu'on prononce aussi *Khiménès*), *Iris, Némésis, Sémiramis, Lemnos, Minos, Paphos, Argus, Brutus, Cyrus*, etc.

3° Dans les noms suivants, qu'un long usage a naturalisés français : *Arras, Carpentras* (et la plupart des noms de villes terminés en *as*), *Cujas, Stanislas, Vaugelas, Brueys* (prononcez *Bruïs*), *Clovis, Genlis, Médicis, Fréjus, Helvétius, Nostradamus, Ramus* (et autres noms propres terminés en *us*). — Excepté : *Jésus, Colas, Lucas, Thomas, Denis, Alexis, Judas.*

Plus fait sentir la finale dans : *je dis plus, il y a plus, plus-que-parfait.*

Enfin, *s* qui sonne dans *sens* et *lis*, est muet dans *sens commun* et *fleur de lis.*

554. — *T* final est ordinairement muet; cependant on le fait sentir :

1° Dans les mots suivants : *accessit, déficit, but, brut, chut, ci-gît, tout gît, cobalt, dot, debet, tacet, granit, gratuit, fat, mat, mot, net, rapt, exeat, sot, vivat, tact, exact, contact, intact, alphabet, opiat, soit* (conj.), *strict, subit, correct, direct, infect, ab hoc et ab hac, et cætera*; enfin dans le substantif *fait*, employé au singulier : *un fait important, des voies de fait, prendre quelqu'un sur le fait.*

2° Dans les noms propres : *Apt, Anet, Japhet*; mais non dans *Achmet, Bajazet, Mahomet.*

Remarquez que *T* s'articule dans les terminaisons *st, th; est, ouest, Brest, zénith, Judith, luth, Nazareth, Josabeth*, etc. Excepté: *goth* et les analogues, le verbe *il est, Jésus-Christ, post-scriptum*; mais *Christ* pris isolément se prononce *Christ*.

Dans *juillet* et *août*, le *t* commence à devenir muet, et l'on ne le fait guère plus sentir, au moins dans la conversation.

555. — *X* final sonne et se prononce comme *s*, dans *Cadix*. — Il sonne et s'articule comme *ks*, dans *Ajax, borax, Dax, phénix, préfix, index* et *perplex*.

OBSERVATIONS GÉNÉRALES.

556. — 1° Les consonnes finales sont muettes toutes les fois qu'elles sont précédées d'une voyelle nasale : *plomb, bond, rond, sang, camp, temps, chant*, etc.

Excepté : *rumb* (prononcez *rombb*); *zinc, onc* (vieux mot français), *Sund* (que les gens du monde prononcent *Sondd*, et les marins *Son*); *cens* (redevance en argent, déclaration de biens); *mons* (abréviation de monsieur); *gent* (famille, espèce : *la gent volatile, la gent souricière*); *donc* (au commencement d'une phrase ou devant une voyelle); la terminaison *inx* ou *ynx* : *sphinx, larynx*; les trois monosyllabes, *je vaincs, tu vaincs, il vainc*; et les noms propres suivants : *Argens, Lens, Reims* et *Sens*.

2° Les adjectifs de nombre *cinq, six, sept, huit, neuf* et *dix*, ne font entendre leur consonne finale que 1° devant une voyelle ou un *h* muet ; 2° lorsqu'ils ne sont pas suivis d'un substantif, ou, même dans ce dernier cas, quand ils sont pris substantivement : *Cinq enfants, six hommes; ils étaient sept; le neuf mars*. — Mais on dira : *Cin cents; si mille; sè personnes*, etc.

La consonne finale s'articule dans *vingt-et un* et dans les nombres suivants jusqu'à *vingt-neuf* inclusivement. — Mais cette prononciation n'est point applicable à *vingt*, employé seul, à *quatre-vingts, quatre-vingt-un, quatre-vingt-deux*, etc.; ni au substantif composé *quinze-vingts*. Dans tous ces cas le *t* est muet.

Les nombres composés *vingt-cinq, vingt-six*, etc., jusqu'à *quatre-vingt-dix* inclusivement, suivent la même prononciation que les nombres simples.

DE L'EMPLOI DES CONSONNES FINALES DES MOTS, DEVANT LES VOYELLES INITIALES DES MOTS SUIVANTS.

557. — I. Deux mots se lient l'un à l'autre par la finale de l'un et l'initiale de l'autre, lorsqu'il se trouve entre eux un rapport grammatical immédiat. Il y a rapport grammatical, toutes les fois que les mots se régissent ou se modifient, c'est-à-dire toutes les fois qu'ils se complètent ou s'expliquent mutuellement, de manière qu'ils n'offrent une idée claire, un sens précis, que par le secours les uns des autres : *les éléments; ces hommes; nous aimons; ils honorent; dernier adieu; fort habile*, etc.

De deux mots placés dans ces conditions, nous appellerons le second *complément inséparable.*

558. — II. Parmi les mots à complément inséparable, on compte :

1° Les adjectifs suivis de leurs substantifs, *franc étourdi; froid écrivain; long ennui; vain ornement; léger effort;* etc.

2° L'article et ses équivalents, les pronoms, les verbes, les adverbes et autres mots invariables, suivis du mot explicatif : *les enfants; deux amis; aimer à rire; fortement ému; dans un an; quand il voudra;* etc.

3° Toute espèce de mots composés, à quelque partie du discours qu'ils appartiennent : *un vis-à-vis; un coq à l'âne; pot au feu; sous-ordre; c'est-à-dire; avant-hier; peut-être;* etc.—Excepté, *orang-outang;* qu'on prononce *oran-outan.*

Quant aux autres mots composés, dont les parties ne sont point liées par le trait d'union, substantifs, adjectifs, expressions adverbiales, phrases exclamatives, les principaux sont : *un pot à l'eau; un pot au lait; suer sang et eau; de rang en rang; de point en point; de plus en plus; de moins en moins; de mieux en mieux; tôt ou tard; de temps en temps; petit à petit; de but en blanc; de fond en comble; pas à pas; de clerc à maître; tout ensemble; tout ou rien; de part et d'autre; s'il plaît à Dieu;* etc., etc. — Excepté *pied à pied*, que l'on prononce *pié à pié.*

559. — III. Dans la liaison des mots, *d* se traduit par *t*, — *g* se traduit par *k*, — *s* et *x* par *z* : *froi-t-écrivain, lon-k-ennui, épai-z-ombrage, gracieu-z-enfant.*

Dans les mots à complément inséparable, comme *franc étourdi, froid écrivain, long ennui, léger effort*, etc., si l'on passe au pluriel, la consonne finale du singulier reste muette, parce que le *s* suffit à la liaison : *fran-z-étourdis, froi-z-écrivains*, etc. Toutefois dans les finales nasales, la consonne s'articule toujours, *vain-z-ornements*, etc.

Enfin les composés qui ne s'emploient d'ordinaire qu'au singulier, ne souffrent point, dans la prononciation, l'articulation du pluriel : *des du-k-et pairs, des char-à-bancs, des cro-k-en jambes, des guê-t-à pens.*

560. — IV. Outre les liaisons indispensables dont nous venons de parler, il en est d'autres qui, sans être nécessaires, contribuent néanmoins à l'agrément du langage, pourvu qu'elles ne soient ni trop rudes, ni trop fréquentes. Telle est principalement la liaison de *s* des pluriels, parce qu'elle est une des plus douces, des plus agréables à entendre. A cette liaison il faut rapporter :

1° Les substantifs suivis de leurs adjectifs, de la conjonction *et*, et de tout autre mot dont ils ne sont séparés par aucun signe de ponctuation : *travaux-immenses; lois-importantes; cheveux-épars*, etc.

2° Les adjectifs ou les participes, suivis d'un complément : *fruits bons-à manger, lettres mises-au rebut*, etc.

3° Les trois personnes plurielles dans les temps simples des verbes : *nous-allons-à Paris; vous viendrez-avec nous; ils-arrivent-à l'instant*, etc.

Enfin, dans la lecture soutenue, dans la poésie surtout, où des inversions fréquentes dérangent l'ordre naturel des mots, où il s'agit de donner plus de force et d'harmonie à la prononciation, et de remplir, par une articulation sensible, les pieds qui entrent dans la construction du vers, on peut, on doit même souvent former des liaisons qui n'aient point pour base les règles précédentes, comme dans ces vers :

Je crus, à son aspect, voir la sœur d'Apollon,
Qui chassait, à l'écart, dans le sacré vallon,

où l'on doit prononcer *je cru-z-à son aspect, qui chassai-t-à l'écart*, quoiqu'il n'y ait aucun rapport grammatical entre ces mots. Mais ces liaisons sont l'ouvrage du goût, qui doit présider à leur formation ; nous nous bornons donc à les indiquer.

561. — *Observation générale.* Les liaisons ci-dessus indiquées, toujours de rigueur dans le discours soutenu et dans la lecture publique, s'étendent aussi au discours familier et à la lecture ordinaire. Il faut toutefois excepter de ce dernier cas, celles qui ont pour objet les verbes et leurs compléments. Elles sont généralement supprimées, et ces mots ; *aimer à rire, nous allons à Paris, vous viendrez avec nous*, se prononcent comme s'il y avait : *aimé à rire, nous allon à Paris, vous viendré avec nous.*

Ces hiatus volontaires se prêtent facilement au laisser-aller de la conversation, ils en écartent ce qu'auraient de contraint et de rude des liaisons trop multipliées ; ils ajoutent enfin au naturel et à la grâce du langage.

RÈGLES PARTICULIÈRES.

562. — On a vu quelles sont les consonnes qui s'articulent devant d'autres consonnes ; et l'on conçoit qu'à plus forte raison elles doivent conserver leur sonorité devant des voyelles, et par conséquent se lier avec elles. D'un autre côté, l'on vient de voir quelles sont les consonnes qui, quoique muettes devant d'autres consonnes, deviennent sonores devant les voyelles qui suivent, et se lient avec ces voyelles ; et ces deux ordres de faits offrent l'ensemble des règles relatives à l'*emploi des consonnes finales des mots devant les voyelles initiales des mots suivants.* — Il est néanmoins des cas particuliers qu'il ne faut point omettre ; ce sont les suivants :

D final, dans les verbes, aux troisièmes personnes du singulier, en *and, end, ond*, se lie ou ne se lie point avec la voyelle qui suit, selon qu'il s'agit de la prononciation soutenue, ou de la prononciation ordinaire.

On dira donc, dans le premier cas : *Il répan-t-une odeur suave ; il défen-t-un ami malheureux ; il confon-t-une idée avec une autre ;* et dans le second cas : *Il répan une odeur suave; il défen un ami malheureux; il confon une idée avec une autre.*

F final se change en *v* dans l'adjectif numéral *neuf : neu-v-ans, neu-v-hommes.*

G final, quoique muet dans les nasales, se lie avec la voyelle initiale des mots qui modifient les deux substantifs *rang, sang : un ran-k-élevé, un san-k-illustre.*

L final conserve dans les liaisons le son ordinaire ou le son mouillé qu'il a naturellement.

On dira donc avec un *l* simple : *cheva-l-indompté; cruè-l-enfant; exi-l-honorable;* et avec un *l* mouillé : *trava-ill-opiniâtre; révé-ill-agréable; per-ill-affreux.*

Remarque. *L* muet, et ceci doit s'appliquer à la plupart des consonnes muettes, est nul dans la liaison : *cheni infect, outi excellent, sourci épais.*

M final (*Voyez N, 3e remarque*).

N, des nasales *an, en, in, on, un,* ne se lie avec la voyelle qui suit qu'à la fin de quelques mots à complément inséparable, savoir : 1° les adjectifs, suivis des substantifs qu'ils qualifient ou qu'ils déterminent; 2° le pronom *on*, suivi du verbe dont il est le sujet; 3° les adverbes *bien* et *rien*, suivis des adjectifs des verbes ou des adverbes qu'ils modifient; 4° le pronom *en*, quand il précède le verbe dont il est régime; et la préposition *en*, quand elle est suivie de son complément :

Vai-n-effort, en plei-n-été, ancié-n-ami, bo-n-avocat, commeu-n-accord, mo-n-inquiétude, o-n-ouvre, c'est bié-n-agréable, il n'a rièn-oublié, il a-n-a (en a) fourni le dessein, a-n-été (en été).

Les mots suivants font exception : *divin amour, malin esprit, un oui et un non, ton onzième année,* etc.

Remarques. 1° Cette règle ne s'applique point aux voyelles nasales qui terminent un nom suivi d'un adjectif. On prononcera donc sans liaison : *courtisan adroit, bain efficace,* etc.

Toutefois les mots *Eden, hymen* et quelques autres exigent la liaison : *Edè-n-enchanteur, hymè-n-affreux,* etc.

2° Les mots *on, bien, rien* et *en,* ne souffrent point la liaison, hors des cas indiqués dans la règle : *pense-t-on à moi? il est bien à cheval; ne donnez rien à Paul; prends-en un.*

3° La finale *M* suit la même règle que *N*, lorsqu'elle est purement nasale : *Adan et Eve, la fain et la soif, un non obscur, un parfun exquis;* — pour *Adam et Eve, la faim et la soif,* etc.

Mais dans les mots où *m* conserve son articulation naturelle, cette consonne se lie toujours : *Abraha-m-et Jacob; de Stokhol-m-à Paris,* etc.

P final est toujours muet dans les voyelles nasales. On dira donc : *le can ennemi, un chan en friche;* pour *le camp ennemi, un champ en friche.*

Mais quand *p* n'appartient point à une nasale, il se lie dans le discours soutenu et reste muet dans le ton de la conversation :

1. Un galo-p-impétueux, un cou-p affreux.
2. Un galo impétueux, un cou affreux.

Toutefois la première manière a quelque chose de rude, qu'on doit tâcher d'éviter.

Remarque. Beaucoup et *trop* se lient avec le mot qui suit, quand ce mot commence par une voyelle : *Beaucou-p-en ont parlé ; il est tro-p-ambitieux.*

R ne se lie que dans deux cas :

1° A la fin des adjectifs immédiatement suivis de substantifs : *premiè-r-homme, entiè-r-abandon*, etc. — Mais on dira *il fut le premié à monter à l'assaut ; il est tout entié à ses amis.*

La liaison n'a pas lieu si c'est le substantif qui précède : *dangé imminent, acié homicide*, etc.

2° A la fin des verbes terminés en *er*, dans la lecture soutenue. Mais on doit remarquer que dans ce cas, l'*e* se prononce avec le son moyennement ouvert : *marchè-r-au combat ; blâmè-r-une injustice*, etc.

S final. On a vu (*page* 220) qu'à la liaison de cette lettre avec la voyelle qui suit, la consonne qui précède *s* reste muette, comme dans *de fran-z-étourdis, de froi-z-écrivains*, etc.

Mais il peut se faire que *s* soit précédé de deux consonnes, et alors celle qui précède immédiatement cette lettre demeure muette ; on prononcera donc : *respek-z-infinis, accord-z-harmonieux*, pour *respects infinis, accords harmonieux.*

Remarque. L, dans le pronom pluriel *ils*, sonne devant le *s*, quand le mot suivant commence par une voyelle : *il-z-aiment à obliger ; il-z-arrivèrent trop tard.*

T, final, se lie ou demeure muet, selon qu'il s'agit de la prononciation soutenue ou du débit ordinaire :

1. Avoca-t-exercé, arrê-t-infamant, habi-t-élégant.
2. Avoca exercé, arrê infamant, habi élégant.

Il est cependant quelques mots en *at*, où la suppression du *t* n'a guère jamais lieu : *appâ irritant, bâ énorme, mâ élevé*, etc. pour *appât irritant, bât énorme*, etc.

Il est encore quelques liaisons du *t* que le bon goût repousse dans tous les cas. On ne dirait point par exemple : *goulo-t-étroit, le rô-t-est brûlé* ; mais *goulo étroit, le rô est brûlé*. L'usage apprendra ces exceptions.

Enfin *t* ne se lie jamais dans la conjonction *et*, même en poésie.

Précédé d'une consonne, *t* ne peut offrir de difficulté que dans les finales en *ct* ou en *rt*.

1° Dans la finale *ct*, *t* se lie si le mot se termine en *act* ; il demeure muet si le mot se termine en *ect* :

1. Tak-t-exquis, contak-t-immédiat.
2. Style corrèk et pur, air infek et vicié.

Le *t* final sonne dans *strict*, et demeure muet dans *district : devoir strik-t-et absolu, distri-k-immense.*

2° La finale *rt* donne lieu à une des liaisons les plus rudes de notre langue. Dans les verbes, elle se lie si la prononciation est soutenue; elle reste muette dans la conversation.

1. Il par-t-aussitôt; il ser-t-un ingrat; il sor-t-à l'instant.
2. Il par aussitôt; il ser un ingrat; il sor à l'instant.

Pour les autres espèces de mots, cette finale se lie dans les cas où ils sont nécessairement unis par le sens, de manière à ne former qu'une seule expression; — elle reste muette si l'union est moins étroite :

1. De par-t-en part, for-t-heureusement.
2. Dépar imprévu, déser immense, mor affreuse.

X final. On a vu (*page* 220) qu'à la liaison, *x* se change souvent en *z*; mais dans les mots où cette articulation doit être forte, elle se traduit par *kz : Ajak-z-est un héros de la fable; le Styk-z-est un fleuve des enfers*; pour *Ajax est un héros; le Styx est un fleuve*, etc.

DE LA PROSODIE.

563.—On entend par *prosodie*, la prononciation d'une langue, relativement à l'*accent tonique* et à la *quantité* de chaque syllabe des mots de cette langue.

Dans la nôtre, on rattache aussi à la prosodie la *variété des sons*, au moins accessoirement.

564. — L'*accent tonique* n'est point indiqué par un signe particulier. C'est une modulation de la voix qui s'élève naturellement sur une syllabe d'un mot où elle doit offrir un son plus fort et plus soutenu que sur les autres, pour retomber ensuite dans le ton d'où elle s'est éloignée. Ainsi dans ce vers :

J'embrasse mon rival, mais c'est pour l'étouffer (Racine).

l'accent portera sur *bras, val, ffer*, chacune de ces syllabes offrant les modifications que l'on vient d'indiquer.

565. — La *quantité* consiste dans la durée des sons, c'est-à-dire dans la manière dont ils sont émis, selon que la voix traîne et se prolonge, ou qu'elle court et se précipite. Dans le premier cas, les syllabes où ils figurent s'appellent *longues;* dans le second cas, *brèves*. Ainsi, dans le mot *hideuse*, par exemple, la syllabe *deu* est longue, cette syllabe se prononçant avec un léger traînement de voix; et la syllabe *hi* est brève, la voix glissant sur cette syllabe, pour courir à la suivante qui est longue, comme à son repos naturel.

566. — L'accent tonique porte toujours sur la dernière syllabe d'un mot, ou sur la pénultième syllabe de ce mot :

Sur la dernière, si elle est sonore ou masculine : *cité, esprit, vertu, je montai, tu vainquis, il aima;*

Sur la pénultième, si elle est muette ou féminine : *la joie, la tête, le chêne, l'incendie, nous vainquîmes, vous aimâtes.*

567. — Les syllabes qui sont affectées de l'accent tonique, peuvent être considérées comme *longues* : car elles servent de point d'appui à la voix, et quand on les prononce, il se fait un léger repos. Mais il est aussi d'autres syllabes qui sont *longues*, soit parce qu'elles sont formées d'articulations qui ne sont susceptibles de se prononcer qu'avec lenteur, *châ* dans *château*, par exemple ; soit parce qu'elles sont immédiatement suivies de ces mêmes articulations, par exemple, *lâcher*.

568. — Il y a donc deux sortes de longues, les unes *par accent*, les autres *par articulation*. Mais si les deux sortes figurent dans le même mot, comment devra-t-on les prononcer ? On prolongera leur durée, moins toutefois au commencement ou au milieu des mots, qu'à la fin : car, comme on l'a déjà indiqué, c'est toujours vers le repos pénultième ou final, que la voix se précipite comme à son repos naturel. — Quant aux mots dont la pénultième serait doublement longue, c'est-à-dire longue par accent et longue par articulation (*défendre*, par exemple), on conçoit que, pour les prononcer convenablement, il faille fortement appuyer sur cette pénultième, en raison du double motif que l'on a d'observer sa quantité comme *longue*.

569. — Voici maintenant la série des principales syllabes longues par articulation. Nous les appellerons *fondamentalement longues*, pour les distinguer de celles qui ne le sont qu'accidentellement, et seulement à cause de l'accent tonique.

Sont fondamentalement longues :

1° Toutes les syllabes nasales, quand elles sont suivies d'une ou de plusieurs consonnes : *am-bre, tem-ple, patien-ce*, etc.

2° Les syllabes qui sont affectées d'un accent circonflexe : *â-ge, rô-le, albâ-tre, lâ-cher, impôt, intérêt*, etc.

Il faut excepter, 1° les deux premières personnes du pluriel du passé défini et la troisième personne du singulier de l'imparfait du subjonctif : *nous allâmes, vous reçûtes, qu'il chantât* ; — 2° les syllabes marquées de l'accent dans les mots *aumône, hôtel, rôti, paraître, côteau, hôpital, Pentecôte*, et les dérivés *aumônerie, disparaître*, etc. ; — 3° les syllabes où l'accent circonflexe porte sur les voyelles *i* et *u*, parce que cet accent n'influe en rien sur la quantité de ces voyelles.

3° Toutes les syllabes pénultièmes appuyées sur des articulations peu susceptibles de se prononcer avec rapidité, ce qui a lieu aussi pour quelques syllabes initiales ou antépénultièmes.

Cette troisième catégorie, à laquelle nous joindrons aussi quelques finales, donne lieu aux considérations suivantes :

I. *A* est long dans :

Able, finale des substantifs de deux syllabes : *diable, fable, sable*, et les dérivés ; excepté *table* et les dérivés.

Abre, abrer, adre, adrer, avre, avrer, comme *cabre, cabrer, cadre, cadrer*, etc. et les dérivés ; — mais dans *escadre* et *ladre* il est bref.

Aille, finale des substantifs *bataille, taille*, etc. et leurs dérivés ; excepté *médaille, représailles*. — Les noms propres suivent la même prononciation : *Noailles, Versailles*, etc. Toutefois *a* s'est beaucoup adouci dans ceux de ces mots qui ont plus de deux syllabes.

Les substantifs terminés en *ail* prennent l'*a* doux : *corail, émail*, etc.; — mais, au milieu des mots, *ail* est grave ou doux selon que ces mots expriment ou non une idée désagréable :

1. Haillon, brailleur, brailler, rimailleur, etc.
2. Caillou, maillot, ailleurs, tressaillir.

Are et *arre*, finales des substantifs de deux syllabes, dont l'*a* n'est point initial, *gare, tare, rare, barre*, etc. — Ajoutez le verbe *je narre* et les dérivés : excepté *narration, narratif*, etc.

Ar et *arr*, précédés d'une consonne, et suivis du son de l'*o* naturel ou de l'*o* nasal : *barreau, carreau, baron, marron*, etc. — Excepté *maraud, marotte, parole*.

As, finale des substantifs : *amas, tas, pas, repas, passer, trépasser*, etc. et les dérivés. Toutefois plusieurs mots en *as* se sont fort adoucis : *ananas, cadenas, cervelas, chasselas, embarras, fatras, matelas, tracas* et *verglas*. — Dans le mot *bras*, *a* se prononce tout à fait doux.

Ase ou *aze*, finale des substantifs et des verbes : *base, emphase, gaze, vase, écrase ; embraser, gazer, évaser* et les dérivés.

Asion, assion, ation : occasion, passion, nation, domination, etc. et les dérivés, *passionné, national*, etc., sauf pourtant ceux où *ion* se perd entièrement, comme *natif, dominateur*, etc.; ici l'*a* se prononce doux.

II. *Ai*, son composé, est ouvert et long, lorsqu'à la fin des mots il est suivi d'une consonne finale articulée, ou, ce qui revient au même, d'une syllabe muette finale : *air, Aix, glaive, affaire*, etc.

Remarquez que *ai*, qui est fermé dans *j'ai, j'aimerai, je donnerai*, devient ouvert et long, quand le pronom vient après ces verbes : *ai-je, aimerai-je*, etc.

III. *Au*, son composé, prend une intonation généralement forte ; mais il s'adoucit 1° devant la lettre *r* : *Laure, aurore, centaure*, etc.; — 2° au commencement des mots, devant le *g* guttural ou devant la syllabe *to : augural, augmenter, automne*, etc.; — 3° devant l'articulation composée *st : austère, caustique, Austerlitz*, etc.

IV. *E* est long quand il est suivi d'une consonne finale articulée, ou, ce qui revient au même, d'une syllabe finale muette : *fier, enfer, fidèle, collége*, etc.

On peut rapporter à cette règle, *e* des verbes *aimé-je, veillé-je*, etc., parce que le pronom *je* est censé ne faire qu'un avec le verbe auquel il est joint ; il forme une syllabe sourde sur laquelle s'appuie l'*e* final du verbe, ce qui rend cet *e* long, tandis qu'il est muet dans l'ordre naturel de la phrase : *j'aime, je veille*.

Exception. On fait *e* bref devant un *l* qui termine un mot, ou devant deux *l* ou deux *t* suivis d'un *e* muet final : *hôtel, nouvelle, j'achette*.

V. *Eu*, son composé, est long :

1° Au commencement des mots : *euphonie, Euménides, Euphrasie*, etc.

2° Dans les monosyllabes ou à la fin des mots, pourvu qu'aucune consonne ne se fasse entendre après *eu* : *lieu, bleu, adieu, cheveu, lieue, queue, je veux, tu peux, malheureux, dangereux*, etc.

3° Devant la diphthongue-consonne (1) *tr* : *feutre, neutre, calfeutrer*, etc.

4° Enfin, devant l'articulation molle de *z*, lorsqu'elle remplace *s* ou *x* : *creuse, creuser, gracieusement, deuxième, deuxièmement*, etc.

VI. *O* est grave :

1° A la fin des mots, pourvu qu'aucune consonne ne se fasse entendre à la suite : *écho, duo, numéro, lot, pot, galop, abricot*, etc.

2° Dans toute espèce de noms singuliers en *os*, que le *s* soit muet ou se fasse sentir :

Dos, gros, os, repos, etc.

Délos, Paros, Minos, Rhinocéros, etc.

même règle pour les dérivés *dossier, grossier, osseux*, etc.

3° Dans les terminaisons en *ose, oser, osier* : *chose, glose, poser, déposer, gosier, rosier*, etc.

4° Enfin, dans les trois terminaisons *osion, otion, osité* : *explosion, émotion, curiosité*, etc.

DE LA VARIÉTÉ DES SONS.

570. — La variété des sons est sans aucun doute une source d'harmonie pour une langue ; c'est là une des richesses de la nôtre. Trois de nos voyelles simples prennent, en effet, deux inflexions diverses, selon qu'elles sont fortes ou graves, douces ou aiguës ; l'une de ces voyelles, l'*e* va jusqu'à se nuancer de quatre manières différentes, et parmi nos voyelles composées, *eu* offre aussi deux sons distincts, selon qu'il est grave ou aigu.

Nous devions indiquer ces nuances précieuses, généralement négligées dans les provinces du midi de la France, et souvent mal appliquées dans celles du nord. Ne pouvant donner ici un traité de prosodie, nous avons offert, dans le cadre étroit qui précède, celles de nos syllabes qui sont à la fois longues et graves, c'est-à-dire dont la prononciation exige deux conditions : d'abord qu'on leur donne la durée qu'elles réclament comme longues, ensuite qu'on les prononce avec la modification de son qu'elles réclament comme graves. On sent, en effet, que, pour prononcer convenablement les mots *mâle*, et *malle*, *mâtin* et *matin*, par exemple, il ne suffit pas de donner à l'*a* circonflexe et à l'*a* ordinaire leur durée de son respective ; mais qu'il faut en outre donner au premier le son plein et nourri qui le caractérise, et

(1) On appelle diphthongue-consonne, toute espèce d'articulation composée, dont la seconde est un *l* ou un *r* ; et c'est à l'une de ces deux lettres qu'on doit la reconnaître. Tels sont : *bl, br, cl, cr, dr, fl, fr*, etc.

au second ce son moins large, moins sonore, qui se rapproche de l'è ouvert.

On aura donc égard, dans l'émission de nos sons graves, non-seulement à la *quantité*, mais aussi à la *qualité;* deux choses distinctes, comme on l'a vu, et également importantes, parce qu'elles concourent l'une et l'autre à prévenir le pire des inconvénients pour une oreille délicate, l'uniformité ou la monotonie.

Mais en quoi consistera, dans la prononciation, la différence des sons graves, comparés avec les sons doux? Nous allons tâcher de l'indiquer.

A grave, a, comme on l'a déjà dit, un son plein, nourri, sonore, tandis que *a* doux se rapproche davantage de l'*è* ouvert.

E grave et son homonyme *ai* ont également un son plein et ouvert, mais seulement lorsqu'ils précèdent une syllabe muette: *fête, tête, tempête.* — Dans *fêter*, *prêter*, par exemple, l'*e* subit l'influence du son qui suit, et se prononce entièrement fermé.

Eu, grave, se rapproche beaucoup de notre *u* ordinaire; au lieu que doux, il a le son de *e* demi-muet. L'intonation forte ou grave est plus fermée que la douce; (comparez les mots *lieu, creuse,* avec *sœur, bonheur*, etc.)

Enfin *o* grave et son homonyme *au* offrent, comme *eu* grave, un son moins plein, moins large que l'*o*, doux ou aigu; (comparez *dos, chose,* avec *or, dot*, etc.)

Telles sont les nuances à observer dans la prononciation de nos sons graves. Pour ceci, comme pour la durée des sons, on devra éviter avant tout de donner dans l'affectation et l'emphase. Enfin la voix offrira des nuances plus ou moins fortes, plus ou moins tranchées, selon qu'il s'agira du discours soutenu, du débit public, ou du discours familier, de l'usage ordinaire de la vie.

RÉSUMÉ SYNTHÉTIQUE

SUR LA CONSTRUCTION LOGIQUE DE LA PHRASE ET LES LOIS DU STYLE.

571. — Pour bien saisir l'importance de l'*Art d'Ecrire*, il ne suffit pas d'étudier, dans une sèche analyse, les règles que la grammaire nous fournit. On parvient sans doute, par un examen des détails, à rectifier les locutions vicieuses, à bannir les tours surannés, à ne rien exprimer qui ne soit conforme à la pureté de la langue, et c'est assez pour le commerce ordinaire de la vie, pour la conversation, pour les lettres familières, pour tous les genres, en un mot, où l'élévation dans la pensée pourrait être déplacée, et où l'apprêt jetterait de l'embarras. Mais dans le discours soutenu, dans toutes les occasions où l'on aspire à la publicité, lorsqu'il faut exciter de l'intérêt, raconter, ou persuader, on risque de manquer le but, si l'on n'a appris, par un long exercice, à assouplir la langue et à la maîtriser, car elle se prête difficilement aux exigences de la pensée, et tous les efforts de l'écrivain doivent tendre à la dominer.

On a pu reconnaître déjà que la plupart des règles ont pour portée de donner au discours la plus grande clarté possible. C'est par là que la langue française se distingue de toutes les autres. C'est son individualité, son cachet propre; elle évite tout ce qui sent la contrainte, tout ce qui pourrait offrir de l'ambiguïté. Elle exige que le sens se manifeste, à mesure que la phrase se développe; elle ne veut point qu'il reste longtemps suspendu et comme arrêté dans des circonlocutions périlleuses.

Outre cette qualité générale, qui doit primer dans tout écrit, il faut encore assortir le discours au sujet que l'on traite; il faut faire passer dans les autres les sentiments dont on est affecté. Les mouvements emportés de l'âme, la haine, l'indignation, l'enthousiasme, ne s'expriment pas comme la dilatation de la joie, comme les sentiments calmes et réfléchis.

Ainsi deux choses font toute la beauté du style, ou du discours écrit : la *netteté* et le *caractère*.

572. — La *netteté* du style demande que l'on dégage le discours de toute superfluité; que le rapport des mots ne soit jamais équivoque, et que toutes les phrases, construites les unes pour les autres, marquent sensiblement la liaison et la gradation des pensées.

573. — Le *caractère* du style doit se former de la nature du sujet et des sentiments de l'écrivain. C'est à l'objet qu'on a en vue, à l'intérêt qu'on y prend, aux circonstances où l'on parle, d'indiquer ce qui peut animer le récit, jeter du charme dans la pensée. Dans un cas donné, quel qu'il soit, il y a toujours une expression qui est la meilleure, et qu'il faut savoir saisir.

On atteindra ce double but, en étudiant la *construction logique* de la phrase et les *lois du style*.

I. — DE LA CONSTRUCTION LOGIQUE DE LA PHRASE.

574. — Par *construction logique*, on entend l'ordre que le génie de la langue impose dans le discours aux mots ou aux propositions qui doivent y figurer. Or, cet ordre qu'il est si essentiel de connaître pour s'exprimer avec clarté et avec justesse, ne se présente pas toujours de lui-même. Souvent les idées se pressent; l'écrivain n'en saisit point l'importance relative, et quand il la saisirait, les difficultés de la langue apportent quelquefois de si grands obstacles à l'expression, qu'il est contraint de faire fléchir les vues de l'esprit devant un caprice de la grammaire.

Ainsi, la multiplicité des particules hérisse la phrase de mots disgracieux ; les conjonctions la torturent péniblement ; les auxiliaires alourdissent le verbe ; les pronoms personnels *je, tu, il, elle,* etc. sont une source d'équivoques, d'embarras, de difficultés.

Il est donc important de réunir dans un même cadre les principales observations qui résultent de l'analyse, comparée avec la syntaxe. Cette première étude ouvrira la voie aux travaux ultérieurs qu'on pourra s'imposer.

DES ÉLÉMENTS DE LA PHRASE.

DU SUJET.

575. — L'ordre direct des idées fixe ordinairement la place du sujet avant le verbe. Il est cependant des cas où il convient mieux de le placer après :

1° Si le sujet est suivi d'un ou de plusieurs compléments ou d'une phrase incidente, qui rejetterait le verbe à une distance trop éloignée, on doit intervertir l'ordre direct et placer le sujet et ses compléments après le verbe :

> Défions-nous des conseils que ceux qui ont quelque intérêt à nous tromper *nous donnent.*
>
> Il fit revivre les lois, dont les magistrats qui l'avaient précédé dans cette charge *s'étaient écartés.*

Ces phrases présentent quelque chose d'incorrect, parce que les verbes *nous donnent* et *s'étaient écartés* sont trop éloignés des sujets *ceux* et *les magistrats;* ils forment une chute vicieuse, en ce qu'ils sont disproportionnés de longueur avec les propositions incidentes qui les précèdent. Il faut donc les déplacer et mettre après eux les sujets et les compléments :

> Défions-nous des conseils que nous donnent ceux qui ont quelque intérêt à nous tromper.
>
> Il fit revivre les lois dont s'étaient écartés les magistrats qui l'avaient précédé dans cette charge.

2° S'il y a deux sujets consécutifs, séparés de leurs verbes par des propositions incidentes, on ne doit déplacer que l'un des deux :

> *La Grèce,* d'où tant de *grands hommes* qui ont servi de modèle à toute l'Europe *sont sortis, fut* cependant la proie des barbares ;

Dans cette phrase les deux verbes *sont sortis* et *fut* sont séparés des deux sujets consécutifs *la Grèce* et *grands hommes* ; il suffira pour la correction de déplacer l'un des deux sujets et son complément :

> La Grèce, d'où sont sortis tant de grands hommes qui ont servi de modèle à toute l'Europe, fut cependant la proie des barbares.

DE L'ADJECTIF.

576. — Ce que nous avons dit (*page* 113) de l'adjectif, suffit pour

faire connaître que la place de ce mot, avant ou après le substantif, n'est nullement indifférente, et qu'elle change souvent le sens de la locution. Nous devons y ajouter les observations suivantes de M. Sélis, où la question est envisagée sous le rapport du goût.

« La place de l'épithète (adjectif) avant ou après le substantif, n'est pas un si grand secret. Je pense que c'est tantôt l'oreille qui la détermine, tantôt le sentiment, quelquefois l'imagination, souvent l'usage seul, maître d'étendre à son gré l'acception primitive des mots par l'ordre dans lequel il les présente. *Un auteur téméraire* blesserait un peu l'harmonie qui est sauvée par *un téméraire auteur. Quatre rideaux pompeux* se prononce avec un faste bien plus sonore que *quatre pompeux rideaux.* C'est l'euphonie qui ne veut pas que l'on dise *le commun bruit, le commun bien.* L'humeur a énoncé l'adjectif le premier dans *l'obstiné vieillard* (*Fourberies de Scapin*). *Le vieillard obstiné* est une construction régulière, froide, qui ne sent pas la fâcherie. La fâcherie, qui se montre d'abord sur le front, dans le regard, dans le geste du valet impatienté, doit aussi se montrer d'abord dans le discours qu'on lui prête. *Un faible enfant* excite l'attention et inspire l'intérêt, bien autrement qu'*un enfant faible.* Par cette construction, la pitié naît dans le cœur avant que l'objet de ce sentiment soit exprimé. Andromaque place bien l'épithète lorsque, ayant sous les yeux le tombeau qui recèle son fils, elle apostrophe ainsi Ulysse :

Ces farouches soldats, les laissez-vous ici?

« Ce qui a frappé avant tout les yeux et occupe encore l'âme de cette tendre mère, c'est l'air sinistre de ces Grecs ennemis. Chacun sait enfin que *galant homme* et *homme galant* ne signifient pas la même chose, et n'ont de commun entre eux que d'exprimer en général un caractère plus ou moins facile. »

DU VERBE.

577. — 1° L'emploi des temps du verbe a été suffisamment indiqué quant à leurs rapports grammaticaux. Il nous reste à faire connaître l'usage qu'on en peut faire quelquefois, pour donner une forme plus pittoresque au discours :

Mais *hier*, il m'*aborde*, et me tendant la main ;
Mon ami, me dit-il, je vous *attends demain* (Boileau).

Hier est un passé, *demain* un futur; cependant les deux verbes sont au présent, ce qui rend la narration beaucoup plus vive.

Le passé défini convient seul au récit sévère de l'histoire, et ne peut être suppléé par le passé indéfini. Mais dans les mouvements oratoires, ce dernier rapproche les époques et nous met les faits sous les yeux :

La cour, qui lui préparait à son arrivée les applaudissements qu'il méritait, fut surprise de la manière dont il les reçut. La reine régente lui *a témoigné* que le roi était content de ses services (Bossuet).

Le futur rejeté dans le passé ne contribue pas moins à varier la narration et à ouvrir à l'esprit une sorte de perspective :

> Pompée triomphait facilement des pirates et du roi de Pont ; mais bientôt son génie *reculera* devant celui de César, et sa fortune *s'abîmera* aux plaines de Pharsale.

2° Quant à la place du verbe, lorsqu'on ne peut, à cause de sa nature, le placer avant le sujet, et que cependant cette transposition est exigée par la présence d'une préposition incidente, il faut le mettre sous forme d'impersonnel ou prendre un autre tour.

Si l'on avait à rectifier cette phrase :

> Une foule de malheurs, dont nous accusons la fortune et dont nous trouverions la cause dans notre imprévoyance et dans notre immodération, *nous arrivent.*

Comme on ne peut transposer ce verbe dans sa forme actuelle, on choisira, par exemple, un de ces deux tours :

> *Il nous arrive* une foule de malheurs, etc.
>
> *L'homme succombe sous* une foule de malheurs dont il accuse la fortune et dont il trouverait la cause dans son imprévoyance et dans son immodération.

3° Souvent l'inversion du verbe a pour but de produire un tableau. Ainsi Fléchier a dit :

> Déjà *prenait* l'essor pour se sauver dans les montagnes, cet aigle, dont le vol hardi avait d'abord effrayé nos provinces.

L'orateur, vivement préoccupé de la fuite de l'ennemi, s'attache à cette idée pour l'exprimer la première, et nous présente ainsi un modèle heureux d'inversion.

4° Dans certaines phrases qui ont la forme d'imprécation, on place le verbe avant le sujet, et l'on supprime la conjonction *que* :

On dira donc : *Périsse* le lâche qui trahit sa patrie ;
au lieu de : Que le lâche qui trahit sa patrie, *périsse.*

DE L'ATTRIBUT.

578. — L'attribut, qui devrait toujours venir après le verbe, reçoit une autre place dans les cas ci-après :

1° On commence quelquefois la phrase par l'attribut, pour le rapprocher du sujet dont il serait séparé par quelque incident trop long ; et alors il est plus élégant de supprimer le verbe *être* :

> *Heureux* le peuple, chez qui l'on ne connaît de souverain que la justice et la loi ;

au lieu de : Le peuple chez qui l'on ne connaît de souverain que la justice et la loi, est *heureux.*

2° On déplace aussi l'attribut, afin de rapprocher le sujet de son verbe :

Illustré par tant de hauts faits, *admiré* de tous les grands, *adoré* de tous les citoyens, *investi* de tous les pouvoirs, *maître* de tous les esprits, César n'avait plus qu'un pas à faire pour parvenir au trône.

au lieu de : César *illustré* par tant de hauts faits, *admiré* de tous les grands, etc., n'avait plus qu'un pas à faire, etc.

3° On place encore l'attribut avant le sujet, pour rapprocher cet attribut d'un régime placé par inversion au commencement de la phrase :

De quelle faute ne s'est pas rendu *coupable celui* qui a commandé ces massacres ?

et non : de quelle faute celui qui a commandé, etc., ne s'est-il pas rendu coupable?

4° Enfin, l'attribut se place au commencement de la phrase, lorsqu'il est modifié par les adverbes *quelque* et *tout*; et cette inversion est plus élégante que la construction directe :

Quelque courte que soit la vie, la plupart des hommes ne savent pas en profiter.

Tout enorgueillie qu'était Rome, elle redoutait Carthage.

DU RÉGIME DIRECT.

579. — Le régime direct peut se placer au commencement d'une phrase :

1° Lorsqu'il présente l'idée dominante, et alors on le détache en le remplaçant par un pronom :

Le perfide ! nous *le* suivions avec confiance;

au lieu de : Nous suivions *le perfide* avec confiance.

2° Lorsqu'il est suivi d'un infinitif qui en est le complément, et dont une proposition incidente le séparerait trop :

Ces mêmes hommes dont vous avez tant admiré les discours, *vous les verrez* peut-être se *déshonorer* par leurs actions ;

au lieu de : Vous verrez peut-être *ces mêmes hommes* dont vous avez admiré les discours, *se déshonorer* par leurs actions.

DU RÉGIME INDIRECT.

580. — On commence une phrase par le régime indirect, quand ce régime est lié par quelque rapport à la phrase qui précède; on dira donc :

A cette circonstance ajoutons-en une autre, non moins favorable à ma cause ;

au lieu de :

Ajoutons une autre circonstance non moins favorable à ma cause, *à celle-là*.

2° On déplace encore le régime indirect pour grouper les idées drincipales, que les incidents sépareraient trop; on dira :

A Romulus succéda Numa, dont la sagesse fait encore aujourd'hui l'objet de notre admiration ;

au lieu de :

Numa, dont la sagesse, etc., *succéda à Romulus*.

DES COMPLÉMENTS LOGIQUES.

581. — Modification du substantif. 1° Tout substantif qui sert à modifier un sujet ou un régime ne peut être séparé du terme qu'il modifie. On ne dira pas :

Le *roi* ambitieux et téméraire de *Suède* entreprit une guerre funeste ;

mais : *le roi de Suède*, ambitieux et téméraire, etc.; ou bien : l'ambitieux et téméraire *roi de Suède*, entreprit, etc.

2° Il ne faut pas multiplier sans nécessité les épithètes ou adjectifs, car tout mot surabondant nuit à la liaison des idées, et jette de la disproportion entre les parties d'une phrase ; on ne dira donc pas :

On trouve dans la Bruyère des peintures *vives, brillantes, et vraies des mœurs*.

Il serait mieux de retrancher quelque chose d'un côté, et d'ajouter de l'autre en disant :

On trouve dans la Bruyère des peintures vives et brillantes des mœurs de son siècle.

582. — Modifications du verbe. Un verbe peut avoir un premier complément, *j'envoie ce livre ;* un second, *à votre ami ;* un troisième, *pour lui faire plaisir ;* un quatrième, *par une commodité*. Il semble d'abord qu'il suffirait d'ajouter toutes ces choses les unes aux autres, et cependant personne ne se permettrait cette phrase : *j'envoie ce livre à votre ami, pour lui faire plaisir, par une commodité*. Il y a donc des règles à observer pour fixer l'emploi de ces modifications.

1° La multitude des rapports est un défaut, parce qu'elle altère la liaison des idées, et cette altération commence lorsqu'on dépasse le troisième rapport.

Je puis dire également : *J'envoie ce livre à votre ami pour lui faire plaisir ;* et, *j'envoie ce livre à votre ami par une commodité*. Chacun de ces rapports est suffisamment lié au verbe qui n'est pas fort éloigné. Mais si je veux rassembler dans la phrase toutes les circonstances, les moyens et la fin, la différence de ces rapports fait perdre de vue leur liaison avec le verbe. Lors donc que je dis : *j'envoie ce livre à votre ami pour lui faire plaisir, par une commodité*, les idées *pour lui faire plaisir, par une commodité*, terminent mal la phrase, parce qu'elles n'ont aucun lien entre elles, et qu'on oublie le verbe séparé de ce dernier terme par tant de rapports différents.

2° On peut, en usant d'une transposition, modifier le verbe par quatre rapports ; il suffit pour cela d'en placer un devant lui :

Pour faire plaisir à votre ami, je lui envoie ce livre par une commodité.

Mais cette transposition ne peut pas toujours s'exécuter; on n'est pas libre dans toute proposition de changer la place des idées surajoutées; le plus sûr est d'employer sobrement des rapports si divers. Il faut qu'une phrase paraisse faite d'un seul jet; il ne faut pas y revenir à plusieurs reprises. Or, quand on ajoute à la fin plusieurs idées à un sens fini, il semble qu'on ait oublié ce qu'on veut dire, et qu'on soit obligé d'y revenir à plusieurs fois.

DE LA PROPOSITION.

583. — Toute pensée peut être rendue par une proposition, mais si l'on voulait isoler toutes les propositions les unes des autres, le discours serait si haché que l'esprit ne pourrait saisir le lien des pensées, et serait rebuté par la monotonie.

Il importe donc d'examiner comment les propositions s'enchaînent entre elles, et cet examen doit successivement s'appliquer aux diverses espèces de propositions.

DES PROPOSITIONS PRINCIPALES.

584. — Les propositions principales se lient :

1° Par la gradation des idées. Il suffit dans quelques circonstances de disposer ses pensées dans une sorte de progression, pour mettre en évidence le lien qui les unit :

D'un côté, l'âme donne son attention, elle compare, elle juge, elle réfléchit, elle imagine, elle raisonne; de l'autre, elle a des besoins, elle a des désirs, elle a des passions, on voit par là qu'elle pense.

2° Par l'opposition :

Le désœuvrement fait sentir le poids des grandeurs : l'occupation les rendrait plus faciles à supporter;

Une philosophie peu éclairée éloigne l'homme de la religion : une philosophie bien entendue l'y ramène.

3° Par les conjonctions. Il faut observer ici que les conjonctions toutes seules ne suffisent pas pour unir des propositions. Le lien ne doit pas être seulement dans la forme, mais aussi dans la pensée. Les exemples suivants nous montrent, l'un la gradation des idées, l'autre l'opposition comme servant à fortifier la conjonction :

Les Macédoniens savent comprendre des hommes, *mais* les Scythes savent combattre la faim et la soif.

Un nouveau phénomène paraît; chacun en parle, chacun veut l'observer, *puis* on le laisse par lassitude.

4° Enfin plusieurs propositions peuvent être liées, par cela seul qu'elles s'expliquent les unes les autres :

> Chaque espèce commence où une autre finit : rien ne ressemble plus à des animaux que certaines plantes ; rien ne ressemble plus à des plantes que certains animaux ; il y a des corps organisés qui diffèrent à peine des corps bruts.

On a pu remarquer que tous ces exemples n'offrent que des propositions principales ; néanmoins elles n'ont rien de disgracieux, parce qu'elles sont suffisamment liées entre elles.

DES PROPOSITIONS SUBORDONNÉES.

585. — Un grand défaut à éviter, c'est d'enchaîner une suite de propositions successivement subordonnées les unes aux autres :

> La volonté de Dieu étant toujours juste et sainte, elle est aussi toujours admirable, toujours digne de soumission et d'amour, *quoique* les effets nous en soient quelquefois durs et pénibles ; *puisqu'il* n'y a que des injustes qui puissent trouver à redire à la justice.

La proposition principale est ici : *la volonté de Dieu est toujours admirable.* Elle est précédée d'une proposition elliptique, et suivie de deux subordonnées ; retranchez celle-ci *puisqu'il n'y a*, etc., la construction sera bonne ; mais cette dernière proposition répand de l'embarras et de la confusion : de l'embarras, parce qu'elle n'est pas à sa place, car elle se rapporte immédiatement à la principale ; de la confusion, parce qu'elle paraît d'abord se rapporter à la subordonnée qui la précède. On ne corrigerait pas cette faute en faisant une transposition ; mais on tomberait au contraire dans une autre irrégularité. Il n'y a qu'un moyen de corriger la phrase, c'est de dire :

> La volonté de Dieu étant toujours juste et sainte, est toujours digne de soumission et d'amour, quoique les effets en soient quelquefois durs et pénibles ; il n'y a que des âmes injustes qui puissent trouver à redire à la justice.

Ainsi, en retranchant la conjonction, on fait de la proposition subordonnée une proposition principale, et néanmoins elle est suffisamment liée par le sens à ce qui précède.

On peut conclure de là que, lorsqu'une pensée se lie naturellement à d'autres, il faut bien se garder de la rendre par une proposition subordonnée. Si les conjonctions n'embarrassent pas le discours, elles le rendent au moins languissant.

DES PROPOSITIONS INCIDENTES.

586. — La place d'une proposition incidente est après le substantif qu'elle modifie ; mais il n'est pas de rigueur qu'elle lui soit immédiatement liée :

Si nous vous reprochons sans cesse des mouvements d'habitude dont vous devriez vous défaire, c'est que vous songez peu à vous corriger.

Le pronom relatif *dont* qui commence la phrase incidente ne se rapporte pas à *habitude*, mais à *mouvement* qui est placé un peu avant, et l'esprit remonte sans peine à ce mot. En général, une phrase incidente ne doit modifier qu'un substantif qui a besoin de développement, et le sens de la phrase le fait assez connaître.

Ainsi, dans cette phrase de Bossuet :

Il a fallu avant toute chose vous faire lire dans l'Écriture, l'histoire du peuple de Dieu, qui fait le fondement de la religion;

on sent bien que les mots *peuple* et *Dieu* n'ont besoin d'aucune modification, et que si l'auteur a voulu y introduire une phrase incidente, cette phrase ne pouvait tomber que sur le substantif *histoire*. On serait choqué de cette construction :

Vous avez appris l'histoire du peuple de Dieu qui est le créateur du ciel et de la terre.

C'est donc une règle de rapporter le pronom relatif au substantif le plus éloigné, toutes les fois que le dernier nom ne demande aucun développement.

Le contraire a lieu dans quelques cas, tels que celui-ci :

On vous a montré avec soin l'histoire de ce *grand royaume*, *que* vous êtes obligé de rendre heureux;

parce que l'adjectif démonstratif *ce* appelle la proposition incidente sur le mot *royaume*.

2° On doit éviter avec soin tout enchaînement de propositions dépendantes les unes des autres, comme dans cette phrase :

Il faut se conduire par les lumières de la foi, *qui* nous apprennent *que* l'insensibilité est d'elle-même un très-grand mal, *qui* doit nous faire appréhender cette menace terrible *que* Dieu fait aux âmes *qui* ne sont pas assez touchées de sa crainte (NICOLE).

Dans cette phrase les idées sont mal liées : l'esprit s'écarte insensiblement du point d'où il est parti, et oublie le rapport qui unit toutes ces propositions. En effet, le premier *qui* se rapporte à *lumières*, le second à *grand mal* ou à *insensibilité*, le troisième à *menaces* et le dernier à *âmes*. N'eût-il pas été plus convenable de dire :

Il faut se conduire par les lumières de la foi, qui nous apprennent que l'insensibilité est d'elle-même un très-grand mal; et qu'elle nous doit faire appréhender cette menace terrible, que Dieu fait aux âmes trop peu touchées de sa crainte.

Une suite de pronoms relatifs n'est permise que lorsque plusieurs propositions incidentes peuvent se rapporter à un seul substantif, comme dans les vers suivants de Boileau :

Tel fut cet empereur sous *qui* Rome adorée,
Vit renaître les jours de Saturne et de Rhée,

Qui rendit de son joug l'univers amoureux,
*Qu'*on n'alla jamais voir sans revenir heureux,
Qui soupirait le soir si sa main fortunée
N'avait par ses bienfaits signalé sa journée.

Tous ces *qui* se rapportent à *empereur*, ceux qui en sont le plus loin, comme celui qui en est le plus proche; cette construction est correcte.

Ces divers exemples suffisent pour montrer que la beauté des constructions dépend toujours de l'ordre et du lien des idées; le lecteur est fatigué des efforts d'un écrivain, parce qu'il les partage.

DES PÉRIODES.

587. — On appelle *période* un assemblage de phrases et de propositions qui, liées entre elles, forment un sens total par le rapport qu'elles ont les unes avec les autres.

Dans une période, plusieurs propositions de différentes espèces concourent au développement d'une seule pensée; elles forment un discours dont les principales parties, sans avoir un sens fini, sont distinguées par des repos plus ou moins marqués. Or, ces différentes parties sont ce qu'on appelle *membres*.

> Quoique le mérite ait ordinairement un avantage solide sur la fortune, cependant nous donnons toujours la préférence à celle-ci;

voilà une période qui renferme deux membres : *quoique le mérite ait ordinairement un avantage solide sur la fortune*, c'est le premier membre; *cependant nous donnons toujours la préférence à celle-ci*, c'est le second.

Une période peut avoir un plus grand nombre de membres, trois par exemple, quatre ou davantage, mais il est inutile de les compter; il suffit de lier les idées, et il serait ridicule de s'occuper du nombre des phrases ou des mots. Voici une longue période qui est fort bien faite :

Déjà plus d'une fois retournant sur mes traces,
Tandis que l'ennemi, par ma fuite trompé,
Tenait après son char un vain peuple occupé,
Et gravant en airain ses frêles avantages,
De mes Etats conquis enchaînait les images,
Le Bosphore m'a vu, par de nouveaux apprêts,
Ramener la terreur du fond de ses marais,
Et chassant les Romains de l'Asie étonnée,
Renverser en un jour l'ouvrage d'une année (RACINE).

On voit que, dans une période, tous les membres doivent être distincts et liés les uns aux autres. Quand ces conditions ne sont pas remplies, ce n'est qu'un assemblage confus de plusieurs phrases. En voici un exemple :

Comme les arcs triomphaux des Romains ne se dressaient que pour éterniser la mémoire d'un triomphe, les ornements tirés des dépouilles qui avaient paru dans un triomphe, et qui étaient propres pour orner l'arc qu'on dressait, afin d'en perpétuer la mémoire, n'étaient point propres pour embellir l'arc qu'on ferait en mémoire d'un autre triomphe, principalement si la victoire avait été remportée sur un autre peuple, que celui sur qui avait été remportée la victoire, laquelle avait donné lieu au premier triomphe comme au premier arc (Dubos).

On voit que l'auteur est obscur par les précautions qu'il prend pour se faire entendre. Il veut dire que les arcs triomphaux étant ornés des dépouilles des ennemis, on ne pouvait pas faire servir les mêmes dans des occasions où la victoire avait été remportée sur des peuples différents.

Si l'on étudie les périodes bien faites, on remarquera que les idées principales des différents membres, tendent toutes au même but, et que les modifications qui s'y rattachent, les développent et les arrangent avec ordre autour d'une idée qui est comme un centre commun. C'est pourquoi une période bien faite est appelée une période arrondie :

Celui qui met un frein à la fureur des flots,
Sait aussi des méchants arrêter les complots;
Soumis avec respect à sa volonté sainte,
Je crains Dieu, cher Abner, et n'ai point d'autre crainte (Rac.).

Je ne crains que Dieu, voilà à quoi toute la période se rapporte. Cette idée est la principale du second membre ; elle est naturellement liée à la principale du premier, et les propositions subordonnées la développent et l'arrondissent.

Ce ne serait pas faire une période, ce serait écrire une suite de phrases mal liées, que de dire avec Pascal :

Qu'est-ce que nous crie cette avidité d'acquérir des connaissances, sinon qu'il y a eu autrefois dans l'homme un véritable bonheur, dont il ne lui reste maintenant que la marque et la trace toute vide ; — qu'il essaie de remplir de tout ce qui l'environne ; — en cherchant dans les choses absentes, le secours qu'il n'obtient pas des présentes, et que les uns et les autres sont incapables de lui donner, — parce que ce gouffre infini ne peut être rempli que par un objet infini et immuable.

Les membres principaux ou phrases de cette période sont distingués par des divisions ; on voit que la seconde phrase modifie le dernier nom de la première, que la troisième modifie la seconde, et que la quatrième modifie la dernière partie de la troisième. Ce n'est certainement pas une période arrondie.

DES AMPHIBOLOGIES.

588. — Il y a deux inconvénients à craindre dans les longues périodes : l'un, de tomber dans des équivoques pour éviter les constructions forcées ; l'autre, de faire violence aux constructions pour éviter les équivoques. Ce n'est pas assez qu'une transposition prévienne les doubles sens, il faut encore que les idées se lient également dans l'ordre renversé, comme dans l'ordre direct.

Les équivoques ou amphibologies sont occasionnées par les pronoms personnels *il, elle, lui, eux,* etc.; par les adjectifs possessifs *son, sa, ses;* et par des noms qui ne sont pas dans la place que marque la liaison des idées.

Pronoms personnels. Les pronoms *il, elle,* etc., peuvent donner lieu à des amphibologies, parce que les objets qu'ils expriment étant de la troisième personne, dès qu'il y a dans le discours plusieurs noms du même genre et du même nombre, on ne sait souvent auquel doivent se rapporter ces pronoms. Telle est cette phrase :

> Votre ami a rencontré l'homme qui s'est compromis dans cette affaire; *il* lui a dit qu'*il* tenait de bonne part qu'*il* était menacé d'être arrêté, et qu'*il* avait même ouï dire qu'*il* serait traité en criminel d'Etat.

Le rapport de tous ces *il* n'est pas sensible, et le lecteur est obligé de deviner quels sont ceux qui tiennent la place de *votre ami,* et quels sont ceux qui désignent *l'homme qui s'est compromis.*

1° Lorsque le premier membre d'une période présente des noms subordonnés les uns aux autres, des pronoms différents doivent suivre dans le second membre le même ordre de subordination :

> Le roi fit venir le maréchal; *il lui* dit : etc.

Il est évidemment le roi, *lui* le maréchal. On voit que, dans la seconde proposition, les pronoms différents suivent la même subordination qui existe entre les noms de la première.

Si l'on multiplie les noms et les pronoms, on verra le principe se confirmer :

> Le comte dit au roi que le maréchal voulait attaquer l'ennemi ; et *il* L'assura qu'*il* LE forcerait dans ses retranchements.

Il n'y a point d'équivoque dans cette période, quoique le premier membre renferme quatre noms. La subordination est exacte, parce que les pronoms d'une proposition se rapportent aux noms d'une proposition de même genre; le rapport se fait de la principale à la principale, et de la subordonnée à la subordonnée. *Il l'assura* est la principale du second membre, et les pronoms se rapportent à la principale du premier : *il* à COMTE, *le* à ROI. De même, *qu'il le forcerait* est la subordonnée du second membre, et les pronoms se rapportent à la subordonnée du premier, *il* à MARÉCHAL, *le* à ENNEMI.

En suivant ce principe, on pourra rectifier ainsi la première phrase citée :

RÉSUMÉ SYNTHÉTIQUE.

Votre ami a rencontré l'homme qui *s*'est compromis dans cette affaire; *il* LUI a dit, qu'*il* tenait de bonne part qu'on menaçait de L'arrêter, et qu'*il* avait même ouï dire qu'on LE traiterait en criminel d'Etat.

La symétrie, sans être parfaite, est néanmoins bien observée. Ici les propositions qui suivent *il lui a dit*, sont groupées et subordonnées deux à deux. Dans chaque groupe, les pronoms alternent; *il* désigne toujours VOTRE AMI, *lui* ou *le* désigne L'HOMME QUI S'EST COMPROMIS.

Remarque. Il n'est pas toujours possible de plier toute phrase à cette subordination; on doit alors essayer un autre tour. Tel est l'exemple déjà cité dans la Grammaire au nº 281.

2º Un pronom ne doit pas se rapporter à un nom d'une proposition incidente; car le propre de cette proposition est de n'attirer l'attention que faiblement, en sorte que l'esprit se reporte toujours sur un des noms qui la précèdent, et dont il est préoccupé :

Télémaque, qui s'était abandonné trop promptement à la joie d'être si bien traité par *Calypso*, reconnut la sagesse des conseils que Mentor venait de *lui* donner.

Calypso appartient à la proposition incidente, par conséquent l'esprit ne s'y arrête pas, et il revient à *Télémaque*, auquel il rapporte le pronom *lui*. Cette phrase est donc bien menée; la suivante au contraire présente une construction forcée :

Un auteur sérieux n'est pas obligé de remplir son esprit de toutes les *ineptes applications* que l'on peut faire au sujet de *quelques endroits* de ses ouvrages, et encore moins de *les* supprimer.

les se rapporte à *quelques endroits*, tandis que l'esprit remonterait plus naturellement à *ineptes applications*, si le sens pouvait le permettre. Cette phrase offre donc quelque chose de vicieux.

Adjectifs possessifs. Les adjectifs *son*, *sa*, *ses*, ne sont pas propres à marquer exactement les rapports, lorsqu'il se trouve dans la même phrase deux noms du même genre et du même nombre :

Valère alla chez Léandre ; il y trouva *son* fils.

Il y a ici une équivoque qui devrait être levée par ce qui précède. L'explication serait fautive, si elle ne venait qu'après.

Pour éviter ces ambiguïtés, il n'est pas toujours convenable de répéter les substantifs, comme le font quelques écrivains. C'est là le vrai moyen de rendre le discours lâche et pesant.

Substantifs mal placés. Enfin, une phrase est incorrecte lorsque les mots qui la composent, semblent, au premier coup d'œil, avoir un certain rapport, quoique véritablement ils en aient un autre :

Les femmes ne se sont-elles pas établies elles-mêmes dans cet usage de ne rien savoir, ou par la faiblesse de leur complexion, ou par la paresse de leur esprit, ou par *le talent et le génie qu'elles ont* seulement pour les ouvrages de la main.

Par le talent et le génie qu'elles ont, fait avec tout ce qui précède un sens absurde, et ces tours sont à éviter.

II. — DES LOIS DU STYLE.

589. — L'idée la plus générale que réveille dans l'esprit le mot de style, c'est l'idée d'ordonnance, de symétrie, de combinaison, et par suite l'idée de règle, qui est nécessairement liée à ces trois dernières. Le style est donc, en littérature, l'art de formuler la pensée ; il est serré, concis, énergique, ou bien lâche, diffus et traînant, selon que la pensée est vibrante ou molle ; il est sublime, simple ou tempéré, selon le sentiment individuel que l'écrivain a du beau.

Mais outre ces formes spéciales qui se diversifient en mille manières, il y a dans la mise en œuvre de la phrase certains procédés que tous les bons écrivains emploient généralement, et qui constituent les lois du style ; ces procédés s'appliquent : 1° à la structure de la phrase ; 2° aux tours figurés.

DE LA STRUCTURE DE LA PHRASE.

590. — Cette question embrasse les *mots*, les *sons*, et la *succession des phrases*.

1° Les *mots* doivent se grouper avec symétrie, de façon que la phrase ait un certain équilibre en elle-même, et que les divers membres n'en soient pas disproportionnés entre eux.

Dans toute phrase, tant soit peu ample et composée, il y a une partie principale contenant l'idée-mère, et des parties accessoires contenant les idées supplémentaires. Il ne faut pas que la partie principale, qu'on peut appeler le corps de la phrase, soit, ou par sa brièveté, ou par son développement, hors de mesure avec les parties accessoires, qui sont comme ses membres. C'est dans cette proportion que consiste la régularité du style.

En ce qui touche la place respective des divers membres de la phrase, on peut dire que c'est une règle générale, fondée sur la pratique des grands écrivains, de mettre toujours les plus courts les premiers, et de finir par les plus longs. Il paraît que c'est une chose commode pour l'esprit, de vider d'abord les aperçus étroits et les phrases restreintes, pour donner ensuite toute son attention aux larges vues de la pensée.

2° Si l'on considère le style dans l'emploi des *sons*, on observera que l'une de ses lois est de les varier dans le but d'une certaine harmonie. Ce sont surtout les désinences dont on doit se préoccuper, parce que ces sons restent dans l'oreille, parmi le bruit confus du discours. Il est important de noter, quant à cet objet, que c'est une pratique constante des écrivains de quelque valeur, de ne finir jamais deux membres de phrase qui se suivent, par deux sons de même nature, c'est-à-dire par deux sons pleins, ou par deux *e* muets. Toutefois la règle ne devient d'une rigueur à peu près absolue que pour les deux derniers membres d'une phrase ; ces sons alternés ont bonne grâce dans le milieu d'une période ; ils sont nécessaires à la fin.

3° Quant à la *succession des phrases* on doit éviter de procéder par des voies semblables; c'est-à-dire qu'on ne devra point accumuler, soit une suite de phrases périodiques, soit une suite de petites phrases hachées. Dans le premier cas l'esprit se fatigue à cette revue monotone de longues et traînantes périodes; dans le second, il est disgracieusement surpris par ces coupures multipliées. On doit donc, dans les cas ordinaires, entremêler des phrases de diverse étendue, de manière à reposer agréablement l'attention.

Telles sont les principales règles que l'étude des auteurs peut fournir sur l'économie de la phrase. Les détails plus élevés appartiennent à la littérature, et doivent se puiser dans les sources du beau.

DES TOURS FIGURÉS.

591. — Il n'est pas toujours facile ni convenable de parcourir rapidement dans un discours la suite des idées principales. On parviendrait sans doute, par cette exposition sèche des faits, à rendre sa pensée; mais le style ne présenterait aucun *caractère*. Souvent l'expression aurait de la rudesse, de la trivialité, de l'embarras, de la monotonie, et l'écrivain manquerait le but qu'il se propose, qui est de plaire et de persuader. L'esprit aime au contraire à varier sa marche, tantôt à frapper fortement un coup, tantôt à errer dans de gracieux développements; il *tourne* pour ainsi dire autour des idées, pour saisir les points de vue sous lesquels elles se présentent et se tient les unes aux autres. Voilà pourquoi on appelle *tours figurés* ou *figures*, les différentes expressions dont on se sert pour les rendre et qui leur donnent leur coloris.

Voici en quoi consistent ces tours : souvent on substitue à un nom une périphrase ou circonlocution équivalente; d'autres fois on compare deux idées et on en fait sentir l'opposition ou la ressemblance; quelquefois au lieu du nom de la chose on emploie un terme détourné de sa signification naturelle; dans d'autres occasions on change l'affirmation en interrogation, en doute et réciproquement; tantôt nous donnons un corps et une âme aux êtres insensibles, aux idées les plus abstraites, et nous personnifions tout; enfin nous renversons l'ordre des mots, nous voilons notre pensée pour la dégager ensuite de ses nuages, et nous tenons l'imagination en haleine par mille effets inattendus.

Telles sont, en général, les différentes espèces de tours dont on se sert pour donner au style le caractère propre à chaque sujet. On leur a donné les noms de *périphrase*, *comparaison*, *trope*, *inversion*, *ellipse*, *syllepse*, *pléonasme*. Plusieurs de ces figures, les tropes surtout, appartiennent exclusivement à la rhétorique; aussi doit-on se borner ici à étudier celles qui rentrent dans les éléments de l'*art d'écrire*.

DE LA PÉRIPHRASE.

592. — La périphrase est un développement qui équivaut à un sub-

tantif. Quand on prononce le nom d'une chose, l'esprit ne se porte pas plus sur une qualité que sur une autre, il les embrasse toutes confusément. Il voit la chose, mais il n'y aperçoit point encore de caractère déterminé, les détails lui échappent. La périphrase, au contraire, met en saillie un des côtés de l'objet, en rapproche plusieurs traits, les rend plus distincts et plus sensibles. Ainsi ces mots : *celui qui a créé le ciel et la terre*, sont une périphrase de *Dieu*, et ils nous représentent la divinité avec un de ses attributs les plus majestueux, sa toute-puissance créatrice.

Le choix des périphrases n'est jamais indifférent, et leur application exige de la justesse dans l'esprit. En voici deux parfaitement assorties au sujet :

> Celui qui règne dans les cieux, et de qui relèvent tous les empires, à qui seul appartient la gloire, la majesté, l'indépendance, est aussi celui qui fait la loi aux rois, et qui leur donne, quand il lui plaît, de grandes et de terribles leçons (BOSSUET).
>
> Celui qui met un frein à la fureur des flots,
> Sait aussi des méchants arrêter les complots (RACINE).

Dans ces deux exemples, Dieu est caractérisé bien différemment, et toujours à propos. Mais si l'on essaye de changer les périphrases de l'un à l'autre :

> Celui qui met un frein à la fureur des flots, est aussi celui qui fait la loi aux rois et qui leur donne, quand il lui plaît, de grandes et de terribles leçons;
>
> Celui qui règne dans les cieux et de qui relèvent tous les empires, à qui seul appartient la gloire, la majesté, l'indépendance, sait aussi arrêter les complots des méchants;

Ces périphrases n'ont plus la même grâce; elles paraissent froides, déplacées, et l'on en voit la raison : c'est que le caractère donné à Dieu n'a plus assez de rapport avec l'action de cet être; l'attribut n'est plus assez lié avec le sujet de la proposition.

On peut, après une périphrase, en ajouter une seconde, une troisième, et cela sera bien, pourvu qu'elles expriment chacune, des accessoires qui renchérissent les uns sur les autres; les idées par ce moyen se lieront de plus en plus. Mais au contraire la liaison s'affaiblira, et le style deviendra lâche, si les dernières périphrases ont moins de force que les premières :

> ..... Tandis que libre encor,
> Mon corps n'est point courbé sous le poids des années,
> Qu'on ne voit point mes pas sous l'âge chanceler,
> Et qu'il reste à la parque encor de quoi filer (BOILEAU).

Voilà trois périphrases pour dire : *tandis que je ne suis pas vieux*. La première est bonne parce qu'elle fait image, la seconde est une peinture où les mots *sous l'âge* répètent plus faiblement *sous le poids des années*; enfin la troisième est inexacte, car on peut être vieux quoiqu'il reste à la parque de quoi filer.

DE LA COMPARAISON.

593. — La *comparaison* est une figure qui sert à l'ornement et à l'éclaircissement d'une pensée. Par l'image qu'elle fournit, elle rend plus sensible une qualité, une action, une idée, un sentiment, une vérité abstraite. Si je dis qu'*un héros marche au combat*, qu'*un homme est léger à la course*, je n'exprime rien qui ne soit dans la nature de tous les héros, de tous les hommes légers à la course. Mais si je dis du héros qu'*il vole au combat comme un lion*, de l'homme qu'*il est léger comme un cerf*, ces comparaisons du héros avec le lion, de l'homme avec le cerf, rendent plus sensibles les qualités que je voulais peindre, parce qu'elles rappellent des objets où ces qualités existent éminemment. Les comparaisons sont comme autant de traits de lumière, qui nous montrent dans les deux termes un rapport imprévu e frappant et nous font embellir le premier de tout ce qui nous a séduits dans le second.

La beauté d'une comparaison dépend de la vivacité de l'expression : c'est un tableau dont l'ensemble veut être saisi d'un clin d'œil et sans effort. Mais la justesse d'une comparaison dépend du rapport étroit qui existe entre ses deux termes.

Si l'on assimilait un héros qui vole au combat à un superbe coursier qui s'élance dans la carrière, la comparaison manquerait de justesse ; ces deux termes ne s'appliqueraient pas exactement l'un à l'autre, parce que le coursier n'a pas un rapport sensible avec cette ardeur belliqueuse qui ne connaît aucun obstacle, ne respire que le carnage et répand au loin la terreur. Au contraire, la comparaison avec le lion est juste, parce qu'elle offre tous ces rapports. Le nom seul de l'animal, dont on connaît toutes les qualités, les fait voir tout d'un coup à l'esprit.

DE L'INVERSION.

594. — Le sens total qui résulte de l'assemblage et de la construction des mots, ne peut être entendu qu'après que toute la proposition est énoncée. Alors l'esprit, par un simple regard, aperçoit toute la suite et l'enchaînement des rapports. Quand tous les mots d'une phrase sont exprimés, et qu'ils sont rangés selon l'économie grammaticale, on dit qu'ils sont dans l'ordre direct. Si ces mots ne sont pas rangés selon la suite de leurs rapports, il y a *inversion*, c'est-à-dire que l'enchaînement est renversé ou interrompu.

L'inversion ne doit jamais ôter à l'esprit le plaisir de se savoir gré d'apercevoir le sens, malgré la transposition, et de placer en lui-même, par un simple regard, tous les mots dans l'ordre qui présente le sens naturel.

Cette figure appartient aussi bien au discours familier qu'au style noble et élevé; et lorsque les inversions ne nuisent point à la clarté, il faut les préférer à la construction simple.

Telles sont les suivantes que nous fournit Racine :

On accuse en secret cette jeune Ériphile,
Que lui-même, *captive*, amena de Lesbos.

Ou *lasses ou soumis*,
Ma funeste amitié pèse à tous mes amis.

Laissez, *de vos femmes suivie*,
A cet hymen, sans vous, marcher Iphigénie.

DE L'ELLIPSE.

595. — L'*ellipse* est une figure qui consiste à supprimer des mots qui seraient nécessaires pour rendre la construction pleine, mais dont l'emploi rendrait le discours diffus et traînant :

L'avarice produit quelquefois la prodigalité, et la prodigalité, l'avarice.

L'ellipse consiste ici dans la suppression de deux mots qui sont exprimés dans le premier membre de la phrase, et qui devraient être répétés dans le second, pour rendre la construction pleine ; ces mots sont : *produit quelquefois*.

On peut sous-entendre un substantif ou un verbe, à un nombre différent de celui où il est exprimé dans la phrase :

Le cœur est pour Pyrrhus et les vœux pour Oreste (Racine).

L'esprit supplée facilement le pluriel *sont*, dans le second membre de la phrase, quoique le premier renferme le singulier *est*.

On doit regarder aussi comme des licences excusables, à cause des entraves de la poésie, la suppression d'un mot qui n'est point annoncé par lui-même, comme dans cet exemple :

Et je charge un amant du soin de mon injure ;

c'est-à-dire *du soin* DE VENGER *mon injure*. — Dans la prose soutenue, cette locution serait aussi regardée comme fautive ; mais dans la langue usuelle, le besoin qu'on a communément de dire vite plutôt que de bien dire, a introduit beaucoup plus de ces abréviations que dans la langue soigneusement écrite; aussi le style familier en admet beaucoup plus que le style noble.

DE LA SYLLEPSE.

596. — La *syllepse* est un tour élégant qui a lieu lorsque les mots sont employés selon l'ordre de la pensée, plutôt que selon la rigueur grammaticale. L'esprit préoccupé de l'objet qu'il a en vue lui donne le genre, le nombre, ou tel déterminatif commandé par le sens caché, et non celui qui résulterait de son emploi dans la phrase :

Quand le peuple hébreu entra dans la Terre Promise, tout y célébra *leurs* ancêtres (Bossuet).

ses eût été mieux lié avec le mot *peuple* auquel il a rapport; mais *leurs* représente mieux l'idée des individus dont l'esprit est rempli, et par cette raison ce mot a dû être préféré.

L'emploi de la syllepse est encore très-heureux dans ces vers de Racine :

> Entre le *pauvre* et vous, vous prendrez Dieu pour juge,
> Vous souvenant toujours que caché sous le lin,
> Comme *eux* vous fûtes pauvre et comme eux orphelin.

La régularité de la construction demandait *comme lui*, puisque le pronom se rapporte à *pauvre;* mais le poëte oublie qu'il a employé ce mot, il ne voit que les pauvres et les orphelins en général, et c'est sur eux qu'il appelle l'attention.

DU PLÉONASME.

597. — Le *pléonasme* est opposé à l'ellipse. Cette figure est employée lorsque des mots qui paraissent superflus, par rapport à l'intégrité du sens grammatical, servent pourtant à y ajouter des idées accessoires, surabondantes, qui y jettent de la clarté ou qui en augmentent l'énergie. Comme dans ces vers :

> Les éclairs sont moins prompts; je l'ai *vu de mes yeux*,
> Je l'ai vu qui frappait ce monstre audacieux.

Les mots *de mes yeux* sont effectivement superflus par rapport au sens grammatical, mais ils ajoutent à la beauté de ce morceau.

Tel est encore ce vers de Racine :

> Eh! que *m'a* fait, *à moi*, cette Troie où je cours?

Le pléonasme est vicieux lorsqu'il n'apporte ni plus de netteté ni plus d'énergie. C'est alors une négligence qu'on doit éviter avec soin.

On ne dira donc pas :

Vous m'avez *comblé* de *mille* bienfaits. — *Combler* et *mille* expriment tous les deux une grande quantité. Il faut dire : Vous m'avez comblé de bienfaits.

Entr'aidons-nous mutuellement. — *S'entr'aider* et *mutuellement* expriment tous les deux la réciprocité. Il faut dire : Entr'aidons-nous.

CONCLUSION.

En terminant ce *résumé synthétique*, il nous paraît utile d'indiquer les rapports de la grammaire avec les autres études littéraires, et de montrer qu'elle est, sous un certain point de vue, la première base des sciences. Car tout s'enchaîne et se lie dans le cercle de nos idées, et il n'y a rien qui féconde l'esprit comme de ramener à l'unité l'ensemble de nos connaissances, en mettant à découvert la solidarité qui les unit.

On n'aurait qu'une idée bien imparfaite des avantages de la parole, si on la considérait seulement comme un moyen naturel de communication entre les hommes. Sans doute, nous ne saurions assez admirer cette merveilleuse faculté d'exprimer nos besoins, de faire participer nos semblables à nos pensées, à nos goûts, à nos émotions, de les réunir, en un mot, par la communauté de sentiments. Toute la civilisation est, en effet, sortie de là. Mais comme nos instincts et nos passions sont aussi une cause de trouble dans la société, et que tout serait lutte et tumulte si l'homme y était jeté avec sa rudesse native, la parole, mystérieuse révélation d'en haut, lui a été donnée pour éveiller son intelligence, pour être sa première institutrice, pour le préparer à toute *vérité, fides ex auditu* (1). Sa puissance sur l'individu n'est donc pas moins étonnante que son action dans les relations sociales. On peut dire même qu'elle a des effets plus salutaires dans ce foyer intérieur où elle met aux prises la pensée avec la conscience, que dans cette sphère plus vaste du monde où la raison s'efface si souvent devant les passions et les intérêts.

La parole, en effet, outre qu'elle est l'expression de la pensée, en est aussi l'analyse; en nommant les objets elle les définit; en classant les mots elle classe les idées. Elle est le miroir de l'âme, le répertoire de ce monde intérieur qui ne serait sans elle que vide et confusion. Cela est si vrai, que la civilisation est d'autant plus belle chez une nation que sa langue est plus parfaite; les arts, les sciences, les lois, tout ce qui fait la vie politique et civile d'un peuple se développe avec plus ou moins de facilité, selon que la langue dont il se sert a jeté plus ou moins de notions justes, plus ou moins d'erreurs dans le courant. Il y a telle langue qui, bien apprise, doit à elle seule donner une excellente forme aux esprits.

C'est pour cela que nous avons cru pouvoir dire quelque part que la grammaire *procède surtout du vrai* (2); et que nous nous sommes attachés, en ce qui concerne notre langue française, à démontrer qu'elle tire tout son éclat de sa *netteté* (*ci-dessus, page* 229). Cette étude ne doit donc pas être considérée comme un exercice mécanique où l'on adapte une forme à une forme, un son à un son; c'est un enseignement anticipé de logique, un appel puissant aux facultés de l'esprit, une sorte de révélation de nous-même à nous-même, le premier pas que l'homme fait vers l'abstraction, une science où s'enfoncent

(1) Rom. x, 17.

(2) *Etudes sur la narration*, page 9. Nous avons en cela suivi Buffon qui, à part quelque exagération, voit tout un ordre de vérités métaphysiques dans la langue. « Un beau style, dit-il, n'est tel que par le nombre infini des vérités qu'il présente. Toutes les beautés intellectuelles qui s'y trouvent, tous les rapports dont il est composé, sont autant de *vérités* aussi utiles, et peut-être plus précieuses pour l'esprit humain, *que celles qui peuvent faire le fond du sujet.* » (*Discours sur le style*.)

les racines de toutes les autres, la meilleure et la plus facile introduction à tous les travaux ultérieurs de la pensée. Ainsi formés par la connaissance de la langue qui puise sa force dans le *vrai*, nous étudierons avec fruit la littérature qui est l'expression de la pensée selon le sentiment du *beau*, et la rhétorique qui fait servir l'éloquence à agir en vue du *bien*.

TABLE DES MATIÈRES.

A.

www.ingramcontent.com/pod-product-compliance
Lightning Source LLC
Chambersburg PA
CBHW070804270326
41927CB00010B/2283